Franz Hutsch
Exportschlager Tod

Franz Hutsch

Exportschlager Tod

Deutsche Söldner als Handlanger
des Krieges

Econ

Natürlich schlägt niemand allen Ernstes vor, das Militär zu privatisieren. (...) Wenn Tod und Zerstörung in massivem Ausmaß zwangsläufig mitproduziert werden, scheint die Regel die zu sein, dass es Sache des Staates ist, diese Verantwortung wahrzunehmen.«

David Sichor in seinem Buch »Punishment for Profit«

Inhalt

Einleitung – Die Stunde der Söldner 9
   Ein neuer Typ: Islamistische Söldner 15
   Tradition einer Branche 26

Söldneralltag heute 33
   Benny – als Söldner im Irak 33
   Söldnerkarriere auf Staatskosten 39
   Lizenzen für Söldner? 55

Wie private und reguläre Streitkräfte
zusammenarbeiten 61
   Militärischer Alltag in Bagdad 61
   Ein Hinterhalt zwischen Bagdad und Al-Tarmiya . . 77
   Eine Diskussion über den Söldnerbegriff 88
   Recht und Unrecht in der Branche 93
   Witwe mit Hartz IV 108

Deutsche Söldner in Afghanistan 121
   Uli – Auf der Jagd nach Osama bin Laden 121
   Wenn Söldner wilde Sau spielen 139
   Kornelius – Der Massenmord von Dasht-e-Leili . . 146
   Aufarbeitung eines Verbrechens 164

Deutsche Söldner im Dienste Allahs 175
   Leben und sterben für den Heiligen Krieg 175
   Der Fall Eric Breininger 184
   Wie aus westlichen Jugendlichen radikale Krieger
      werden 197

Wo die Terror-Azubis die Schulbank drücken 208
Der Fall Bekkay Harrach 226

Das Geschäft mit dem Tod 239
Der Krieg der Söldner – ein Ausblick 239
Wer entscheidet über Krieg und Frieden? 250
Deutsche Söldner, deutsche Waffen, deutsche
Dienstleistungen 263

Epilog und Dank 277

Einleitung –
Die Stunde der Söldner

Benny aus Thüringen tut es. Der Uli aus Rheinland-Pfalz auch. Und Kornelius, Eric und Bekkay sowieso. Sie agieren im Irak, in Pakistan und Afghanistan, rund um den Globus. Ihr Tun wird von kaum jemandem registriert, erst recht von niemandem kontrolliert. Die fünf sind Söldner, sie exportieren den Tod aus ihrer friedlichen Heimat in die Welt.

Söldner sind Privatkrieger. Zivilisten, die gegen Bezahlung an einem bewaffneten Konflikt teilnehmen. Sie tun dies in der Regel aus Gewinnstreben, manche auch aus übersteigerten patriotischen Gefühlen. Sie unterstehen keinem Staat, keinem nationalen Heer. Sie haben wechselnde Auftraggeber; gehen dorthin, wo es Arbeit für sie gibt. Sie tragen keine Uniform, aber Waffen. Die Branche boomt. In Amerika und Großbritannien gibt es riesige private Militärfirmen, die über mehrere tausend einsatzbereite Söldner verfügen, die ganze private Armeen in Marsch setzen können, Panzerwagen, Hubschrauber und Flugzeuge inklusive.

Deutsches Know-how ist auf den Schlachtfeldern rund um den Globus gefragt – zumal die bundesrepublikanischen Leihmilitärs seit den frühen 1990er Jahren nach fast 45 Jahren Abstinenz vom Kriegshandwerk wieder einschlägige praktische Erfahrungen und eine hochwertige Ausbildung einzubringen haben.

Eine »blutige Willkür der Söldner« haben Journalisten ausgemacht. Sie warnen davor, dass »die Söldner kommen«, und vor dem »verbotenen privaten Krieg«. Jahrelang hatten Politiker und Reporter dabei vor allem den amerikanischen Branchenführer »Blackwater« im Blick. Besonders laut wurde die Kritik, nachdem ein wildgewordener Blackwater-Trupp im September 2007 mitten in Bagdad begann, grundlos um sich zu schießen. Wenige Minuten später lagen 17 irakische Zivilisten tot auf der Straße. Die Söldner hatten ohne Not geschossen, ergaben übereinstimmend die Nachforschungen des irakischen Innenministeriums und der amerikanischen Bundespolizei FBI. Der irakische Ministerpräsident Nuri al-Maliki sprach von einem »Verbrechen« und der »Verletzung unserer Souveränität«. Den Blackwater-Kämpfern wollte er die Lizenz entziehen, im Zweistromland zu arbeiten. Es dauerte keine 96 Stunden, da patrouillierten die vielen Männer und wenigen Frauen von Blackwater wieder auf den Straßen Bagdads, schossen wieder um sich, als sei nie etwas gewesen.

Sind Söldner also ein amerikanisches Problem? Weit gefehlt: 4000 Deutsche, so wird in der Branche selbst geschätzt, sind zurzeit als Söldner im weltweiten Einsatz. Es sind Männer wie Benny, Uli und Kornelius, die in diesem Buch von ihrer Arbeit, von ihrem Alltag berichten werden. Männer, die bei der Bundeswehr oder der Polizei das kriegerische Handwerk gelernt haben – und dann die Seiten wechselten.

Das private Geschäft mit der Sicherheit ist lukrativ. Bis zu 1800 Dollar, also 1400 Euro täglich, verdient ein Söldner. Bar auf die Hand, steuerfrei. In anderthalb Tagen verdient ein Söldner das, was ein Schutzmann in Hamburg oder München, in Köln oder Berlin in einem Monat verdient. »Nach drei, vier Jahren im Irak oder Afghanistan hast du dein Häuschen in Deutschland abbezahlt«, sagt Benny, der im Irak Routen auspäht, über die Konvois des US-Militärs oder mit Hilfsgütern beladene Lastwagen geleitet werden sollen. Auch für seinen in Afghanistan aktiven Kollegen Uli sind finanzielle Motive ausschlaggebend: »Die Bundeswehr zahlte mir als Hauptmann im Auslandseinsatz etwa 5000 Euro im Monat. Heute verdiene ich als Contractor um die 26 000 Euro – für einen vergleichbaren Job.«

»Contractor« ist ein schwammiger Begriff, den Söldner heute gerne für ihr Handwerk wählen. Contractor, zu deutsch Vertragspartner, meint dabei alles: vom Koch bis zum Mechaniker, vom Ausbilder für libysche Polizisten bis zum Privatspion, vom Konvoischützer bis zum Bin-Laden-Jäger. Söldner sind heute vor allem vielseitig – und bieten dabei mitunter spezielle Hilfsdienste an: Die beiden amerikanischen privaten Militärfirmen CACI International und Titan spielten im Folterskandal im irakischen Abu-Ghraib-Gefängnis eine tragende Rolle. Die unabhängige amerikanische Menschenrechtsorganisation CorpWatch schätzt, dass 2004 jeder zweite weltweit eingesetzte Verhörspezialist ein »Contractor« war. Darunter sind auch deutsche Experten, die ihre Lehrjahre bei der Feldnachrichtentruppe der Bundeswehr verbrachten und sich dort auf Befragungen von Gefangenen spezialisierten. Michael wurde noch während des Kalten Krieges speziell darauf trainiert, gefangene russische Piloten in ihrer Muttersprache zum Reden zu bringen, verließ die Bundeswehr aber nach seiner Dienstzeit von drei Jahren. Heute fühlt er Irakern in Cafés, Restaurants oder auf der Straße auf den Zahn, die den Privatmilitärs verdächtig vorkommen.

Die Deutschen, schätzt man in der Branche, »sind deshalb gut, weil sie noch gelernt haben, Leute ohne Schläge zum Reden zu bringen«. Nichts fürchtet die private Militärindustrie nach den Diskussionen um Abu Ghraib und das amerikanische Folterlager Guantánamo mehr als Berichte über Elektroschocks und Waterboarding. Dabei wird dem Gefolterten ein Tuch über das Gesicht gelegt, das mit Wasser begossen wird. Der Hilflose bekommt so das Gefühl zu ertrinken.

In sämtlichen Bereichen vom Verhör über den Nachschub bis zum Kämpfen: Das Kriegshandwerk wird privatisiert. Der Staat bestimmt nicht mehr allein über Krieg und Frieden. In vielen Konfliktregionen stehen sich Kriegsfürsten,

Guerillas oder Terrornetzwerke auf der einen und private Anbieter militärischer Dienstleistungen auf der anderen Seite gegenüber. »Der Krieg der Zukunft: ohne Regeln, der politischen Kontrolle entzogen, ohne klare Fronten. Die organisierte große Armee, die staatliche Führung als oberster Befehlshaber und die Nation, aus der sich die Armee rekrutiert, haben ihre Rolle an Milizionäre, Berufsterroristen, Stammeskrieger und Söldner abgetreten. Sie werden, und das in wachsendem Maße, die zukünftigen Kriege beherrschen«, sagt der israelische Militärhistoriker Martin van Creveld und weist auf die Dynamik hin, der sich auch Deutschland nicht entziehen kann. »Zunächst werden Transport, Wartung, Verpflegung und medizinische Versorgung privatisiert. Später werden diese Unternehmen dann auch für andere Dienstleistungen bis hin zu eigenständig und autonom geführten Gefechten zuständig.« Die Bundeswehr hat bereits in Deutschland wie in ihren Einsätzen große Bereiche ihres Fuhrparkes und des Transportes in zivile Hände gelegt. Soldaten werden von Zivilisten bekocht. Der Berliner Politikwissenschaftler Herfried Münkler warnt: »Wenn eine Struktur von militärischen Dienstleistern entsteht, kann man nicht ausschließen, dass diese permanent neue Konflikte inszenieren, um ihre Weiterversorgung zu gewährleisten.«

Sie sind schon kräftig dabei. Die um sich greifende Privatisierung des Kriegshandwerks trägt kaum zur Befriedung der Kriegsgebiete bei, ganz im Gegenteil. Privatarmeen in Panzerwagen schützen die Lastwagenkonvois der US-Armee, die von Kuwait und aus dem Hafen Umm Qasr in irakische Städte rollen. Werden sie aufgehalten, schießen sie den Weg frei. Ebenso am Hindukusch, wo sie Geleitzüge der NATO eskortieren, die ihren Nachschub aus der pakistanischen Hafenstadt Karatschi ins afghanische Kabul, nach Kandahar oder nach Masar-i-Scharif karren lassen, wo deutsche Soldaten stationiert sind. Wenn möglich, heißt es in den Verträgen des westlichen Verteidigungsbündnisses, soll vermieden werden, »tödliche Gewalt anzuwenden«. Amerikaner, Briten und die NATO fordern von ihren »Contractors«, dass sie Berufserfahrung in »Militär oder in einem Sicherheitsunternehmen« vorweisen können sowie »zwanzig Stunden Training im Umgang mit Waffen, Feind-Identifizierung, Einsatzplanung, Funkverkehr und Ethik« erhalten.

Das klingt beinahe nach den Jungs einer beliebigen Wach- und Schließgesellschaft. Als reichten 20 Stunden Zusatz-Ausbildung, um aus den Männern und Frauen mit den roten Barretten und blauen Blousons, die in deutschen Bahnhöfen, U- und S-Bahnen für 6,90 Euro brutto die Stunde für Sicherheit sorgen, Kämpfer zu machen und ihnen so eine lukrative Alternative zu bieten. »Wenn so jemand hier im Irak einen Konvoi begleitet, und der wird angegriffen, dann gibt es mit Sicherheit ein Massaker«, urteilt der deutsche Söldner Benny. »Wenn da einer mal den Finger am Abzug seines Maschinengewehrs krümmt, wird so lange geschossen, bis sich nichts mehr rührt.« Zumal die wenigsten »Contractors« überhaupt trainiert würden. »20 Stunden – das bietet in der Branche kaum jemand an, der dir einen Vertrag gibt. Die wollen dich im Einsatz sehen, nicht auf der Schulbank. Deshalb wird der Teil Ausbildung bei den meisten Unternehmen einfach weggelassen.« Von Ethik oder gar einem Unterricht in Kriegsvölkerrecht ganz zu schweigen.

Söldner sind kaum jemandem Rechenschaft schuldig, sie agieren in einem rechtsfreien Raum. Aus einfachem Grund: Die Verbrechen, die sie begehen, werden nur selten untersucht. Nur wenige Staatsanwälte brechen in ein Kriegsgebiet auf, um die Spuren eines von Söldnern begangenen Kriegsverbrechens zu sichern. Mit welchen Schwierigkeiten sie dann zu kämpfen haben, wenn der Krieg beendet ist, zeigen die Erfahrungen des Kriegsverbrechertribunals in Den Haag: Zeugen werden unter Druck gesetzt, verschwinden oder werden ermordet. Leichen werden in Kühllastwagen über Hunderte Kilometer vom Ort ihrer Hinrichtung entfernt zu ihren

Gräbern transportiert, um Spuren zu beseitigen. In Gefechten werden die Beweise zerstört, die Ankläger dringend brauchen, um die Schuldigen anklagen zu können, die Richter überzeugen, einen Schuldigen vor sich zu haben. In Kriegsverbrecherprozessen, sagt ein amerikanischer Ankläger des Haager Tribunals, »wird nicht angeklagt, was ein Täter gemacht hat. Sondern das, was wir ihm zumindest halbwegs nachweisen können«.

Einen ersten zaghaften Versuch, die möglichen Verbrechen von Söldnern zu untersuchen und diese gegebenenfalls zu verurteilen, unternimmt das Distriktgericht Washington. Richter Ricardo Urbina lud im Januar 2009 die fünf Blackwater-Kämpfer vor, die 2007 im Zentrum Bagdads die 17 Iraker erschossen. Ein sechster stellte sich der Staatsanwaltschaft als Kronzeuge zur Verfügung. Die Auswahl der Geschworenen soll allerdings erst im Winter 2010 erfolgen, der Prozess wird nach Einschätzung amerikanischer Juristen Jahre dauern. Immerhin ist es ein lobenswerter Versuch: In Deutschland gibt es noch nicht einmal eine Staatsanwaltschaft, die darauf spezialisiert ist, mögliche Verbrechen von Bundeswehrsoldaten im Auslandseinsatz zu untersuchen und zu verfolgen. Geschweige denn, dass sich ein Ermittler auf den Weg auf die Kriegsschauplätze in der afghanischen oder irakischen Wüste machen würde, um dort Kriegsverbrechen deutscher Söldner zu untersuchen.

»Sicherheitsberater« schreiben viele der deutschen Söldner auf ihre selbst entworfenen und am heimischen Computer ausgedruckten Visitenkarten. Verharmlosende Begriffe für die vielen Männer und wenigen Frauen, die auf eigene Rechnung im Irak oder Afghanistan, im Sudan oder Kongo, überall auf den 125 Schlachtfeldern, auf denen 2008 weltweit gekämpft wurde, den Rambo geben. In den USA und in Großbritannien ist die Branche da offener. Was hierzulande als »Sicherheitsunternehmen« firmiert, wird dort unverblümt als »private Militärfirma« bezeichnet.

Die meist freiberuflich arbeitenden Söldner dienen nicht in einer staatlichen Armee – und stehen somit außerhalb dessen, was als »Gewaltmonopol des Staates« bezeichnet wird. Allein Regierungen – also deren Gerichte und Sicherheitsbehörden – sollen danach über Leben und Tod entscheiden. Selbst wer der privaten Militärindustrie zugesteht, dass sie »nur« Länder oder Konzerne dabei berät, Sicherheitsdienste aufzubauen und zu trainieren, wer ihr erlaubt, Streitkräfte logistisch zu unterstützen, gerät im 21. Jahrhundert schnell in Grauzonen. In den kriegerischen Konflikten von heute gehören klare Fronten der Vergangenheit an, seit immer mehr nichtstaatliche Akteure auf dem Schlachtfeld mitmischen. Der zum Gotteskrieger fanatisierte und zum Kämpfer ausgebildete afghanische Bauer bedroht im sogenannten asymmetrischen Krieg den Weltfrieden, wo er will: In den Madrider Vorortzügen ebenso wie im Stadtzentrum von London, im Amsterdams Innenstadt ebenso wie vor dem Kölner Dom. Die Front ist dort, wo sich ein Selbstmordattentäter in die Luft sprengt.

Ein neuer Typ: Islamistische Söldner

Ganze Heere dieser islamistischen Gotteskrieger werden in den Terrorcamps in Pakistan, Afghanistan und auch auf dem Balkan ausgebildet. Es sind private Krieger, die keiner staatlichen Armee unterstehen. Nicht die Nationalität ist verbindend, sondern der Glaube. Sie handeln aus religiös-ideologischem Interesse und erhalten einen himmlischen Lohn für ihre Taten. Es ist ein völlig neuer Typ des Söldners, der die Welt in Atem hält.

Nichts anderes als eine private Militärfirma baute Osama bin Laden auf, als er 1984 oder 1985 nach Pakistan zog, um von dort aus junge Araber in den Kampf gegen die Russen in Afghanistan zu schicken. Zusammen mit seinem Freund und

Lehrer Abdullah Yusuf Azzam, einem palästinensischen, sunnitischen Geistlichen, baute er in der pakistanischen Stadt Peschawar die sogenannten Fremden Brigaden auf: Auf der ganzen Welt rekrutierte er muslimische junge Männer, die gegen die Rotarmisten im Nachbarland zu Felde ziehen und die afghanischen Mudschaheddin in ihrem Kampf unterstützen sollten. Die saudische Regierung deponierte jährlich 350 bis 500 Millionen Dollar auf einem von den USA verwalteten Schweizer Bankkonto, mit denen alle Gotteskrieger im Kampf gegen die russischen Besatzer unterstützt wurden. Zudem ließen die Saudis besonders geschätzten Kommandeuren der Mudschaheddin mehrere Millionen Dollar direkt zukommen. Etwa zehn Prozent der von westlichen Geheimdienstlern geschätzten 230 Millionen Dollar Privatspenden im Jahr flossen an Osama bin Laden.

Ein eigens eingerichtetes Büro im Universitätsviertel von Peschawar wurde zum Anlaufpunkt der besonders in arabischen Ländern angeheuerten Privatkrieger. Mehr als 3000 Kämpfer dürften es aber nie gewesen sein, die für den Kampf gegen die Russen angeheuert wurden. Und fest steht auch, dass die meisten nie über die Stadtgrenzen hinauskamen: Sie ließen sich im Vorort Hajatabad nieder, einem von Bin Laden für seine Leihmilitärs aufgebauten Stadtviertel mit eigenen Moscheen, Schulen und Zeitungen.

Außer mit einem monatlichen Gehalt in Höhe von 125 Dollar, Unterkunft, Verpflegung und im Fall ihres Todes mit einem ausgeklügelten Rentensystem für ihre Familien wurden die rekrutierten Islamkrieger vor allem mit den Verheißungen des himmlischen Paradieses in den Dienst für die islamistische Sache gelockt: Einen ehrenvollen Tod auf dem Schlachtfeld versprachen Bin Ladens Werber ihren Rekruten. Alle Sünden sollten ihnen vergeben sein, sobald sie den ersten Tropfen Blut für die Heilige Sache vergossen hätten. Ihren Platz im Paradies sollten sie schon sehen, bevor sie starben. Und 70 Angehörigen würden die Qualen des Höllenfeuers erspart bleiben, wenn der Söldner Allahs im Kampfe fiel. Untermauert wurden die Versprechungen mit meist aus dem Zusammenhang gerissenen Zitaten aus dem Koran. Derart religiös verbrämt werden auch heute noch junge Männer weltweit und zunehmend in Deutschland als Söldner im Dienste des Propheten angeworben. Dabei suchen die Werber gerne Deutsche, die zum Islam konvertieren und sich zum Dienst als islamistischer »Contractor« verpflichten lassen.

Der Begriff »Contractor« verleiht dem Tod, den Söldner auf die globalen Schlachtfelder bringen, etwas Geschäftliches. Der Alltag wird ausgeblendet und durch eine technisch saubere Welt ersetzt, in der »bekämpft« statt »gestorben«, »ausgeschaltet« statt »erschossen« und »target – Ziel« statt »Mensch« gesagt wird. Genauso wie beim sogenannten Kollateralschaden, wenn Jagdbomber der NATO ihre Last über afghanischen und irakischen Dörfern abladen und unbeteiligte Zivilisten töten. Nicht nur die private Militärbranche benutzt verschleiernd englische Worte, um sich zu definieren.

Wer sich »Contractor« nennt, der hat schon rein sprachlich nichts mit den Söldnerhorden zu tun, die zwischen 1618 und 1648 im Dreißigjährigen Krieg plündernd, vergewaltigend und mordend vor allem durch Deutschland zogen. Oder mit der in halb Europa zusammengekauften und zwangsrekrutierten Soldateska, die unter der Flagge Napoleons den Kontinent an den Rand des Ruins brachte. Söldner – da haben die Menschen schon beim bloßen Wort Bilder im Kopf, schreckliche Bilder, blutige Bilder. Bilder, die nicht ins Image passen, das die private Militärindustrie sich selbst geben will. Söldner klingt nach Gräuel. »Contractor«, das klingt wie »Anlageberater«.

Am ehesten passt auf viele der Privatkrieger ein von der Regierung des früheren amerikanischen Präsidenten George W. Bush geschaffener Begriff für Al-Qaida-Terroristen und Taliban: »ungesetzliche Kämpfer« – »unlawful combatants«.

Im ersten Zusatzprotokoll der Genfer Konventionen, das 1977 verabschiedet wurde, wird im Artikel 47 ein Söldner als eine Person definiert, die nicht zu den Konfliktparteien gehört, die an den Feindseligkeiten aus Streben nach persönlichen Gewinn teilnimmt, die nicht offiziell von einem Drittstaat entsandt wurde und die speziell für diesen Konflikt geworben und nicht Mitglied einer permanenten Organisation ist. Die gleiche Vereinbarung sagt auch, dass Söldner als Zivilisten zu behandeln sind. Werden sie gefangen genommen, gelten sie nicht als Kriegsgefangene.

Frank Westenfelder, Betreiber der lesenswerten Website www.kriegsreisende.de, sagt: »Natürlich hilft diese Definition niemandem weiter, da sie ja über Söldner so gut wie nichts aussagt, sondern lediglich etwas über die Interessenlage der Unterzeichnerstaaten, die vor allem ihr eigenes Personal ins Trockene bringen wollten. Selbst ein Großteil der berüchtigten Kongosöldner, die ja einer der wesentlichen Auslöser der ganzen Diskussion gewesen waren, wäre nicht unter diese Definition gefallen, da sie ja zumindest offiziell in die Armee Zaires integriert waren.«

Von »legalen und illegalen Söldnern« spricht der Sonderbeauftragte der Vereinten Nationen für das Söldnerwesen, der Russe Alexander Nikitin. Seine unvollkommene Unterscheidung: In Kriegsgebieten eskortieren legale Söldner Konvois, bewachen Lebensmitteldepots und unterstützen Armeen bei allen denkbaren anderen Aufgaben – außer im Kampf. Sie agieren auch in allen Bereichen, in denen die Vereinten Nationen Söldner einsetzen, um Kosten zu sparen, wenn die von ihr eingesetzten Soldaten mit blauen Helmen unterwegs sind, um den Frieden zu bringen. Die großen Unternehmen der privaten Sicherheitsbranche haben der UNO bereits angeboten, die vom Sicherheitsrat der Organisation ausgerufenen Friedensmissionen komplett zu übernehmen. Der frühere UN-Generalsekretär Kofi Annan grübelte 1994, damals noch »Verteidigungsminister« der Vereinten Nationen, angesichts der Tragödie in Ruanda: »Als wir erfahrene Soldaten brauchten, um die Kämpfer von den Flüchtlingen in den ruandischen Flüchtlingslagern in Goma zu trennen, zog ich auch die Möglichkeit in Betracht, eine Privatfirma zu beauftragen. Aber die Welt ist wahrscheinlich noch nicht bereit, den Frieden zu privatisieren.« Akzeptierten die Weltpolitiker mit Sitz in New York irgendwann private Militärfirmen als Friedensstifter, würden Söldner zu Blauhelmen. Die Branche, die Kriege zum Überleben braucht, würde zum Feuerwehrmann ihrer selbst entzündlich gehaltenen Brandherde.

Illegale Söldner, so definiert es der Söldnerbeauftragte der Vereinten Nationen, seien die, die kämpfen. Das dürfen eigentlich nur reguläre Soldaten nationaler Armeen. Auch wenn es sich bei der Unterscheidung zwischen »legal« und »illegal« nur um eine grobe Definition verschiedener Söldnertypen handelt, ist Nikitin damit weiter als die meisten Regierungen. Die haben immer weniger Hemmungen, ihr staatliches Gewaltmonopol an Privatkrieger abzutreten. Aus gutem Grund: Erteilen Kabinette Söldnern den Marschbefehl, können diese verdeckt unpopuläre Sicherheits- und Machtinteressen vorantreiben, ohne dass sich die Regierung dafür bei Wahlen rechtfertigen muss. Scheitern Operationen der Leihmilitärs, muss sich kaum ein Regierungschef dafür verantworten: Diskretion über Geschäftsverbindungen ist für private Militärfirmen zu einem überlebenswichtigen Wettbewerbskriterium und Markenzeichen geworden.

Umfragen in den USA und Kanada beweisen, dass in der Öffentlichkeit gefallene Privatmilitärs weit weniger wahrgenommen werden als die mit Flaggen bedeckten Särge der im Irak und in Afghanistan ums Leben gekommenen Soldaten. Tote Söldner haben den großen politischen Vorteil, dass sie in keiner offiziellen Statistik aufgeführt werden, es sind keine Hinterbliebenen öffentlich zu trösten. Das war wohl einer der Gründe für die Bush-Regierung, mehr Geld für den Einsatz privater Militärfirmen im Irak auszugeben, als die gleiche Aufgabe gekostet hätte, wenn sie von Soldaten erfüllt worden wäre. Die politischen Kosten toter Soldaten sind – so zynisch das klingt – weitaus höher: Die Opposition hinterfragt im Parlament den Einsatz der Streitkräfte. Die Bürgerinnen und Bürger eines Landes diskutieren, warum die Freiheit der Heimat an Euphrat und Tigris oder am Hindukusch verteidigt werden soll. Nachtragshaushalte, mit denen der Militäreinsatz fern des Vaterlandes finanziert werden soll, erfordern politische Überzeugungsarbeit.

Für Politiker wird es schwierig, einem Sozialhilfeempfänger, einer alleinerziehenden Mutter oder einer Krankenschwester oder einem Polizisten mit einem Monatsgehalt von 1700 Euro brutto verständlich zu machen, dass 2008 allein der deutsche Afghanistan-Einsatz 910,7 Millionen Euro kostete. Angesichts drängender sozialer Probleme und der Wirtschaftskrise wird es schwieriger, den Einsatz in Kabul und Masar-i-Scharif so zu verkaufen, dass die deutsche Bevölkerung ihn unterstützt. Ein Kommunikationsproblem, das andere Länder durch den Einsatz von Söldnern lösen.

Einblick in die ausgeklügelten Vertragswerke bieten derzeit einzig die Unternehmen, die offiziell im Auftrag der amerikanischen Regierung arbeiten. Die Abgeordneten der US-Parlamente fragen sich immer stärker, ob die von der Branche erbrachten Leistungen nicht kostengünstiger durch eigene Soldaten erbracht werden könnten. Die amerikanischen Streitkräfte profitieren von außergewöhnlich hohen Budgets für ihre Einsätze im Irak und in Afghanistan. In genau jene Regionen aber werden nach einer Studie des amerikanischen Kongresses vom August 2008 mehr Söldner als Soldaten geschickt. Der Wille, die Kosten für diese Kriegsschauplätze zu reduzieren, kann also nicht der Grund dafür sein, warum Präsidenten und Premiers Privatmilitärs für den attraktivsten Wachstumsmarkt mit nahezu unbegrenzten Möglichkeiten anheuern – es geht darum, unbemerkt von der Öffentlichkeit Macht auszubauen, zu erhalten und zu projizieren.

Schon vor dem 11. September 2001 prognostizierten Anlageexperten großer Banken im *Handelsblatt* den Produkten und Dienstleistungen der Sicherheitsindustrie auf dem Weltmarkt eine jährliche Wachstumsrate von fast 9 Prozent. Nach den Terroranschlägen von New York und Washington dürfte sich die Rate verdoppelt haben. Es hat sich ein »internationaler Markt für private Sicherheits- und Militärdienstleistungen entwickelt, der ein enormes Wachstum verzeichnet und dessen wirtschaftliche und sicherheitspolitische Bedeutung zunehmen wird«, schreibt der Berliner Wissenschaftler Christian Schaller im September 2005 in seiner Studie »Private Sicherheits- und Militärfirmen in bewaffneten Konflikten«.

Auf deren Freiberufler dürfte auch die Bundeswehr zunehmend bei ihren Einsätzen stoßen. Denn Deutschland darf bislang als einziges Land der in Afghanistan kämpfenden Truppen seine Soldaten, Panzer und Munition durch Russland transportieren. Ein Abkommen, das der frühere Bundeskanzler Gerhard Schröder mit seinem Freund, dem russischen Präsidenten und Premier Wladimir Putin aushandelte – wenn auch bis zum Frühjahr 2009 kein deutscher Militärzug über russisches Hoheitsgebiet an den Hindukusch rollte. Die dafür verantwortlichen Probleme in Transitländern wie Kasachstan und Usbekistan seien inzwischen ausgeräumt worden, beteuern die Sprecher des Wehrressorts. Aber die ersten Waggons werden wohl erst dann mit deutschem Militärgut gefüllt, wenn ein gravierendes Sicherheitsproblem aus der Welt geschafft ist: Die Züge müssten oft tagelang auf Rangiergleisen irgendwo in den Tiefen Russlands stehen, sorgen sich die Nachschuboffiziere im Einsatzführungskommando der Bundeswehr. Und da sei nicht sicher, was vom verschickten Nachschub denn auch wirklich bei der Truppe ankommt. Zumal die Bundeswehr ihre Versorgungszüge nicht von bewaffneten Soldaten begleiten lassen will – und darf. Abhilfe, so dämmert es inzwischen den Armeelogistikern, könnten private russische Militärfirmen schaffen, die die Materialzüge eskortieren könnten. Das allerdings, sagen die Offiziere hinter vorgehaltener Hand, »ist politisch wohl noch nicht durchsetzbar«.

Es könnte schneller politische Realität werden, als es den Abgeordneten und Planern in den Ministerien lieb ist: Denn Baitullah Mehsud, Anführer der pakistanischen Taliban, hat die Hand an die Kehle der am Hindukusch stationierten Westtruppen gelegt. Zurzeit werden drei Viertel ihres Nachschubs in der pakistanischen Hafenstadt Karatschi ausgeschifft und mit Lastwagen über den Khyber-Pass oder die pakistanische Stadt Quetta ins Land gebracht. Und der Bedarf an Benzin und Wasser, an Munition und Lebensmitteln steigt: Erst im Februar 2009 stockte der amerikanische Präsident Barack Obama seine Truppen am Hindukusch von 33 000 bis zum Sommer des Jahres auf 53 000 Soldaten auf. Die Nachschubrouten haben nur einen Schönheitsfehler: Taliban-Kommandeur Mehsud kontrolliert die Wege, über die sich die Trucks nach Kabul und Kandahar quälen. Im Dezember 2008 feuerten Mehsuds Gotteskrieger bei Peschawar Raketen und Granaten auf zur Nacht abgestellte Lastwagen. Die hundert Wracks qualmten noch Tage später. Wie ernst die Lage ist, zeigen die Verhandlungen der Amerikaner mit dem Iran: In ihren Planspielen leiten die Strategen des Pentagon den Versorgungsverkehr bereits durch das Land ihres erklärten Erzfeindes, des Präsidenten Mahmud Ahmadinedschad, um.

Die NATO – Planer und Organisator der westlichen Truppen am Hindukusch – spricht aber auch mit den Russen darüber, den dringend benötigten Nachschub durchs Land der Zaren an den Hindukusch zu transportieren. Stimmt Putin diesem Konzept zu, wird sich auch die Bundeswehr stärker mit privaten Militärfirmen beschäftigen müssen, als sie dies bislang tut. Das logistische Einfallstor nach Afghanistan wird dann Masar-i-Scharif werden, Dreh- und Angelpunkt des von den Deutschen verwalteten Nordsektors. Vor allem dann, wenn die im Frühjahr 2009 unmittelbar hinter der usbekisch-afghanischen Grenze in Hairatan endende Eisenbahnstrecke um 67 Kilometer aus dem Grenzstädtchen bis in die Provinzhauptstadt Masar-i-Scharif verlängert wird. Es ist nicht schwer auszumalen, dass dann Feldlager auch für Söldner entstehen werden, die – wie im Irak – die Versorgungskonvois der ISAF in die anderen Landesteile eskortieren, besonders in den schwer umkämpften Süden. Wie und unter welchen Voraussetzungen aber die deutschen Truppen mit schwer bewaffneten Söldner zusammenarbeiten, damit »haben wir uns noch gar nicht auseinandergesetzt«, sagt ein hoher Offizier des Einsatzführungskommandos in Potsdam.

Alle an Konflikten beteiligten staatlichen und nichtstaatlichen Akteure wie etwa NGOs heuern inzwischen Leihmilitärs an, um ihre Interessen professionell vertreten zu lassen. Dass private Militärfirmen Ende des vergangenen Jahrhunderts kometenhaft aufstiegen, wurde von einer Reihe von Entwicklungen beschleunigt: Mit dem Ende des Ost-West-Konflikts wurden die Wehretats zusammengestrichen und weltweit die Armeen verkleinert, wodurch viele Soldaten ihren Job verloren und sich als »Sicherheitsberater« verdingten. Auch wenn ein Söldner überdurchschnittlich gut verdient, belastet er den Verteidigungshaushalt weniger als ein Soldat: Der bekommt seinen Lohn auch in Friedenszeiten, sammelt Rentenansprüche und wohnt in einer Kaserne, die vom Staat betrieben wird. All dieser Kosten entledigt sich der Staat, wenn er Privatmilitärs beschäftigt. Insofern hat der Boom der Branche auch mit dem allgemeinen Trend zum Outsourcing und der Globalisierung der Weltwirtschaft zu tun.

Ein weiterer Grund für den Boom der Branche ist die sprunghafte Zunahme internationaler Konfliktfelder, Konfliktregionen und Akteure, gepaart mit einer geringeren Bereitschaft der Industrienationen, sich auf riskantere Friedensmissionen einzulassen. Eine Lösung für den Krieg in Bosnien-Herzegowina führten die westlichen Regierungen nach drei Jahren Blutvergießen erst herbei, als eine bosnisch-serbische Soldateska im Juli 1995 die muslimische Enklave Srebrenica stürmte und mehr als 8500 Männer und Jugendliche massakrierte. Dass in Afghanistan die Taliban fünf Jahre lang Menschenrechte mit Füßen traten, die Bürger ihres Landes folterten, steinigten, erschossen, interessierte westliche Politiker erst dann, als Osama bin Laden als Auftraggeber für die Terroranschläge vom 11. September 2001 ausfindig gemacht worden war. Staaten und Militärbündnisse weiteten ihre Sicherheitskonzepte nach dem Ende des Kalten Krieges aus und übertrugen ihren Streitkräften Aufgaben über die Verteidigung des eigenen Landes hinaus, sodass hier eine Lücke entstand.

»Durch das Ende des Kalten Krieges konnten Konflikte, die lange Zeit von den Supermächten unterdrückt oder manipuliert worden waren, wieder ausbrechen«, sagt der britische Ex-Oberstleutnant und Pionier der privaten Militärbranche, Timothy Simon Spicer. »Gleichzeitig haben die meisten Staaten ihre Streitkräfte verkleinert, und die Live-Berichterstattung auf CNN über die Tötung US-amerikanischer Soldaten in Somalia hatte ungeahnte Auswirkungen auf die Bereitschaft der Regierungen, in Konflikte im Ausland einzugreifen. Wir füllen diese Lücke.« Spicer kämpfte für die Briten 1982 auf den Falkland-Inseln und 1992 in Nordirland, war an den Planungen für den Golfkrieg 1990/91 gegen Saddam Hussein beteiligt und beriet 1994 den britischen UNO-General Sir Michael Rose in Sarajevo. Im gleichen Jahr verließ er die Armee und wurde einer der Topmanager in der Söldnerbranche. »Spicer ist im Grunde genommen für die zweitgrößte Streitmacht im Irak zuständig – etwa 20 000 Privatsoldaten. Aber nenne ihn nie einen Söldner«, warnt Stephen Armstrong, Reporter der renommierten englischen Tageszeitung *Guardian* am 20. Mai 2006.

Kriege zu führen war immer teuer. Es war aber noch nie so teuer wie zu Beginn des 21. Jahrhunderts, als die meisten entwickelten Länder, einschließlich der USA, die Wehrpflicht abschafften und Berufsarmeen aufbauten oder dies zumindest ernsthaft in Erwägung ziehen. In den meisten Ländern werden Soldaten sechs Monate lang ausgebildet, bis sie auf einem Kriegsschauplatz eingesetzt werden können. Offiziere werden in aller Regel erst nach vier Jahren militärischen und taktischen Trainings sowie Studiums in Einsätze geschickt. Daher sind Söldner, in aller Regel ehemalige Militärs, für viele Regierungen zumindest eine Alternative, wenn auch nicht unbedingt eine kostengünstigere. Die Verträge mit ihnen werden einfach gekündigt, wenn der Krieg vorbei ist. Renten, Pensionen und viele Zusatzleistungen wie Krankenversicherungen oder kostenlose Gesundheitsfürsorge fallen bei ihnen nicht an – im Gegensatz zu Zeit- und Berufssoldaten.

Private Militärfirmen warten mit einem weiteren Vorteil auf: Bürokratie und vor allem politische Vorgaben engen gerade westliche Armeen oftmals ein, beschränken sie in ihrer Handlungsfähigkeit. Die Bundeswehr unterliegt bei ihren Einsätzen der vom Bundestag verabschiedeten Beschränkung, dass ihre Soldaten den Drogenanbau in Afghanistan nicht bekämpfen dürfen – auch wenn die Taliban und andere Aufständische ihren Kampf gegen die deutschen und anderen westlichen Soldaten vor allem über den Verkauf von Rohopium finanzieren. Private Sicherheitsdienstleister unterliegen solchen Grenzen nicht. Solange sie ihre Arbeit machen, werden sie bezahlt – und schweigen. Sie scheinen viel besser geeignet für bewaffnete Konflikte zu sein, die einmal mit hehren Vorsätzen wie dem Export von Demokratie begonnen wurden und mit jedem Tag umstrittener werden.

Peter Warren Singer, amerikanischer Journalist und im Wahlkampf der militärpolitische Berater des US-Präsidenten Barack Obama, hat vier Arten von Dienstleistungen ausgemacht, die die modernen Söldner anbieten:

1. Logistische Aufgaben wie Kommunikation, Transport, Instandsetzung, Verpflegung und der Aufbau der Camp-Infrastruktur in Kriegs- und Krisengebieten – sie sind am weitesten vom tatsächlichen Kampfgeschehen entfernt.
2. Beratung von Staaten bei der Neustrukturierung ihrer Streitkräfte. Dies umfasst oftmals auch strategische und taktische Beratung sowie die Ausbildung von Soldaten, Polizisten und Geheimdienstlern.
3. Objekt- und Personenschutz in Kriegs- und Krisengebieten. Dazu zählen öffentliche Einrichtungen, Industriekomplexe und Geschäftsgebäude, aber auch militärische Anlagen wie Flughäfen, Kasernen und Feldlager. Der Personenschutz umfasst Politiker, Diplomaten und Privatleute, aber auch Personal von Hilfsorganisationen. Mitarbeiter dieser Firmen tragen ein erhebliches Risiko, in Kampfhandlungen verwickelt zu werden, da sie dort eingesetzt sind, wo Aufständische Attentate begehen oder Hinterhalte legen.
4. Die derzeit noch kleinste Gruppe bilden jene Firmen, die unmittelbar auf dem Schlachtfeld eingesetzt werden, um zu kämpfen.

Tradition einer Branche

Mit der zunehmenden Technologisierung des Krieges werden die Aufgaben von Söldnern immer mehr differenziert, während es früher allein ums Kämpfen und Töten ging. Söldner und Privatarmeen existieren, seitdem es Kriege gibt. Wer Länder erobern, seine Besitztümer verteidigen, Macht ausüben wollte, verzichtete in der Geschichte kaum auf Leihmilitärs. Die verstanden nicht nur ihr Handwerk, sondern waren auch dann verfügbar, wenn Fürsten Bauern und Landarbeiter aus dem Krieg entlassen mussten, damit die Felder bestellt und die Ernte eingebracht werden konnten.

Alexander der Große marschierte mit einem Söldnerheer von Griechenland bis nach Afghanistan. Die antike Handels- und Seemacht Karthago baute ihre Macht nahezu komplett auf Privatmilitärs. Sie begründeten den fragwürdigen Ruf, der ihnen heute noch anhaftet: Nachdem die Karthager den Ersten Punischen Krieg (264–241 vor Christus) gegen das Römische Reich verloren hatten, bezahlte die Regierung die teuren Söldner nicht mehr und drohte die Truppe aufzulösen. Die meuterte und führte Krieg auf eigene Faust.» Erst mit Hilfe anderer bezahlter Söldnerverbände konnte Karthago die Revolte niederschlagen«, sagt Peter Warren Singer. Trotzdem setzten die Karthager auch im zweiten Krieg gegen Rom auf Leihkrieger. Mit Privattruppen zog Hannibal 218 v. Chr. über die Alpen – die Söldner folgten ihm wohl vor allem deshalb, weil der Afrikaner zuvor die spanischen Silberbergwerke erobert hatte und entsprechend zahlungsfähig war. Vorfälle wie dieser begründen das heute noch tiefsitzende Misstrauen und die Abneigung gegenüber Söldnern und privaten Militärfirmen.

Bereits im Mittelalter sollten durch den Einsatz von Privatmilitärs Kosten vermieden und politischer Schaden abgewendet werden. Zudem erforderten schwieriger zu bedienende Waffensysteme wie beispielsweise Armbrüste Profis an der Waffe. Ganze italienische Stadtstaaten privatisierten ihre Verteidigung, um ihre Bevölkerung zu schonen und weiterhin als Arbeitskraft nutzen zu können. Ein venezianischer Glasbläser brachte in den Manufakturen mehr ein als auf dem Schlachtfeld. Deshalb bildeten die kommerziellen Militärs schon in der Frührenaissance des 14. Jahrhunderts Strukturen, die private Militärfirmen heute zeigen: Ein verantwortlicher Manager, ein Söldnerführer war an der Spitze – der damals so genannte Condottiere. Er verpflichtete mit Verträgen den Condotte, den mittelalterlichen »Contractor«: Kämpfer, Kaufleute, Ingenieure. Organisiert wie andere Gilden zogen die Söldner wirtschaftlich ausgerichtet in den Krieg.

Nicht nur die Italiener verstanden das Geschäft mit dem Krieg. Es waren schweizerische und deutsche Söldner, die die Schlachtfelder von der Frührenaissance bis zum Ende des Dreißigjährigen Krieges beherrschten. Im Westfälischen Frieden beendeten die Konfliktparteien 1648 in Münster und Osnabrück den Krieg in Deutschland. Erstmals wurde auch die Vorstellung eines souveränen Staates formuliert, der als Einziger Gewalt ausüben durfte. Ohne staatliche Erlaubnis sollte es verboten sein, Kriegsdienste zu leisten und Waffen anzubieten. Die Herrschenden scherten sich nicht darum: Ausländer stellten die Hälfte der angesehenen Truppen des Preußenkönigs Friedrich des Großen. Selbst für seine legendäre Elitetruppe der »Langen Kerls« suchten Werber in ganz Europa menschlichen Nachschub, der mindestens 1,88 Meter groß war. Nationalität – egal.

Mehr als 80 Prozent der Einnahmen des »Alten Fritz« flossen in seine Legionärsarmee. Der französische Politiker Gabriel de Riqueti, Graf von Mirabeau, stöhnte: »Preußen ist kein Staat mit einer Armee, vielmehr eine Armee, die einen Staat besitzt.« Im 18. Jahrhundert boten erstmals Staaten militärische Leistungen frei zum Verkauf an: Sie vermieteten ihre Truppen an andere Länder. Gerade wirtschaftlich schwache Fürstentümer versuchten so, ihre Staatseinnahmen zu erhöhen. So beorderte das Fürstentum Hessen-Kassel seine Soldaten nach Venedig und in die Niederlande. Und 12 000 Privatkämpfer verkaufte Landgraf Friedrich II. am 15. Januar 1776 an seinen Schwager, König Georg III. von Großbritannien. Der schickte die Hessen über den Atlantik nach Amerika – um sie dort im amerikanischen Unabhängigkeitskrieg gegen die Amerikaner kämpfen zu lassen.

Nach der Französischen Revolution und den darauf folgenden Napoleonischen Kriegen verloren die Söldnertruppen zunächst an Bedeutung. Bis sie in den 1960er Jahren vor allem in Afrika wieder eingesetzt wurden, um gegen den Kommunismus zu kämpfen. Wie in dem Krieg, der von

1960 bis 1964 im Kongo tobte. Dort rief Premier Patrice Lumumba sowjetische Militärberater zur Hilfe, als die an Kupfer, Kobalt und Uran reiche Provinz Katanga sich gerade nach der erlangten Unabhängigkeit des Landes von Belgien für unabhängig erklärte. Prompt marschierten die sich zurückziehenden belgischen Kolonialtruppen, von belgischen Bergbaukonzernen engagierte Söldnertruppen und amerikanische Geheimdienstler in die Provinz ein, um die Macht des Separatisten Moïse Tschombé zu stützen. Als die belgischen Streitkräfte später die Krisenregion verließen, übergaben sie Waffen und Ausrüstung an die Rebellen Tschombés. Gemeinsam mit den Söldnertruppen kämpften sie fortan gegen die kongolesische Zentralregierung.

In Afrika wurden Söldner als inoffizielle Hilfstruppen in der Regel von Westmächten eingesetzt, die sich selbst nicht offiziell in die Angelegenheiten der betroffenen Staaten einmischen wollten. Häufig wurden abenteuerlustige Männer aus Europa und Amerika angeworben und in Kämpfe geschickt, bei denen klar war, dass sie sie nicht überleben würden und daher auch nicht bezahlt zu werden brauchten: Damals wurden die Verträge per Handschlag besiegelt, in einigen Fällen unterzeichneten die Privatmilitärs auch Verträge. Sie erhielten in der Regel ein Drittel des vereinbarten Honorars als »Verpflichtungsprämie« ausbezahlt, der Rest wurde erst nach dem Ende des Einsatzes fällig. Das Finale ihrer Missionen erlebten viele Söldner jedoch nicht mehr.

Afrika, ist Söldnerforscher Frank Westenfelder überzeugt, wird auch in Zukunft wieder das Schlachtfeld sein, auf dem Söldner ihr Unwesen treiben: »Man braucht nicht allzu viel Phantasie, um sich vorzustellen, dass in nicht allzu ferner Zukunft irgendwo in Afrika die Privatarmeen zweier großer westlicher Konzerne aufeinanderstoßen, um auf diese Art ihren Konkurrenzkampf um Bohrrechte und Schürfkonzessionen auszutragen. Ihre Söldner könnten sich dabei als Instrukteure und Techniker diskret im Hintergrund halten; das blutige Geschäft würde von lokalen Milizen, eventuell sogar Kindersoldaten erledigt. Wenn man sich nur ein wenig mit den aktuellen Konflikten im Ostkongo beschäftigt, bei denen es hauptsächlich um das von der Elektronikindustrie heiß begehrte Coltan und um Diamanten geht, drängt sich der Verdacht auf, dass wir längst so weit sind und die lokalen Warlords eigentlich im Auftrag von (...) und anderer Großkonzerne agieren.«

Und der israelische Militärhistoriker Martin van Crefeld sagt voraus: »Wir stehen am Beginn einer neuen Ära, nicht des friedlichen wirtschaftlichen Wettbewerbs zwischen Handelsblöcken, sondern des Krieges zwischen ethnischen und religiösen Gruppen. Während die vertrauten Gestalten des bewaffneten Konflikts im Orkus der Geschichte verschwinden, recken gänzlich neue ihre Köpfe und treten an deren Stelle. Bereits heute ist die militärische Macht, welche die wichtigsten entwickelten Länder im ›Westen‹ wie im ›Osten‹ aufbieten können, für die anstehenden Aufgaben kaum geeignet. Mit anderen Worten, sie ist mehr Illusion denn Substanz. Wenn diese Gesellschaften nicht bereit sind, ihr Denken und Handeln den sich rasch wandelnden neuen Realitäten anzupassen, werden sie eines Tages zum Einsatz organisierter Gewalt wohl überhaupt nicht mehr fähig sein. Sollte es so weit kommen, steht auch ihr weiteres Überleben als einheitliche politische Gebilde in Frage.«

Es sind düstere Aussichten, die auch Deutschland in den kommenden Jahren erwarten. Komplette Kriege werden in den nächsten 15 bis 20 Jahren von Söldnerarmeen mit deutscher Beteiligung ausgetragen werden – ohne dass die Politik auf ihren Ausbruch oder gar ihr Ende Einfluss nehmen kann. An Kriegen, die sogar den deutschen Sicherheitsinteressen widersprechen und in denen trotzdem Leihmilitärs kämpfen, die auch in der Bundeswehr zum Schutz Deutschlands ausgebildet wurden.

Täglich kann einer dieser Söldner, der in irgendeinem

Kriegsgebiet auf der Welt mit der Waffe in der Hand sein Geld verdient, gefangen genommen werden. Seine Freilassung wird dann mit politischen Forderungen, mit mehr als nur finanziellen Gegenleistungen, verbunden sein. Deutsche Privatmilitärs rücken die Bundesrepublik stärker ins Visier islamistischer Terroristen – und laden sie geradezu ein, selbst bei der maßvollen, auf Integration und den Aufbau stabiler Wirtschaftstrukturen ausgerichteten deutschen Afghanistanpolitik, Terroranschläge in Köln oder Berlin, in Hamburg oder München zu verüben – besonders vor den Bundestagswahlen im September 2009. Gleiches gilt für den Irak, wo nicht einmal deutsche Soldaten stationiert sind.

Benny, Uli und Kornelius geben in diesem Buch einen Einblick in ihren typischen Kriegsalltag im Irak und in Afghanistan. Aber auch die Lebenswege islamistischer Leihkrieger wie Eric Breininger werden beschrieben. Kriegerische Realitäten, die deutsche Bürgerinnen und Bürger nicht wahrnehmen. Wie gefährlich diese Wirklichkeit ist, zeigt nicht zuletzt die Tatsache, dass kein deutscher Privatkrieger bereit ist, in der Öffentlichkeit seinen richtigen Namen oder gar seinen wahren Beruf zu nennen. Aus Sorge um ihre Sicherheit, die ihrer Familien und Freunde, aber auch aus Angst vor rechtlichen Konsequenzen sind sie allenfalls bereit, ihre Vornamen zu nennen. Auch Benny, Uli und Kornelius heißen im wahren Leben anders. Das deutsche Parlament gestattet solchen Männern stillschweigend, eine eigene Außenpolitik vorbei an der Bundesregierung, vorbei an den gewählten Volksvertretern zu gestalten. Es gestattet ihnen, im Verborgenen zu agieren und den Tod weltweit zu exportieren. Die Folgen solchen Handelns freilich tragen wir alle.

Söldneralltag heute

Benny – als Söldner im Irak

Wie bei einer Wunderkerze sprühen Funken nach allen Seiten. Nur dass in diesem Fall die Radaufhängung auf den Asphalt schlägt. Und *Kriiiietsch* macht. Überall tanzen orange Sternchen. »Als würde jemand mit den Fingernägeln über eine Tafel kratzen«, sagt Benny. Die Härchen auf seinen muskulösen Unterarmen stellen sich auf, der Kopf versinkt für ein, zwei Sekunden zwischen den hochgezogen Schultern. Über dem Stadtviertel Hurriya in Bagdad liegt der Geruch von verbranntem Gummi. Benny wirft einen letzten Blick auf das verkohlte Autowrack, das ein Abschleppwagen über die Rabia-Straße zieht. Dann suchen seine Augen wieder die Straßenränder ab.

Frieden ist für Benny hier in Bagdad im Sommer 2008 immer noch Krieg. Spielende Kinder am Straßenrand bereiten ihm Unbehagen. Um Mülltonnen macht er einen großen Bogen. Kinderwagen lassen seinen Adrenalinspiegel in die Höhe schnellen. »Alles mögliche Sprengfallen«, sagt der Deutsche, der sein Geld als »Private Military Contractor« verdient. Als »Privater Militärischer Unternehmer«, wie die Branche ihre Angestellten nennt. Benny ist ein Söldner, wie ihn auch die Vereinten Nationen definieren: eine Person, die, »obwohl sie nicht Teil einer bewaffneten Partei eines Konfliktes ist, speziell zum Zwecke des Kampfes rekrutiert wurde und aus Motiven der privaten Bereicherung handelt«. Fünf Jahre nachdem der frühere US-Präsident George W. Bush den Krieg im

Irak 2003 für beendet erklärte, ist Bagdad für Benny immer noch ein Schlachtfeld. Sein Schachtfeld.

Auf dem bahnt er sich gerade wild hupend einen Weg. »Nicht stehenbleiben! Weiter! Weiter!«, schreit er Fahrer Andrej an, als würde der Pole nicht direkt neben ihm sitzen. Der Deutsche greift ins Lenkrad, kurbelt daran herum. An der Stoßstange seines Nissans klebt ein zweiter Jeep, ebenfalls mit Privatmilitärs besetzt – das Sicherungsfahrzeug.

Spurwechsel. Auf den breiten, autobahnähnlichen Straßen, die aus Bagdad herausführen, schnellt die Tachonadel auf 130, 150 Stundenkilometer. Benny drückt auf die Hupe. Mit seiner Faust hämmert er auf das Armaturenbrett. Dann wieder sucht er den Straßenrand ab. Späht über das amerikanische M4-Sturmgewehr, das durch das offene Fenster der Beifahrertür auf die Menschen auf dem Bürgersteig gerichtet ist. Schweißtropfen ziehen Bahnen über sein staubiges Gesicht. Manchmal wischt Benny die Hände an seiner beigen Outdoor-Hose ab. »Scheiße, ich habe meine Handschuhe vergessen«, flucht er. Bruchteile einer Sekunde später liegt der rechte Zeigefinger wieder am Gewehrabzug. Speicheltropfen fliegen durch die Luft: »Go! Go! Nicht stehenbleiben!«, treibt er den Fahrer an. Der hat das Tempo gedrosselt, als ein altersschwacher Toyota vor ihm auftaucht.

Verliert das Fahrzeug an Geschwindigkeit, so lehren es private Sicherheitsunternehmen und Militärs weltweit, gibt es ein potenzielles Ziel ab. »Ramm ihn«, brüllt Benny und will wieder ins Lenkrad greifen. »India Charlie, hier 3 Alpha – Golf Zulu in 5«, spricht auf dem Rücksitz Kaes mit ruhiger Stimme in sein Motorola-Funkgerät, um das Lagezentrum seiner Sicherheitsfirma und die mithörenden amerikanischen Streitkräfte zu informieren. »Golf Zulu« steht für »Ground Zero«, für Anschlagsort, »5« bedeutet, dass die »Contractors« in fünf Minuten dort eintreffen werden. Hupen. Der Motor heult auf. Benny bringt sein Gewehr in Anschlag. Im letzten Moment gibt der Toyota vor ihnen den Weg frei.

Den blockieren dafür jetzt amerikanische Soldaten und irakische Polizisten. In routinierter, professioneller Hast haben sie ihre Jeeps und gesicherten Stryker-Panzer quergestellt, um eine der Hauptverkehrsstraßen, die durch das Stadtviertel Hurriya im Nordosten der irakischen Metropole führt, abzusperren. Die Maschinengewehre auf den Fahrzeugdächern richten sich für einen Moment auf die Söldner-Jeeps. Benny nimmt seine schwarze Sonnenbrille ab. »Sag noch mal durch, dass wir ...«, setzt er an. Einer der GIs in der Dachluke des gepanzerten Humvee-Jeeps winkt. Die Soldaten haben den »Contractor«-Konvoi als »freundlich« identifiziert – man kennt sich.

Gemeinsam mit Seb beginnt Benny seine Arbeit am Anschlagsort. Hundert Meter weiter wirbelt der Sitz eines roten Plastikstuhls durch die Luft, ein Strahl klaren Wassers schleudert ihn drei, vier Meter weiter auf dem Trottoir. Der Kopf einer Puppe kullert über die in Beton eingelegten Marmorplatten vor einem Geschäft. Das Wasser, das in den Rinnstein fließt, ist rot gefärbt. Ein Feuerwehrmann spült die Spuren eines der schwersten Anschläge weg, die im Sommer 2008 im Irak verübt wurden. Terroristen hatten auf einem belebten Marktplatz im Schiitenviertel Hurriya ein mit Sprengstoff vollgestopftes Auto gesprengt. Die irakischen und amerikanischen Sicherheitskräfte fanden Überreste von 51 Menschen. Dutzende wurden verletzt in Krankenhäuser eingeliefert.

Wie üblich wird das Oberkommando der US-Armee im Irak unmittelbar nach dem Anschlag das Terrornetzwerk Al-Qaida bezichtigen, die irakischen Männer, Frauen und Kinder ermordet zu haben. Ebenso routiniert werden die Militärs einen Tag später ihre Aussage korrigieren: Schiitische Extremisten sollen die Autobombe gezündet haben. Für Benny macht das keinen Unterschied: »Du blickst doch sowieso nicht mehr durch, wer sich hier wann wo warum in die Luft sprengt.«

Dabei ist es genau Bennys Job zu wissen, »wer sich wann wo warum in die Luft sprengt« im Irak. Sein Job ist einer der gefährlichsten, die das globale Söldnertum im beginnenden 21. Jahrhundert zu vergeben hat: Benny ist Späher. Seine Auftraggeber: andere private Militärfirmen, die US-Armee, Wirtschaftsunternehmen, jeder, der wissen will, was im Irak vor sich geht. Sein Team: Fahrer Andrej und der niederländische Funker Kaes, der australische Arzt Seb und Nicolai aus der Ukraine, der das MG, das Maschinengewehr, bedient. Aus dem zweiten Fahrzeug sollen der Südafrikaner Mike, der Brite Michael, Dirk aus dem Rheinland und der Weißrusse Alexander mit seinem Maschinengewehr das Team decken. Ihre Nachnamen wollen sie in Medien keinesfalls genannt wissen.

Ihre Mission: »Wir klären auf. Wir versuchen, alles in Erfahrung zu bringen, um sicher und zuverlässig unseren Job machen zu können«, sagt Benny. Dann zählt er auf: Wo haben sich die »insurgents« versteckt? So werden im Fachjargon »Aufrührer« oder »Aufständische« genannt, die gegen die »Koalition der Willigen« und den jungen irakischen Staat amerikanischer Prägung kämpfen. Wo haben sich Bewaffnete verschanzt? Wo haben sie Waffenlager angelegt? Wie ist die Stimmung in der Bevölkerung? Sympathisieren die Bagdader mit den Aufständischen oder mit den irakischen Sicherheitskräften und ihren Verbündeten aus den USA? Ein Leben, sagt Benny, »wie im Vorhof zur Hölle«.

In Hurriya soll Benny mit seinem Team herausfinden, was passiert ist. Doch die irakischen und amerikanischen Forensiker verpacken ihre Ausrüstung bereits wieder in silbernen Metallkoffern. Experten der jungen irakischen Armee, spezialisiert darauf, Bomben aufzuspüren und zu entschärfen, haben die Umgebung um die Bushaltestelle am Markt, wo sich der Selbstmordattentäter in die Luft gesprengt hat, bereits abgesucht. Denn oft, so erzählt Benny von früheren Attentaten, zünden die Aufständischen eine zweite Bombe genau in dem Moment, in dem Rettungs- und Sicherheitskräfte am Anschlagsort eingetroffen sind. »So wollen die Terroristen die Wirkung ihres Anschlags erhöhen: Genau dem Moment, in dem alles im Chaos versinkt. In dem Verletzte am Boden liegen und schreien, Sanitäter beginnen, sich um Verwundete zu kümmern. Gerade wenn die Polizei sich einen Überblick verschaffen will, Schaulustige zurückdrängt. Boooom!« Benny schlägt die rechte Faust mit voller Kraft in seine linke Handfläche. Sein Gesicht wirkt wie versteinert. Und noch mal schreit er: »Boooom! Die nächste Bombe! Noch mehr Verletzte, noch mehr Tote.«

Um die braucht sich Benny an diesem Tag nicht zu kümmern. Aus einer der vielen Taschen seiner schwarzen, schusssicheren Kevlar-Weste fischt er sein Handy. Hastig tippt er eine Nachricht in die Tastatur. Hält einen Moment inne, dann drückt er auf »Senden«. »Eine SMS für meine Freundin. Damit sie weiß, dass mir nichts passiert ist, wenn das hier in Deutschland im Fernsehen kommt«, sagt er.

Das Team rückt ab – nach Osten, Richtung Tigris. »Irgendwie ein Glückstag«, sagt der Deutsche und versucht zu lächeln. Es wirkt wie ein Würgen. Mit dem Wort »puzzeln«, wird er später einmal nach dem zehnten, elften Whiskey beschreiben, was ihm an diesem Tag erspart bleibt. Wenn er zusammen mit Arzt Seb Leichenteile sammelt, um Hinweise auf den Selbstmordattentäter zu erhalten. Zerfetzte Körper wie ein Mosaik zusammensetzen. Leise erzählen Benny und Seb, wie sie zwischen und unter Autos nach menschlichen Überresten suchen, Haut von Fensterscheiben kratzen, Knochen, die durch die Explosion zu Granatsplittern werden, aus den Polstern von Autos klauben. Während der ganzen Zeit betrachten die beiden ihre sandfarbenen Stiefel. »Irgendwann«, sagt Benny, »irgendwann …« und bricht ab. »Irgendwann«, vollendet Seb Bennys Satz, »irgendwann hast du von all dem hier die Schnauze so voll.«

Allerdings nicht genug, um den Job an den Nagel zu hängen. Seit vier Jahren lebt der gebürtige Thüringer in einem gefährlichen Turnus, der sich so sicher vollzieht wie die Jahreszeiten: neun Wochen Irak, drei Wochen Urlaub. Ein lukratives Geschäft: 1155 amerikanische Dollar verdient Benny als Gruppenführer am Tag. Steuerfrei. Bar ausgezahlt bis zum zehnten jedes Monats. Zuverlässig. Sicher. Im Irak, in Afghanistan oder wo auch immer große, seriöse Sicherheitsfirmen ihre Mitarbeiter und Subunternehmer hin entsenden, sind kostenlose ärztliche Versorgung und Verpflegung inbegriffen.

Die Söldner-Branche boomt wie nie zuvor: 1991, im zweiten Golfkrieg, wurden die 541 000 Soldaten der US-Armee während der Operation »Desert Storm« von nur 5600 Angestellten privater Sicherheitsfirmen unterstützt. Auf 100 Soldaten kam also gerade mal ein Söldner. Zwölf Jahre später schickten die USA 248 000 Soldaten in den Irakkrieg. Und im August 2008 veröffentliche der US-Kongress Zahlen, die Abgeordnete wie Experten im Söldnergeschäft staunen ließen: Etwa 190 000 Söldner heuerten alleine das US-Außenministerium, verschiedene staatliche Hilfsorganisationen und vor allem das Pentagon für diesen Kriegsschauplatz an. In nicht viel mehr als einem Jahrzehnt hat sich das zahlenmäßige Verhältnis zwischen Armeeangehörigen und Privatmilitärs beinahe angeglichen. Auf einen Söldner kommen nun 1,3 reguläre Soldaten. Die Zahlen für Afghanistan halten die Haushälter des Kongresses noch unter Verschluss. Aber, so sind sich amerikanische Politiker wie Wissenschaftler einig: Die Tendenz, militärische und damit staatliche Aufgaben in die Hände privater Sicherheitsunternehmen zu legen, ist steigend.

Besonders im Irak und in Afghanistan setzte die Bush-Administration auf Sicherheit aus privater Hand. Geleit- und Personenschutz, Pipelines bewachen, dolmetschen, Gefängnisse betreiben, Terroristen jagen – die US-Regierung fordert ein breites Einsatzspektrum von den privaten Militäranbietern. Und lässt sich diese »Sicherheit aus einem Guss« – wie der amerikanische Branchenführer Blackwater vollmundig wirbt – im Gegenzug einiges kosten.

76 Milliarden Dollar bezahlte alleine das Pentagon zwischen 2003 und 2007 an private Sicherheitsfirmen vor allem aus den USA, Großbritannien und Südafrika. Diese wiederum suchen ihre Angestellten und Subunternehmer inzwischen größtenteils in anderen Ländern als den Vereinigten Staaten von Amerika. Vor allem in den früheren Nationen des Warschauer Paktes und der Sowjetunion sind die Werber unterwegs. Zunehmend aber auch in Deutschland. Hier suchen Sicherheitsfirmen aus aller Welt insbesondere nach Führungskräften für alle Ebenen des privaten Militärgeschäfts.

Besonders begehrt sind ehemalige Feldwebel der Bundeswehr. Die, so hat Blackwater-Sprecherin Anne Tyrell festgestellt, »verfügen über eine solide militärische Ausbildung und ein gutes taktisches Verständnis. Ihre Ausbildung in der Menschenführung ist exzellent. Sie bringen für uns die abschließend geförderte Fähigkeit mit, kleine und mittlere Teams im gesamten Spektrum denkbarer Einsätze zu führen«.

Söldnerkarriere auf Staatskosten

Über eine Bewerbung per E-Mail kam Benny von der Gera an den Tigris. In der irakischen Hauptstadt ist er freier Unternehmer. Ein Freiberufler, der Sicherheit produzieren und das große Geld verdienen will: »Gereizt haben mich in erster Linie die ausgesprochen guten Verdienstmöglichkeiten«, sagt der Erfurter. »Wenn damit gleichzeitig das Land wieder aufgebaut und die demokratisch gewählte Regierung stabilisiert wird, ist das doch ein großartiger Nebeneffekt.« Ist es gleichgültig, wo ein amerikanischer oder europäischer »Contractor« seine üppigen Honorare einstreicht? Einen Moment überlegt Benny, dann nickt er stumm – zuckt mit den Schultern.

Arbeitsplätze wurden Anfang der Neunziger in Thüringen abgebaut und nicht geschaffen. Einen Ausbildungsplatz als Tischler gab es noch für Benny, nachdem ihm das Zeugnis der Mittleren Reife in die Hand gedrückt worden war. Aber schon im ersten Lehrjahr kämpfte der Handwerksbetrieb ums Überleben. In Bennys letztem Lehrjahr verlor das Familienunternehmen den Kampf. Genau zur selben Zeit, in der die Welt zum Einsatzgebiet deutscher Streitkräfte wurde.

Im Juli 1993 schickte die Bundesregierung 1725 Bundeswehrler unter der Fahne der Vereinten Nationen nach Somalia. Dort sollten 20 000 Blauhelme aus 29 Ländern die fragile Waffenruhe zwischen rivalisierenden Warlords überwachen und das Land so befrieden, dass humanitäre Hilfe geleistet werden konnte. Die Mission scheiterte. Als der CDU-Verteidigungsminister Volker Rühe im März 1994 den Rückzug der Bundeswehr aus Somalia anordnete, hatte sich vor allem eine Erkenntnis in den Köpfen deutscher Generäle festgesetzt: Künftig sollten bei weltweiten Einsätzen der Bundeswehr Fallschirmjäger die Ersten sein, die einen Marschbefehl erhielten. Die Truppe wurde im Gegensatz zu anderen Kampfeinheiten wie Panzergrenadieren kaum reduziert. Im Gegenteil: Die Luftlandeeinheiten der Bundeswehr wurden vorrangig modernisiert. Sie sollten fortan die Speerspitze der Bundeswehr bei ihren weltweiten Einsätzen sein: die Ersten, die für die Bundeswehr in Friedenseinsätze wie Kriege marschierten.

Eine Entscheidung der Militärs, die für Benny ein »großes Glück war«, wie er sich ausdrückt. Der inzwischen zum Grundwehrdienst eingezogene Thüringer verpflichtete sich für acht Jahre und wurde zum Fallschirmjäger ausgebildet. »Eine spannende und sehr fordernde Ausbildung«, bilanziert Benny und zählt auf, was er bei der Bundeswehr noch alles wurde: Fallschirmspringer, Einzelkämpfer, Scharfschütze, Sanitäter, Spezialist für Aufklärungseinsätze, Feldwebel. Dass Benny im Westen stationiert wurde, sicherte ihm in der von den Politikern proklamierten »Armee der Einheit« das höhere Westgehalt. Dieses wurde noch um eine Fallschirmspringerzulage in Höhe von 150 Mark aufgepeppt. »Für mich garantierte die Bundeswehr die Zukunft«, sagt er. Und ergänzt: »Spätestens Ende 1995 zeichnete sich klar ab, dass die Bundeswehr auch auf dem Balkan eingesetzt werden würde.«

Bosnien, Kosovo, Albanien, Ost-Timor, Mazedonien, Afghanistan – Deutschland schickte seine Soldaten von 1994 bis 2002 freigiebig in den weltweiten Einsatz. »Meine damalige Beziehung hat wie bei vielen Kameraden die hohe Dienstzeitbelastung nicht überstanden«, sagt Benny betont sachlich. Nur manchmal, wenn Ruhe einkehrt und er sich unbeobachtet fühlt, schaut Benny auf das Bild, das er immer in seinem Brustbeutel um den Hals trägt: seine heute neun Jahre alte Tochter.

Weil er seine Beziehung, seine kleine Familie retten wollte, verließ Benny 2002 die Bundeswehr. Doch zu spät. Fünf Monate später trennte er sich von seiner Frau: »Da wollte ich in den Irak.« Seit zwei Jahren lebt er wieder mit einer Frau zusammen. Die »hält mir den Rücken für den schweren Job frei« – Bennys Antwort wirkt floskelhaft. Kein Wort darüber, wie das Paar mit den langen Zeiten der Trennung umgeht. Oder seine Freundin mit der Angst, dass ihm etwas zustößt. Gefühle leistet sich Benny im Irak nur, wenn er nach einem Anschlag »Mir geht es gut!« in sein Handy tippt oder gedankenverloren mit den Fingern über das Foto seiner Tochter streicht. Die Branche braucht harte Kerle! Ganze Kerle.

Die sucht sie inzwischen vor allem im Internet. Mit dürftigen Informationen über den Beruf, aber vorbereiteten Bewerbungsformularen. Auch Benny füllte eine Bewerbung auf der Website einer privaten amerikanischen Militärfirma aus. Die Empfehlung früherer Kameraden, die bereits 2003 als »Contractors« mit den Truppen der Anti-Irak-Koalition an Euphrat und Tigris marschiert waren, beschleunigte seine

Einstellung. Aber die privaten Sicherheitsanbieter suchten auch händeringend nach geeigneten Subunternehmern: Mindestens vier Jahre Dienst bei Streitkräften oder der Polizei werden vorausgesetzt. Bevorzugt stellen die Firmen Ex-Soldaten spezialisierter Waffengattungen wie Fallschirmjäger, Militärpolizisten oder vom Kommando Spezialkräfte (KSK) ein. Auch früheren Elite-Polizisten aus Spezial- oder mobilen Einsatzkommandos wie etwa der GSG 9 ist das Flugticket nach Bagdad oder Kabul auf Kosten eines privaten Militäranbieters sicher.

Längst schon rekrutieren die marktbeherrschenden US-Firmen ihre Vertragspartner global. Eine Studie des amerikanischen Kongresses aus dem August 2008 belegt, dass von den insgesamt 190 200 allein durch US-Regierungsstellen im Irak eingesetzten »Contractors« nur 38 700 amerikanische Staatsbürger sind, also gerade einmal 20 Prozent. 81 000 Privatmilitärs (43 Prozent) wurden weltweit angeheuert, die restlichen 70 500 (37 Prozent) sind Iraker. Wohlgemerkt: Die Studie hat nur die privaten Militärs erfasst, die für amerikanische Regierungsstellen wie das Pentagon und das Außenministerium, aber auch die staatliche Hilfsorganisation US-AID einen Marschbefehl in den Irak bekamen. Andere Auftraggeber wie etwa NGOs oder im Irak tätige westliche Firmen sind dabei nicht erfasst. Allein 2008 ließen sich die USA ihre privatisierte Sicherheit im Irak 110,1 Milliarden Dollar kosten. Den Löwenanteil, ganze 98,5 Milliarden Dollar, sackte Branchenführer Blackwater ein.

Eine »Renaissance des Söldnerwesens im Westen« hat der Bonner Historiker Thomas Speckmann angesichts solcher Zahlen ausgemacht. Die Vorteile angeheuerter Privatmilitärs für die jeweiligen Auftraggeber sind nicht von der Hand zu weisen: Söldner unterstehen keiner parlamentarischen Kontrolle. Das begrenzt den Imageschaden, wenn in den asymmetrisch geführten Kriegen des 21. Jahrhunderts Söldner Kriegsverbrechen begehen und das Völkerrecht mit Füßen treten. Führende Mitarbeiter des Pentagon geben inzwischen flüsternd zu, dass die USA längst ihre beiden Kriegsschauplätze in »Afghanistan und dem Irak hätten aufgeben müssen, wenn dort kein ›contractor personnel‹ eingesetzt wird«. Der größte Vorteil dafür, dass der Staat seinen Machtanspruch in private Hände legt, dürfte aber dieser sein: Tote Söldner werden so gut wie gar nicht von der Öffentlichkeit wahrgenommen: Sie tauchen in keiner Statistik auf.

Mehr als 4000 US-Soldaten sind im Irak gefallen. Das bedeutet, mehr als 4000 flaggenbedeckte Särge wurden in aller Öffentlichkeit in die Vereinigten Staaten transportiert, bei ihrer Ankunft gefilmt und fotografiert. Über die Beerdigung der Soldaten wurde in überregionalen wie lokalen Medien ausführlich berichtet. Die durch Mitarbeiter der »Private Security Company Association of Iraq«, eine Lobby-Gruppe für Söldner im Zweistromland, kolportierte Zahl von etwa 1000 getöteten Söldnern und Privatmilitärs dürfte zu niedrig sein. Allein die amerikanischen Veteranenverbände listen für die Zeit zwischen dem Einmarsch in den Irak 2003 und dem 31. Dezember 2008 namentlich 1267 tote US-Söldner auf. Dabei sind dort gefallene Südamerikaner, Europäer, Afrikaner und Asiaten noch nicht einmal erfasst. Legt man die oben genannte prozentuale Verteilung zugrunde und unterstellt, dass die Sterblichkeit der Amerikaner mit der anderer Nationalitäten vergleichbar ist, müsste die Zahl der getöteten Söldner fünfmal so hoch sein, nämlich über 6000.

Die Pläne des neuen US-Präsidenten Barack Obama, zusätzliche Truppen nach Afghanistan schicken zu wollen, löst in der Sicherheitsbranche hektische Planspiele aus. »Das wird unweigerlich dazu führen, dass wir mehr ›Contractors‹ brauchen werden. Auf jeden Soldaten in einem Kriegsgebiet kommt heute einer unserer Leute. Sollte Obama seine Ankündigung wahrmachen, 30 000 zusätzliche Soldaten an den

Hindukusch zu schicken, bedeutet das etwa 30 000 weitere Stellen für unsere Leute«, orakelt ein führender Manager eines privaten Militärkonzerns. Und dabei ist noch gar nicht klar, mit wie vielen Soldaten die Europäer die neue Offensive in Afghanistan unterstützen werden. Vor allem eines lässt die Ex-Generäle in den Aufsichtsräten der Militärfirmen für das Jahr 2009 an Traumumsätze und vorbildliche Wachstumsraten denken: Obama hat ernsthaft vor, Al-Qaida-Führer Osama Bin Laden zu fangen.

Der, da sind sich staatliche Geheimdienstler und die Analysten der Militärfirmen einig, halte sich im afghanisch-pakistanischen Grenzgebiet versteckt. Genau dort, »wo die US-Armee oder ISAF allenfalls verdeckt agieren können«, weiß einer, der für den Branchenriesen Blackwater im nachrichtendienstlichen Kaffeesatz liest. Angriffe amerikanischer Drohnen und Spezialeinheiten auf mutmaßliche Taliban- und Al-Qaida-Stellungen, -Nachschubbasen und -Operationszentralen haben 2008 mehrfach zu politischen Verwicklungen zwischen Pakistan und den USA geführt. In einem solchen hochsensiblen politischen Minenfeld können Söldner einfacher eingesetzt werden als Soldaten, die einen eindeutig definierten völkerrechtlichen Status haben. Überschreiten beispielsweise Söldner die Grenze zwischen Afghanistan und Pakistan, um Taliban zu bekämpfen, wird der amerikanische Botschafter nicht ins Außenministerium einbestellt, um sich zu rechtfertigen. Da es von außen schwierig ist, den Auftraggeber der Söldner herauszubekommen und zur Verantwortung zu ziehen, gibt es kaum eine rechtliche Handhabe gegen deren Aktionen.

Die von Wunschdenken geprägten Planspiele treiben die Werber und Rekrutierer der Branchenriesen auf die Straße und ins Internet. Benny lacht: »Die fegen im Moment jeden für Afghanistan ein, der bei ›drei‹ nicht auf'm Baum ist.« Mit ernsten Folgen: Inzwischen sollen mehr Angehörige der britischen Antiterroreinheit Special Air Service (SAS) von privaten Militärfirmen angeheuert worden sein, als in dem Eliteregiment in Credenhill bei Hereford noch Dienst schieben. Bereits 2005 forderte der Kommandeur des 22nd Special Air Service Regiment seine Soldaten schriftlich auf, ihre Dienstzeit in dem Verband zu verlängern. Gerade die exzellent ausgebildeten, einsatzerfahrenen und im Verhältnis schlecht bezahlten Feldwebel werden von den lukrativen Verdienstmöglichkeiten bei den privaten Militärfirmen angelockt.

Eine Entwicklung, die vor dem heute schon um Nachwuchs bangenden KSK nicht haltmachen dürfte. In etwa vier Jahren soll das Vorzeigekommando der deutschen Streitkräfte seine Sollstärke von 1200 Mann erreicht haben, sagt der Kommandeur der Einheit, Brigadegeneral Hans-Christoph Ammon. Ein ausgeklügeltes Prämiensystem soll den Dienst in der Einheit attraktiv machen und die Soldaten davon abhalten, vorzeitig in den privaten Sicherheitsbereich abzuwandern. 963 Euro Zulage erhalten die Kommandosoldaten seit 2008 monatlich. Darüber hinaus diskutieren Politiker weitere Prämien: So soll der bestandene Eignungstest mit einer einmaligen Zahlung in Höhe von 3000 Euro honoriert werden. Bestehen die Bewerber der Eliteeinheit die zwei Jahre dauernde Basisausbildung, sollen sie dafür 10 000 Euro erhalten. Und für jedes Jahr, das sie über die sechsjährige Mindestverpflichtung beim KSK verbringen, würden Feldwebel und Offiziere 5000 Euro erhalten.

Summen, die ein »Contractor« in einer, maximal zwei Wochen Bagdad-Einsatz in die Tasche steckt. Zwar habe man mit der erhöhten Zulage für das geheimnisumwitterte Spezialkommando erreicht, dass die Anzahl der Bewerber gestiegen sei, sagte KSK-Kommandeur Ammon der Nachrichtenagentur dpa. Ob dies allerdings dazu führt, dass die Soldaten ihre sechs Jahre während Mindestdienstzeit in dem meist im Verborgenen operierenden Verband verlängern, ist mehr als fraglich. Zumal die Branche schon vor dem Afghanistan-

Hype und der Bin-Laden-Jagd um ihre neuen Vertragspartner buhlt, während diese in Deutschland noch Angestellte des Staates sind.

In der vom Bundesministerium der Verteidigung herausgegebenen Zeitschrift Y. – *Magazin für die Bundeswehr* füllen die Annoncen privater Sicherheitsanbieter ganze Seiten. Darunter wirbt beispielsweise das Hamburger Unternehmen »Protektor – Akademie für Sicherheitsdienstleistungen« ganz selbstverständlich damit, seine Auszubildenden »kostenlos in ein Praktikum als festen Bestandteil der Ausbildung« zu vermitteln. Zu den Referenzfirmen und Geschäftspartnern von Protektor gehört auch die private britische Militärfirma G4S, die in ihren Geschäftsberichten 2003, 2006 und 2007 besonders ihre erfolgreichen Einsätze im Irak hervorhebt.

Das Bundesministerium der Verteidigung (BMVg) tut sich schwer, Geschäftskontakte zu solchen Unternehmen zuzugeben. Auf die Frage, ob die Ministerialen Geschäftsbeziehungen zu Firmen unterhalten, die ihrerseits direkt oder indirekt über ihre Geschäftspartner oder Referenzfirmen Sicherheitsaufgaben in Afghanistan, im Irak oder im Kongo wahrnehmen, antwortet der Pressestab: »Das BMVg unterhält keine Geschäftsbeziehungen zu privaten Sicherheitsfirmen, die Bewachungs- oder Sicherheitsaufgaben für deutsche Einsatzkontingente im Ausland wahrnehmen.« Gefragt war, ob das BMVg generell Geschäftsbeziehungen zu Unternehmen der Sicherheitsbranche unterhält. Denn natürlich kassiert die bundeswehreigene Y. für die aus der Sicherheitsbranche geschalteten Anzeigen.

Bei solchen Anzeigenkunden lassen sich bei der Bundeswehr ausscheidende Soldaten für Sicherheitsaufgaben im Irak oder in Afghanistan ausbilden – und zwar staatlich gefördert. So schaltet etwa die International Security School (ISS) regelmäßig ihre kleinen gelben Annoncen in der Y., in denen besonders hervorgehoben wird, dass »Förderungen durch den BFD möglich« sind. Eigentlich soll der Berufsförderungsdienst (BFD) der Bundeswehr aus den Streitkräften ausscheidende Soldaten durch gezielte Aus- und Fortbildungen den Einstieg in ein ziviles Leben nach der Bundeswehrzeit erleichtern. Nach Vorstellung der ISS geschieht dies mittels Lehrgängen in Israel. Dort, so wirbt das Unternehmen, lehren »Ausbilder aus staatlichen Spezialeinheiten« Ausbildungsinhalte wie »counter terrorism training« – also Anti-Terror-Training – »VIP-Personenschutz« oder auch »law enforcement«, also Strafverfolgung.

In einem Gespräch warnt der CDU-Bundestagsabgeordnete Willy Wimmer, der unter Kohl als Parlamentarischer Staatssekretär im Verteidigungsministerium fungierte, davor, »Gesetze von Zivilisten durchsetzen zu lassen« und damit polizeiliche wie militärische Aufgaben in die Hände privater Firmen und ihrer »Contractors« zu legen: »In diesem Kontext wird entrechtlicht und Strukturen werden beseitigt, die allein in die Zuständigkeit von Regierungen oder in die Zuständigkeit von Parlamenten fallen.« Gesetze durchzusetzen sei »ureigene Aufgabe des Staates und darf niemals in die Hände von dafür bezahlten Privatpersonen gelegt werden«, so Wimmer. Soldaten der Bundeswehr kontrollieren bei ihren Einsätzen rund um den Globus Autos, durchsuchen Wohnungen und nehmen Menschen fest. Eingriffe, die eigentlich nur Polizisten vorbehalten sind und nur in Kriegsgebieten vorübergehend Soldaten zugestanden werden, bis einheimische Polizeikräfte wieder aufgebaut sind.

Auf Polizeiaufgaben aber werden künftige Söldner beispielsweise im Kibbuz Nir Am unweit von Sderot vorbereitet. Allein zwischen Juni 2007 und Februar 2008 sollen Palästinenser 771 Raketen und 857 Mörsergranaten auf das 20 000-Einwohner-Städtchen abgefeuert haben, berichten jüdische Siedler. Für die Militärfirma International Security Academy (ISA) – ein Kooperationspartner und Mutterkonzern der Sicherheitsschule ISS – die ideale Umgebung, um ihre Schüler im Personenschutz, Anti-Terror-Kampf und seit dem späten Herbst 2008 im Kampf gegen Piraten zu trainieren.

Seit Mirza David Anfang der neunziger Jahre seine International Security Academy in einem Vorort von Tel Aviv gegründet hat, kann er auf kompetente deutsche Hilfe zählen: Der frühere Kommandeur der deutschen Anti-Terror-Einheit GSG 9 der Bundespolizei, General Ulrich Wegener, fungierte als Präsident der Sicherheitsakademie in Israel. Der Grenzschützer stürmte 1977 mit einem Kommando die ins somalische Mogadischu entführte Lufthansa-Maschine »Landshut« und befreite 86 Geiseln nebst Besatzungsmitgliedern, erschoss drei Entführer und nahm eine Entführerin fest. Er habe Wegener »viel zu verdanken«, ließ David Mitte der Neunziger einen Journalisten wissen. Und auch, dass er mal stocksauer auf den deutschen »Helden von Mogadischu« war. David nimmt für sich in Anspruch, die Elite-Polizisten der GSG 9 erst für ihren Erfolg am Horn von Afrika fit gemacht zu haben. Als er noch Kommandeur einer israelischen Spezialeinheit war, lieferten seine Elitekämpfer das notwendige Wissen, das die Deutschen dringend brauchten, um eine eigene Spezialeinheit aufzubauen. Ein Debakel wie bei der Geiselnahme israelischer Sportler durch palästinensische Terroristen während der Olympischen Spiele 1972 in München sollte sich in Deutschland nicht mehr wiederholen. Und dann sei Wegener, sagt Mirza David voller Hochachtung »dieser Hurensohn 1988 für fünf Millionen Dollar nach Saudi-Arabien gegangen und brachte denen bei, was er bei uns gelernt hat«.

Inzwischen wurde das verbale Scharmützel der zwei Haudegen zum beiderseitigen Wohl eingestellt. Die ISA hat in elf europäischen Ländern »Verbindungsbüros« und Trainingscenter etabliert: Die Schweiz gehört ebenso dazu wie die Niederlande, Mazedonien, Schweden oder Deutschland. Hier residiert das Unternehmen im nordrhein-westfälischen Overath bei Köln – in der Straße »Zur Friedenskirche«. Nur eine knappe halbe Stunde mit dem Auto vom Standort der Elite-Polizisten der GSG 9 in Sankt Augustin entfernt.

Das Unternehmen hat sogenannte »Mobile Instruction Teams« gebildet, die weltweit die israelische Art des Anti-Terror-Kampfs für Polizisten, Soldaten, aber auch Zivilisten lehren. Im »zentralen Trainingszentrum für Europa« im Schweizer Adliswil sollen »Angestellte des Öffentlichen Dienstes, Männer und Frauen zwischen 18 und 50, die ihre mentalen und physischen Fähigkeiten unter Stress und gewalttätigen Situationen verbessern wollen« im »Israeli Counter Terrorism and Protection Training« in fünf Tagen vorbereitet werden. Zwar betont das Unternehmen, dass der Kurs keine Vorbereitung für Einsätze im Irak oder am Hindukusch sei. Absolventen der Kurse aber haben andere Erfahrungen gemacht. Sie berichten unisono: »Das ist die Eintrittskarte ins Geschäft. Wer sich mit einem ISA-Zeugnis bewirbt, hat einen Job in Bagdad oder in Afghanistan sicher. Vor allem, wenn du dich dann bei ISA weiter qualifizierst, stehen dir alle Jobs in der Branche offen.«

Ex-Soldaten und Polizisten aus den USA, Russland, Deutschland zahlen wie Kenianer, Fidschianer und Nigerianer zwischen 999 und 14 999 Euro, um den notwendigen Schliff fürs weltweite Sicherheitsgeschäft zu bekommen. Dafür werden sie in blaue T-Shirts mit aufgenähter israelischer Ärmelflagge gestopft, bekommen eine ebenso blaue Baseball-Kappe aufgesetzt und amerikanische M4-Gewehre in die Hand gedrückt. Besichtigungstouren und Fahrten durch Israel runden das elitäre Programm ab. Schließlich wirbt die Firma mit dem Slogan: »Wenn du zu den Besten gehören willst, solltest du mit den Besten trainieren!« Um auszuschließen, dass Mafiosi zur Schießausbildung nach Israel reisen oder gar ihre Killer in die Elite-Akademie schicken, versichert das Unternehmen, den Leumund seiner Absolventen »peinlich genau zu überprüfen«.

Nebelgranaten detonieren in einer Palmenallee, ein Konvoi von drei GMC-Kleintransportern stoppt. Die Türen der Autos fliegen auf. Fünf Männer springen aus den Fahrzeugen, reißen ihre Gewehre in Anschlag und feuern stehend, kniend und liegend Salve um Salve auf die 20, 25 Meter entfernten Zielscheiben. Auf denen ist ein grimmig dreinschauender Mann mit Dreitagebart zu sehen, der seinen Revolver auf die künftigen Söldner zu richten scheint. Hinter den Schützen wird ein Ausbilder, der noch vor Jahresfrist zu der israelischen Spezialeinheit Sajeret Matkal gehört haben soll, von zwei Auszubildenden aus dem zweiten GMC gezerrt. Der Oberkörper des Trainers wird von einem Russen und einem Deutschen nach unten gedrückt. Das Duett schleift den Ex-Antiterrorkämpfer ins dritte Fahrzeug. Das rast rückwärts, wendet mit quietschenden Reifen und braust davon.

Wäre dies nur eine Übung für Personenschützer, Christdemokrat Wimmer hätte an der geschilderten Szene nichts auszusetzen. Was ihm »kalte Schauer über den Rücken jagt«, sind andere Inhalte des israelischen Lehrplans, die frühere Soldaten für ihr ziviles Leben nach der Bundeswehr buchen können. Modulartig bietet die ISS im Kursus »Law Enforcement« an: Befreien von Geiseln, Kampf gegen internationale und nationale Terroristengruppen, Verbrechensbekämpfung, Festnahme gesuchter Verbrecher, Unterdrückung politischer Untergrundaktivitäten, Durchsetzen von Gesetz und Ordnung.

Im Detail sieht der Stundenplan des drei bis sechs Wochen dauernden Lehrgangs vor, dass die Auszubildenden Notfallreaktionsmethoden auf Baustellen, in Gebäuden, Bussen, Zügen und Flugzeugen erlernen, bewaffnete Kriminelle wie mutmaßliche Terroristen festnehmen oder verdeckte Operationen durchführen. In einem Aufbaukurs wird gelehrt, wie Flugzeuge zu stürmen, Geiseln zu retten und Verhaftungen durchzuführen sind. Tätigkeiten, die in Deutschland gemeinhin zu den Aufgaben von staatlichen Spezialeinsatzkommandos der Polizei oder der GSG 9 gehören – und die hier zahlenden Zivilisten beigebracht werden.

»Mit eisernem Besen durch alle diese Dinge durchkämmen« müsste die Bundesregierung, wettert Willy Wimmer. »Es hat hier in Anbetracht der weltpolitischen Entwicklung, vor allen Dingen auch in unserer Beziehung zu den Vereinigten Staaten, in den letzten 15 Jahren eine solche Menge von Fehlentwicklungen gegeben, dass wir nicht an einem Einzelbeispiel sagen können, da müssen wir korrigieren, sondern das ist eine Summenentwicklung. In den zurückliegenden fünf, sechs Jahren ist in Berlin alles unterblieben, was auch nur im Ansatz zu den bekannten Themen weitere Schwierigkeiten mit den insbesondere angelsächsischen Verbündeten aufwerfen würde. Das heißt: Man hat die Augen zugemacht, weil man sowieso schon Knatsch genug hatte. Jetzt ändern sich die Zeiten, es kommen neue Verhältnisse auf uns zu, und jetzt gibt es nach meinem Dafürhalten eine Möglichkeit, mit zahlreichen Fehlentwicklungen aufzuräumen.« Nicht nur die amerikanische Außenpolitik wurde nach Wimmers Einschätzung kritiklos hingenommen. Auch die Tatsache, dass deutsche Söldner parallel zu deutschen Soldaten rund um den Globus zum Einsatz kommen und damit eine private Außenpolitik begründen, stößt dem CDU-Außenpolitiker sauer auf.

Zumal Akademien wie die ISA auch in anderen Bereichen eine Schulung in Fertigkeiten anbieten, die eigentlich ureigene Aufgaben des Staates sind und in Deutschland der Kontrolle des Parlaments unterliegen: Ausscheidende Zeitsoldaten der Bundeswehr können sich mit staatlicher Förderung in Israel Kenntnisse in »nachrichtendienstlicher Informationsbeschaffung und Datenschutz« aneignen. Darunter versteht die ISA »Techniken zur Beschaffung von Informationen und Mittel und Methoden zum Schutz von Daten und Informationen sowie zur Bekämpfung von Wirtschaftskriminalität«. Auch auf anderem Sektor bietet die ISA ihre Kurse an: Offiziell sollen zwar nur Polizisten und Soldaten im Staatsdienst den Kurs »Terrorism Interrogations – Die Kunst frontaler Verhörung (im arabischen Raum)« besuchen. Aber, berichtet ein Absolvent der ISA-Kurse, »wenn du einmal zur ISA-Familie gehörst, kannst du auch da problemlos mitmachen«.

Wobei den Schülern, deren Einsatz im Irak oder in Afghanistan, im Kosovo oder Afrika vorgesehen ist, bei Kursen in Israel grundsätzlich mit auf den Weg gegeben wird, wie sie sich gegenüber der arabisch-islamischen Bevölkerung zu verhalten haben. In ihren Flyern wirbt die ISA: »Auszubildende werden der arabisch-islamischen Immersion ausgesetzt, um deren Lebensstil, die religiöse Ideologie, Kultur, Sprache und das generelle arabische Leben kennenzulernen. Dieses kritische Erlernen wird den Schülern ermöglichen, Konflikten mit der arabischen oder muslimischen Bevölkerung während ihrer Zeit in High Risk Zones aus dem Weg zu gehen.«

Gerade die gut ausgebildeten Bundeswehrfeldwebel sowie Angehörige amerikanischer und westeuropäischer Streitkräfte brauchen meistens nur kurze Zeit, um für eine private Militärfirma auf einem der weltweiten Kriegsschauplätze einsetzbar zu sein. »Die sind nach etwa 25 bis vierzig Stunden Ausbildung für so eine Firma ›combat ready‹ – gefechtsbereit«, hat Alexander Nikitin, Sonderbeauftragter der Vereinten Nationen für das Söldnerwesen, recherchiert. Albaner müssten nach dieser Untersuchung durchschnittlich achtzig Stunden, ein Fidschianer bis zu 300 Stunden gedrillt werden, bis private Militärs sie in den Irak, nach Afghanistan oder Sierra Leone in Marsch setzen können.

Die boomende Branche braucht einen gut ausgebildeten »humanen Nachschub«. So hat ein früherer Leiter eines niederländischen Spezialeinsatzkommandos seinen Job bei der Polizei aufgegeben und bei einem britischen Sicherheitsriesen in führender Position angeheuert: »Was liegt näher, Polizisten und Soldaten zum Ende ihrer Dienstzeit gezielt mit staatlicher Unterstützung so zu qualifizieren, dass wir sie nahtlos in unsere Missionen integrieren können. Diese Möglichkeit nutzen wir natürlich – gerade in Deutschland, wo die Rahmenbedingungen für eine solche staatliche Förderung optimal sind.«

Maximal 8515 Euro zahlt der Berufsförderungsdienst dafür, einen Zeitsoldaten beruflich weiterzubilden und ihn nach acht Jahren Bundeswehr fit für das Zivilleben zu machen. 15 Monate kann er dafür die Bundeswehr früher verlassen und seine Dienstzeit so von acht Jahren auf sechs Jahre und neun Monate verkürzen. Weitere Regelungen machen die Ex-Soldaten für die Sicherheitsbranche attraktiv: Scheidet beispielsweise ein Hauptfeldwebel aus der Bundeswehr aus, erhält er das Sechsfache seines letzten Monatsgehaltes steuerpflichtig in einer Summe ausgezahlt. Immerhin 12 087,84 Euro kann er so für die geforderten Qualifikationen der privaten Militärbranche ausgeben, wenn ein zulagenfreies Grundgehalt in Höhe von 2087,84 Euro zugrunde gelegt wird. Eine weitere Regelung lässt die Kassen der privaten militärischen Weiterbilder klingeln: 21 Monate lang überweist die Bundeswehr noch 75 Prozent des letzten Monatsgehalts steuerpflichtig aufs Konto ihrer Ehemaligen. 1510,98 Euro kann ein zukünftiger Söldner so fast zwei Jahre lang für seinen Lebensunterhalt und seine Ausbildung investieren.

So wirbt die ISS denn folgerichtig auch auf ihrer Website: »Für Zeitsoldaten der Bundeswehr, die diese verlassen, besteht die Möglichkeit, eine Förderung durch den BFD zu erhalten. Bitte sprechen Sie uns wegen spezieller Unterlagen für Zeitsoldaten persönlich an. In Einzelfällen ist auch eine Förderung durch die Agentur für Arbeit möglich.«

Ein Angebot, das offenbar von ausscheidenden Soldaten immer stärker genutzt wird. Das Berliner Verteidigungsministerium verzeichnet einen deutlichen Anstieg der bewilligten Förderungen für Soldaten, die nach ihrer Bundeswehrzeit im Wach- und Sicherheitsgewerbe Arbeit finden wollen: Während sich 2005 noch 946 Ex-Soldaten ihre Aus- und Fortbildungen in der Sicherheitsbranche vom Berufsförderungsdienst finanzieren ließen, sicherten sich zwei Jahre später schon 1745 zu entlassende Bundeswehrler die staatliche Unterstützung für die Sicherheitsbranche. Eine Steigerung um 84,5 Prozent – und ein Indiz für den Bedarf an Söldnern aus Deutschland. Legt man nur die 8515 Euro zugrunde, die einem ausscheidenden Soldaten mit einer achtjährigen Dienstzeit für seine berufliche Aus- und Fortbildung zustehen, sind auf diese Weise mindestens 14 858 675 Euro Steuergelder in die Kassen der Ausbildungsinstitute privater Sicherheitsdienste geflossen.

Darüber, wie viele solcher Aus- und Fortbildungen die Bundeswehr für ihre ausscheidenden Soldaten fördert, mögen die Ministeriumssprecher in Berlin nicht reden. Sie beantworten die unangenehme Frage, für wie viele Soldaten zwischen 2001 und 2007 der Kurs »Law Enforcement« der Firma ISS durch den Berufsförderungsdienst finanziert wurde, nicht. Ebenso wenig wollen die Pressespezialisten der Streitkräfte offenlegen, zu welchen Sicherheitsfirmen das BMVg Geschäftsbeziehungen unterhält, die gleichzeitig Fördermaßnahmen des Berufsförderungsdienstes durchführen. Eine Schweigetaktik, die auch die Sprecher von Innenminister Wolfgang Schäuble verfolgen. Die finden erst ein halbes Jahr keinen Gesprächstermin und antworten dann gar nicht mehr auf Nachfragen und Terminvorschläge.

Bei diesem Thema ist das allerdings offenbar kein rein journalistisches Problem. Zur nachtschlafenden Zeit sollten die Abgeordneten am 4. Dezember 2008 über den Antrag 16/10846 der CDU-/SPD-Regierungsfraktionen entscheiden. »Nichtstaatliche militärische Sicherheitsunternehmen kontrollieren« lautete der harmlos klingende Titel des Papiers, das kurz nach Mitternacht das Parlament ohne Aussprache passieren sollte. Wer das vier Seiten umfassende Dokument genauer unter die Lupe nahm, entdeckte Brisantes. Denn der Bundestag wollte die Bundesregierung auffordern, zu »bekräftigen, dass Auslandseinsätze privater militärischer Sicherheitsunternehmen im Auftrag der Bundesrepublik Deutschland an dieselben Regeln gebunden sind, wie sie für Auslandseinsätze der Bundeswehr (Parlamentsvorbehalt) und deutsche Polizeikräfte gelten«.

Lizenzen für Söldner?

Dass gleichzeitig das Kabinett auch noch aufgefordert werden sollte, »ein Lizenzierungssystem für militärische Dienstleistungen von Unternehmen einzuführen«, verlieh dem Antrag zusätzliche Sprengkraft: Zum einen erhielte die Bundesregierung so einen Freibrief, militärische Privatdienstleister im Auftrag Deutschlands zumindest Teilaufgaben aus dem gesamten Einsatzspektrum der deutschen Streitkräfte wahrnehmen zu lassen. Zum anderen würde die Bundesregierung über ein Lizenzierungsverfahren die Bedingungen festschreiben, unter denen sie ihr hoheitliches Handeln abtrete und in private Hände lege.

Dem widersprachen die Initiatoren des Antrags vehement: Sozialdemokrat Rolf Mützenich versicherte der *Süddeutschen Zeitung,* er habe nur Bestes im Sinn gehabt. Wie sein CSU-Kollege Eduard Lindtner wollte er lediglich Vorsorge dafür treffen, dass die Parlamentarier nicht von künftigen Entwicklungen in der Sicherheitsbranche überrascht würden.

Verwunderung löste das Papier indessen bei Ex-Staatssekretär Willy Wimmer aus. Der fand sich als Unterzeichner des Antrags und damit als einer der namentlich genannten Urheber der Aufforderung an die Bundesregierung wieder. Umso erstaunter war er, als ihn Reporter des Mainzer ARD-

Polit-Magazins »Report« mit dieser Tatsache konfrontierten: Er sei, versicherte er den Journalisten, erst durch deren Recherchen darauf aufmerksam geworden, dass er den Antrag unterschrieben haben solle. Wie seine Einwilligung unter die Bundestagsdrucksache kam, wird innerhalb der CDU-Fraktion noch zu klären sein.

Rätselhaft bleiben auch die privaten Sicherheitsgeschäfte im deutschen Verteidigungsministerium. Das will sich nicht eindeutig dazu äußern, welchen Auftrag genau die Afghanen hatten, die mit geschulterter Kalaschnikow und in ziviler Kleidung im Winter 2005 den Eingang des deutschen Feldlagers in Faizabad bewachten. »In Faizabad, Masar-i Scharif, Kundus und Taloquan werden die deutschen ISAF-Standorte von deutschen und anderen Truppen stellenden Einsatzkräften im Zusammenwirken mit Ortskräften gesichert. Diese Ortskräfte sind in die jeweiligen deutschen Einsatzkontingente ISAF unter Berücksichtigung der für diese geltenden Regelungen und Vorgaben zur militärischen Sicherheit und bei Beachtung aller sonstigen geltenden rechtlichen Regelungen eingebunden. Auftragserteilung, Führung und Dienstaufsicht erfolgen durch deutsche militärische Sicherheitskräfte. Der Einsatz von als Einzelpersonen eingestellten zivilen Ortskräften findet derzeit nur im deutschen Einsatzgebiet ISAF statt«, beantworten die PR-Spezialisten des Ministeriums wortreich die einfache Frage, welche Aufgabe die bewaffneten Afghanen hatten, die 2005 im Eingangsbereich des Feldlagers Menschen und Fahrzeuge kontrollierten.

Aus gutem Grund fällt die Antwort schwammig aus. Am 29. August 2008 beantwortete der Parlamentarische Staatssekretär im Verteidigungsministerium, Thomas Kossendey (CDU), eine ähnliche Frage schon einmal. In der Bundestagsdrucksache 16/10199 wollte ein Abgeordneter wissen, wie viele nicht der Bundeswehr angehörende Personen für die Bewachung von Einrichtungen der Bundeswehr in Afghanistan eingesetzt werden. Kossendey schrieb dazu: »Zur Bewachung von Einrichtungen des Deutschen Einsatzkontingents ISAF in Afghanistan wird in Faizabad, Masar-i-Scharif, Kundus und Taloqan ziviles Personal (Ortskräfte) durch die Bundeswehr eingesetzt. Die Anzahl bewegt sich in den deutschen Einsatzliegenschaften zwischen 18 und 68. Genauere Daten können über die Geheimschutzstelle des deutschen Bundestages eingesehen werden.« Es seien keinesfalls »private Firmen oder lokale bewaffnete Gruppen«, die in Einrichtungen des Deutschen Einsatzkontingents ISAF Wache schöben, versicherte Kossendey noch eine Frage zuvor.

Dieser Darstellung widerspricht in Afghanistan zumindest ein Mann: Nazir Mohammad aus Faizabad. Seine Männer bewachten die Deutschen, versichert der Tadschike, der in seiner Heimat ein Volksheld ist: An der Seite des legendären afghanischen Mudschaheddin Ahmad Schah Massoud hat er der Sowjetarmee in den Achtzigern die Stirn geboten. Und dann den Taliban. In den Kämpfen gegen die russischen Besatzer und die Gotteskrieger ist er fünfmal verwundet worden.

Nördlich des Flusslaufs des Darya ye Kowkcheh residiert der Kriegsfürst Mohammad in einem festungsartigen Anwesen über den Dächern Faizabads. Kinder begleiten rufend und winkend seinen japanischen Jeep, wenn er sein Auto in die Altstadt hinabsteuert. Die Männer am Straßenrand beugen ihr Haupt und legen die rechte Hand auf ihr Herz. Allmorgendlich pilgern einige von ihnen den Hügel hinauf und hocken sich auf den Fußboden eines lang gestreckten Raumes. Familienälteste und Clanchefs sitzen auf der Kante der beiden Sofas, die gegenüber den großen Fenstern aufgestellt sind. Durch die wirft die Sonne um diese Zeit ihre Strahlen genau so, dass der Sessel Mohammads beleuchtet ist. Der Ex-Aufständische hat sich in einen mit goldenen Fäden durchwebten Umhang gehüllt, den Chapan genannten Mantel der Usbeken, ohne den Afghanistans Präsident Hamid

Karsai nicht zu denken wäre. Mohammad sitzt in seinem Sessel. Seine Hände ruhen auf den mächtigen Armlehnen. Dieser Mann, sagen Offiziere der Bundeswehr, »kontrolliert alles und jeden in der Region. Er kann nach Belieben die Knöpfe drücken, die uns das Leben zur Hölle machen.«

Vielleicht hat Mohammad deshalb außerhalb der Wälle seines Gutes noch vor drei Jahren zwei neu wirkende Haubitzen aufgefahren – vier Kilometer Luftlinie vom Feldlager der Deutschen entfernt. Darüber, was dort vor sich geht, ist der frühere General der Nordallianz bestens informiert: Seine ehemaligen Soldaten sind heute als Söldner bei seiner privaten Sicherheitsfirma angestellt. Dieses Unternehmen, so beteuert Nazir Mohammad, bewache die deutschen Soldaten und ihre Verbündeten in deren Lager. Auch für den Auf- und Ausbau des deutschen Lagers zeichne er verantwortlich, berichtet Mohammad stolz. Die im Armee-Jargon genannten »Ortskräfte« erhalten ihre eigentliche Arbeitserlaubnis von ihm – eine Greencard für den lukrativen Job bei den Deutschen: »Die stellen einen Antrag bei mir, ich suche sie aus und dann dürfen sie sich im deutschen Lager bewerben«, beschreibt der Tadschike das Prozedere der Vorauswahl.

Die Botschaft des Kriegshelden ist klar: Er kontrolliert, was im nordöstlichen Zipfel Afghanistans geschieht. Zumal Geheimdienstler Mohammad nachsagen, »eine große, viel zu große Nähe zu Drogenbossen und zur organisierten Kriminalität« zu haben. Die Experten der Vereinten Nationen stellten in ihrem 2008 erschienenen Bericht fest, dass auf 774 Hektar in der Provinz Badachschan Opium angebaut wurde – Platz drei nach den Provinzen Helmand und Kandahar in der afghanischen Drogenanbau-Statistik. Immerhin, so schätzen die Internationalen, werden über 24 Tonnen Rohopium allein in Nazir Mohammads Einflussbereich gewonnen. 6218 Haushalte leben vom Anbau und der Ernte des Schlafmohns.

Zudem gilt die Gegend als eine der an Mineralien reichsten

der Erde. Hier werden die größten Vorkommen des Halbedelsteins Lapislazuli vermutet. In ungezählten Minen werden zudem Rubine, Smaragde, Amethyste, aber auch Gold gefördert. Der Reichtum der Region wird immer noch entlang des Weges abtransportiert, den Marco Polo zur Seidenstraße machte. Wer diese Route heute kontrolliert, verdient Millionen. Und hat Macht und Einfluss durch seine alten Seilschaften selbst im 320 Kilometer südwestlich gelegenen Kabul sowie in den Provinzregierungen: Wer gegen die Russen und Taliban gekämpft hat, hält erst recht dann zusammen, wenn es ums Geldverdienen in friedlicheren Zeiten geht. Vor allem dann, wenn er beeinflusst, was die alliierten Truppen am Hindukusch machen. Wohl auch deshalb kraftmeiert Nazir Mohammad ungefragt deutlich: »Ich bin darauf vorbereitet, die Region von einem auf den anderen Tag anzuzünden.«

Wie private und reguläre Streitkräfte zusammenarbeiten

Militärischer Alltag in Bagdad

Für Benny führt der Weg in die Hölle über Amman. Schon seit Beginn des Feldzugs im Irak schleusen große Militärkonzerne wie Blackwater ihre »Contractors« über die jordanische Hauptstadt in das Kriegsgebiet. Andere Sicherheitsunternehmen wählen die gleiche Route: Auch für ihre Privatmilitärs sind die Hotels Le Méridién im vornehmen Diplomatenviertel Schmeisani und das Bristol im fünften Bezirk die erste Anlaufstation, um sie dann weiter in den Irak zu beordern. Die weißen Hochhäuser beherbergen inzwischen Söldner von mindestens 15 privaten Militärfirmen auf ihrem Zwischen- und Sammelstopp in das Zweistromland.

Taxis bringen die Bodyguards und Objektschützer, Scharfschützen und Späher zur Grenze. Dort drückt ihnen Ricky, ein früherer amerikanischer Navy Seal, ein Kampfschwimmer, eine Waffe in die Hand. »Das ist eure neue Braut, ihr Hühner«, brüllt er. Rücken straffen sich, unwillkürlich liegen bei den meisten die Hände flach an der Naht ihrer meist beigen Outdoor-Hosen. Mitten im Wüstensand eine groteske Inszenierung von »Full Metal Jacket«, »Jarhead« oder wie auch immer die Hollywoodstreifen heißen, die die Leihmilitärs in den kommenden neun Wochen allabendlich auf ihren Laptops oder in den DVD-Rekordern ihrer Privatbars abspielen.

In einem Konvoi gepanzerter Kleinbusse durchquert die gesammelte internationale Söldnerschar die Wüste und das Al-Anbar-Gebirge nach Bagdad. »Wo immer möglich schaffen wir Synergieeffekte, um effizienter zu sein und vor allem unsere Mitarbeiter sicher und gesund an ihren Einsatzort zu bringen. In dem Punkt hört jede Konkurrenz unter den verschiedenen Firmen auf«, sagt die Sprecherin des Branchenführers Blackwater.

Noch von zwei weiteren Orten aus werden die internationalen Privatmilitärs in den Irak gespült: von Kuwait und Dubai. Dort fallen die meist muskulösen Männer mit kurz geschorenen Haaren besonders deshalb auf, weil sie Helme auf ihr Handgepäck geschnallt haben. Manche tragen auch Shirts und Jacken mit dem Schriftzug ihrer Sicherheitsfirmen. Neulinge im Geschäft erkennen die Zöllner des Wüstenemirats auf den ersten Blick. Zusätzlich zu ihrem Handgepäck schleppen sie schusssichere Westen über den Arm gehängt oder in Tragetaschen durch die Zollkontrollen.

Unter dem Gelächter ihrer erfahrenen Kollegen werden die »Greenhorns« diskret durch die Ankunftshalle in ein Polizeibüro geführt – von zwei mit Maschinenpistolen bewaffneten Zöllnern. Dann prüfen zivil gewandete Sicherheitsbeamte Pässe, hören sich mit unbeweglicher Mine die Geschichten der Sicherheitsneulinge an und telefonieren lautstark parlierend. Zeit spielt für die Ordnungshüter keine Rolle, ein Anschlussflug erst recht nicht. Irgendwann erhält der entnervte Söldner ein Papier mit arabischen Schriftzeichen, ihm wird die Hand geschüttelt. Das Dokument erlaubt, dass die schusssichere Weste im Wüstenstaat mitgeführt werden darf. Für alte Hasen des Gewerbes wie Benny ist es ein Heidenspaß, dass die Neulinge in der Heimat keine Zollbescheinigungen für ihre Westen besorgt haben: »Da lachst du dich doch tot!«

Nach fünf Jahren Irak-Einsatz bestimmen Rituale inzwischen auch die Ankunft der Söldner auf dem Internationalen Flughafen Bagdad. Hier hat eine der ersten privaten Militärfirmen, Kellogg, Brown & Root (KBR), für die meisten der eintreffenden Subunternehmer ein Empfangsbüro. Die frühere Halliburton-Tochter, in deren Aufsichtsrat der amerikanische Vizepräsident Dick Cheney noch 2000 die Firmengeschicke mitbestimmte, registriert eintreffende Privatmilitärs wie Soldaten der Koalition, Diplomaten und Journalisten im sogenannten Camp Striker. Das gehört zu einem der größten amerikanischen Kasernenkomplex im Irak, den die Strategen des Pentagon in mehrere Stadtteile gliedern, um die Übersicht zu behalten: Eine Stadt namens »Camp Victory« mit 14 000 soldatischen Einwohnern ist auf dem Bagdad International Airport entstanden. »Camp Striker« ist ein Stadtteil von »Camp Victory«, wie Nippes einer von Köln ist.

Al Nasr – zu deutsch Sieg – nennen die Iraker das gigantische Feldlager Victory. Dessen Herzstück ist ein Palast des früheren irakischen Diktators Saddam Hussein: Das Al-Faw-Palais ist von einem künstlich angelegten See umgeben. Über diesen luxuriösen Dreh- und Angelpunkt betreten die meisten amerikanischen GIs den Irak – und verlassen das Zweistromland auch wieder. Hier hat Burger King seine größte Niederlassung außerhalb des amerikanischen Kontinents aufgebaut. Hier verscherbelt Pizza Hut seine pseudoitalienischen Spezialitäten, belegen junge Irakerinnen bei Subway Sandwiches. Neben Starbucks öffnet ein sogenanntes PX-Kaufhaus täglich seine Türen, um die Bedürfnisse der Soldaten zu decken – steuerfrei. Außerdem haben Nachschubspezialisten der US-Armee die Popkornmaschine aus der amerikanischen Prinz-Sultan-Air-Base in Saudi Arabien in das Wüstenlager gebracht: Im vollklimatisierten Kino des Camp Victory poppt jetzt allabendlich salziger und süßer Mais in die Tüten.

Im Stadtteil Striker hat der in die Jahre gekommene frühere Navy Seal Kirk sein Büro mit einer selbstbemalten Tafel gekennzeichnet. »Camp Striker Stable« prangt über seinem Transit-Büro – wie in einem Wildwestfilm. Schwarze Lettern informieren die eintreffenden Söldner, dass Kirk und seine Kollegen von Kellogg, Brown und Routes 24 Stunden am Tag, sieben Tage die Woche für sie da sind. In einem beigen Zelt vom Typ Alaska mit selbst gezimmertem Vordach und Tresen organisieren Kirk aus Nevada & Co den täglichen »Rhino Ride«, also den Transfer nach Bagdad, in die Grüne Zone.

Zwischen dem Flughafen im Westen der Stadt und dem etwa zehn Quadratkilometer großen, auch »International Zone« genannten Hochsicherheitsareal am Ufer des Tigris verkehren allnächtlich Konvois namens »Rhino Runner« – etwa 15 Meter lange, drei Meter breite, beige gepanzerte Metallkästen auf vier schusssicheren Rädern. 18 Passagierplätze, zwölf auf der linken, sechs auf der rechten Seite – gepolstert wie ein deutscher Schulbus aus den Achtzigern. Nur, dass er zwölf schießschartengroße Panzerglasfensterchen hat. Und eine mit silbern glänzenden Metallsprossen versehene Tür rechts, einen Notausstieg im Heck, einen weiteren im Dach. Mit dem »Rhino Runner« werden sowohl der Privatsoldat als auch sein regulärer Kamerad, Diplomaten, Politiker und Journalisten vollklimatisiert transportiert. Auch Saddam Hussein höchstpersönlich war schon an Bord – auf dem Weg zu seiner Hinrichtung.

Allerdings gibt es strikte Regeln, die der »regionale Sicherheitsoffizier« angeordnet hat: Ohne Helm und Schutzweste wird niemand mitgenommen: »Please: No helmet, no vest – no Rhino« informieren schwarze Buchstaben auf weißen DIN-A4-Blättern den potenziellen Bagdad-Reisenden überall im »Stall«. Die Passagiere sollen durch ihre schusssicheren Westen und Helme zumindest notdürftig geschützt werden, wenn der »Rhino« einmal eine Panne hat oder gar bei einem Angriff der Aufständischen getroffen wird. Wenn zwischen ein und drei Uhr nachts die Nashorn-Konvois über die »Route Irish« in die zwölf Kilometer entfernte Grüne Zone rasen, ist jede Beleuchtung, jede angezündete Zigarette in den sandfarbenen Ungetümen mit dem Emblem eines schwarzen Nashorns unter der Windschutzscheibe verboten. Zu groß ist die Gefahr, dass durch einen verräterischen Lichtschein Aufständische auf die sensiblen Transporte aufmerksam werden. Handys ausschalten, ordnet der begleitende Sicherheitsbeamte an. »Am besten den Akku vom Gerät trennen!« So soll verhindert werden, dass die Signale des Mobiltelefons Sprengfallen am Wegesrand detonieren lassen.

Privatmilitärs lieben gruselige Geschichten und besonders die Anekdote von jenem Selbstmordanschlag im November 2004. An jenem Tag war der australische Arzt Seb aus Bennys Team Passagier des letzten von drei Rhino-Transporten, zusammen mit 17 Kollegen aus aller Herren Länder. Auf dem Weg zum Flughafen steuerte ein Selbstmordattentäter seinen mit Sprengstoff vollgestopften BMW zwischen den ersten und zweiten Rhino, erzählt der Söldner. »Bummmmm! Die Explosionswolke gut 150 Meter hoch. Der Krater zwei, drei Meter breit, gut einen halben Meter tief. Der Motor des BMWs ist 300 Meter weit geflogen. In den Rhinos: Außer ein paar blauen Flecken nichts passiert.«

Derart gesichert sollen pro Nacht drei bis fünf Konvois Bagdad erreichen. Vorne Stryker-Mannschaftspanzer oder schwer gepanzerte Humvee-Jeeps, drei bis sieben Rhinos, ein gepanzerter Krankenwagen, ein Sattelschlepper mit dem Gepäck der Passagiere, dann wieder Stryker oder Humvees. Jeder Konvoi geht über eine andere Route vom Camp Victory zur autobahnähnlich ausgebauten »Route Irish«, der wohl gefährlichsten Straße des Irak. Und dann mit Vollgas in die »Green Zone«.

Die »sieht aus wie Berlin vor der Vereinigung«, frotzelt Benny. Das Regierungs-, Diplomaten- und Verwaltungsviertel wird durch eine doppelt mannshohe Mauer aus Betonelementen hermetisch von der Bagdader Außenwelt abgeschirmt. An zahlreichen Checkpoints innerhalb des Hochsicherheitstrakts werden die einmal Eingelassenen kontrolliert. Hier hat die frühere Außenministerin Condoleezza Rice die größte US-Botschaft überhaupt bauen lassen. Eine Diplomaten-Fabrik von der Größe des Vatikanstaats. Es gibt Freibäder, Restaurants, Hotels, einen PX – der Supermarkt der US-Streitkräfte. Wenn in der Grünen Zone nicht gerade Mörsergranaten der Aufständischen explodieren, ist das Areal um die wichtigsten Saddam-Paläste ein friedliches Fleckchen Irak.

Bewacht wird die Zone vor allem von mehr als 1000 südamerikanischen Söldnern. Peruaner, Chilenen und Honduraner – für 1000 Dollar Monatsgehalt. Das, versichert Miguel aus Peru, »ist fünf Mal so viel, wie ein Arzt in Lima verdient«. Ihre englischsprachigen Vorgesetzten vor allem aus Europa und den früheren Staaten der UdSSR kassieren 700 Dollar am Tag. Dafür schieben die »Contractors« zwölf Stunden Wache am Tag, sechs bis sieben Tage die Woche, und faulenzen dann einen Tag in einem der Palast-Freibäder, in denen früher Saddam Hussein, seine Getreuen sowie die Größen der Baath-Partei mit ihren vor allem osteuropäischen Geliebten und Gespielinnen planschten. Und in denen sich jetzt auch Benny an seinen freien Tagen abkühlt: Die Firma, die Benny als Subunternehmer verpflichtete, hat in der Grünen Zone die Villa eines früheren Parteibonzen zur Privatfestung ausgebaut.

In dieser herrschaftlichen Villa hat Benny sein Domizil bezogen. Zwei Betten lang, drei Neonröhren breit. Auf die beiden Fensterscheiben sind x-förmig zwei breite Klebestreifen gepappt. So soll verhindert werden, dass Glas in die Behausung splittert, wenn draußen eine Granate oder Bombe explodiert. Maschendraht ist von außen an den Rahmen genagelt – der soll abwehren, dass Handgranaten in den Raum geworfen werden können. Gefüllte Sandsäcke liegen griffbereit, um die Fensteröffnung im Notfall bei Mörserbeschuss zu verbarrikadieren.

Die Einrichtung besteht aus einem klobigen Holzrahmen mit Matratze, einem mit Bast bezogenen Stuhl, einem schlichten Holzregal. Drei kniehohe, schachbrettgroße Munitionskisten dienen als Schreib- und Esstisch, sind zugleich Truhe,

Sideboard oder Stuhl – mit einem untergelegten Fleece-Shirt sogar ein Sessel. Eine übergeworfene Kufija, ein Palästinensertuch, macht sie zum Wohnzimmertisch. Und auch zur Waffenkammer. Bennys M4-Sturmgewehr liegt obenauf. Daneben ein Funksprechgerät. Taschenlampe, Messer, Kabelbinder, die als Handschellen dienen. Helm, schusssichere Weste, Wasserflaschen. Auch 18 Magazine für sein M4 hat Benny aufgereiht. Jedes mit dreißig Schuss Munition im Kaliber 5,56 mal 45 Millimeter der NATO gefüllt. Seriöse private Militärfirmen statten ihre Söldner mit dem Modernsten aus, was an militärischer Ausrüstung auf den weltweiten Waffenmärkten zu finden ist. Soldaten der Koalition, Benny grinst, »haben nur sieben Magazine. Damit kommen die hier nicht weit.«

Aber weiterkommen, besser: überleben, will Benny hier, der mit seinen Jungs in einem siebzig Sekunden dauernden Feuergefecht mit Aufständischen auch »schon einmal drei Tote auf der Straße zurückgelassen hat«. Und Berge leerer Patronenhülsen. »Nur wenn du dich im Kopf auf alles einstellst, du in Gedanken jede Situation durchspielst, die dir hier passieren kann – nur dann überlebst du das hier«, sagt der Thüringer. Das hört sich an wie Kraftmeierei, wie die Ansprache eines Feldherrn vor der Schlacht – würde sich Benny nicht unentwegt die feuchten Hände an der Hose abwischen. Würde er nicht ständig schlucken. Würde er nicht dauernd an seiner Wasserflasche nippen. Und wäre er nicht so wortkarg, während er seine Ausrüstung überprüft, bevor er die Grüne Zone heute wieder einmal verlässt. Um nach Al-Tarmiya zu fahren. Einem Städtchen, das dem grünlich leuchtenden Display des Satellitennavigationsgeräts zufolge 63 Kilometer und 280 Meter nördlich der Grünen Zone von Bagdad liegt.

Al-Tarmiya – das sind saftig grüne Orangen- und Dattelplantagen im Osten, wo die Sonne in der Ferne kleine Sterne auf dem Tigris tanzen lässt. Nur einen Stadionspurt von den letzten Häusern des Fleckens entfernt angeln Jungs und alte Männer in der Lebensader des Zweistromlandes, schwimmen Halbstarke um die Wette und schlagen manchmal die Bugwellen der Speedboote ans Ufer, mit denen die Soldaten der Koalition auf dem Fluss patrouillieren.

Im Norden, Westen und Osten Al-Tarmiyas wird auf Feldern alles angebaut, was in der Stadt zum Leben gebraucht wird. Zwischen den vereinzelten Oliven- und Palmenhainen grasen Schafe und Ziegen, bewacht von barfüßigen Jungs. Mädchen mit weißen Kopftüchern drängen sich in die Mohammed-Al-Sharif-Moschee mit ihrer kleinen, blaugrauen Kuppel. Wuselig geht es nur am Stadtrand am Busbahnhof zu, wo vor allem Männer Taxis und Omnibusse besteigen, um in die nahe Hauptstadt zu fahren. Al-Tarmiya scheint fast ein beschauliches Fleckchen Erde zu sein.

Für jene allerdings, die das Pentagon in seinen öffentlichen Lageberichten vereinfachend »Al-Qaida Iraq« nennt, ist es auch eine vorgeschobene Operationsbasis von strategischem Wert. In Al-Tarmiya nisten sich immer wieder Aufständische ein. Mindestens sieben extremistisch religiöse und politische Gruppen haben die US-Geheimdienste registriert. Hinzu kommen Kriminelle, die vom Kriegsgeschehen profitieren. Hier rühren sunnitische Extremisten, Al-Qaida-Terroristen, Ex-Offiziere der aufgelösten Saddam-Armee, frühere Kader seiner Baath-Partei, vom Iran finanzierte Islamisten schiitischer und sunnitischer Prägung – sie alle rühren hier Dünger, Chemikalien und Sprengstoff zu tödlichen Mischungen zusammen. Füllen in Schuppen und Garagen, in Ställen und im Schutz der Plantagen den Heimwerker-Sprengstoff in Stahlrohre. Hier nähen indoktrinierte Frauengruppen Dynamitgürtel für Selbstmordattentäter. Packen die Terroristen Gasflaschen in die Kofferräume von Autos und auf die Ladeflächen von Kleintransportern, stopfen Nägel, Murmeln, Glassplitter und Dynamit darum herum. Hier schließen sie die Sprengladungen an raffinierte Zünder an. Funktionieren

Handys zu tödlichen Sprengzündern um. Und von hier aus steuern sie ihre fahrenden Bomben ins nahe Bagdad. Bennys Urteil über das 30 000-Seelen-Städtchen: »Wenn Bagdad die Hölle ist, dann ist ihr Vorhof Al-Tarmiya.«

Auf diesem Vorhof könne niemand länger als zehn Minuten irgendwo ungedeckt stehen. Spätestens dann, behauptet Benny, »wirst du von Scharfschützen ins Visier genommen – selbst wenn wir die Stadt kontrollieren«. Ein Inferno, das die US-Armee regelmäßig versucht runterzukühlen. Erst haben es die Generäle mit Gewalt versucht. Alleine sieben Operationen haben sie gegen die Stadt geplant und ihren Truppen die Attacke befohlen. Bei der letzten Großoperation 2007 wurde Al-Tarmiya erst mit Schützengräben, Kontrollpunkten und Beobachtungsposten umgeben. Dann griffen amerikanische Panzergrenadiere an – in ihrem Gefolge Privatmilitärs. »Seite an Seite, da haben wir den Terroristen nichts geschenkt«, sagt Benny.

Leihsoldaten und ihre Kameraden operieren immer wieder gemeinsam – ob in Al-Tarmiya, in Bagdad oder am Hindukusch. Teilweise, versichert Benny, griffen sowohl private Firmen als auch die Kampfbrigaden der regulären Streitkräfte sogar auf eine gemeinsame Logistik zurück: Die »Grenzen zwischen denen und uns sind da schon sehr, sehr aufgeweicht«.

Vor allem das Pentagon bestreitet diese enge Zusammenarbeit. Und weist offizielle Befehle vor, in denen der Truppe Distanz zu den »Private Military Companies« verordnet wird. Tatsächlich ist das Verhältnis zwischen Privatmilitärs und ihren regulären Kameraden manchmal angespannt. »Was eigentlich immer an den deutlich unterschiedlichen Gehältern und Honoraren für den gleichen Job liegt«, weiß Benny zu berichten. Immer wieder klagen Privatmilitärs darüber, sie seien von Koalitionssoldaten unter »freundliches Feuer« genommen worden. Ein Übel, das auch Soldaten insbesondere in den amerikanischen Streitkräften immer wieder von ihren regulären Kameraden berichten. Doch dieses »›friendly fire‹ dürfte wohl eher in der unzureichenden Ausbildung der Soldaten wie der ›Contractor‹ begründet sein als in der Absicht, sich im Irak oder in Afghanistan gegenseitig zu töten«, meint der australische Ex-Elitesoldat und Arzt Seb süffisant.

Bei allen Kabbeleien zwischen privaten und regulären Soldaten: Wo immer möglich ergänzen sich private und staatliche Truppen auf dem Schlachtfeld. »Nicht zuletzt die Tatsache, dass für reguläre Streitkräfte oft sehr enge ›Rules of Engagement‹ gelten, für ›Contractors‹ aber diese Verhaltensregeln erst gar nicht erstellt werden, birgt in sich immer die Versuchung, das gesamte Spektrum der sich daraus ergebenden ergänzenden taktischen wie operativen Einsatzmöglichkeiten auszunutzen«, erklärt UNO-Sondergesandter Alexander Nikitin. Nur so ist zu erklären, dass Söldner an nahezu jedem Skandal beteiligt waren, der die US-Armee seit den Anschlägen von New York und Washington im Kampf gegen den Terror erschütterte: Ob an den Folterungen im Bagdader Gefängnis Abu Ghraib, an systematischen, illegalen Verschleppungen mutmaßlicher Terrorverdächtiger in geheime CIA-Gefängnisse oder der Erschießung von 17 Zivilisten mitten in Bagdad im Sommer 2007 – immer hinterließen auch »Contractors« ihre Spuren.

Benny spricht aus eigener Erfahrung, wenn er die Diplomatensprache Nikitins auf einen einfacheren Nenner bringt: »Da liegen in ein und demselben Camp Soldaten und ›Contractors‹. Dem einen wird für gewisse Operationen auf die Finger gehauen, was der andere tut, interessiert keinen Menschen. Was liegt da näher, als zusammenzuarbeiten?« Wie auch im August 2007 in Al-Tarmiya, als Bennys Team gemeinsam mit US-Panzergrenadieren angriff. Als der post mortem zum Unteroffizier beförderte Willard M. Powell-Kerchief aus Evansville in Indiana vor seinen Augen niedergeschossen wurde. »Ein frommer Kerl, der immer ein Bibelzitat auf den Lippen hatte. Einer von den wenigen, zu denen du eine Beziehung aufbaust«, erinnert sich Benny an den 21-Jährigen.

Es folgt eine Beschreibung der Geschehnisse, die dem deutschen Privatsoldaten nur in Stichworten und abgehackten Sätzen über die Lippen will, während er immer und immer wieder schluckt: Deckung nehmen. Soldaten und »Contractors« springen zu Powell-Kerchief. Nehmen ihm den durchlöcherten Helm ab. Männer mit Gewehren auf dem Dach der Mohammed-Al-Sharif-Moschee. Blut und Gehirnmasse laufen aus dem Helm. Kompressen und Infusionen. Noch mehr Blut. Ein Rettungshubschrauber, der ganz schnell einschwebt, um den Schwerstverletzten abzutransportieren. »Da sind die Amis fix bei der Sache«, sagt Benny anerkennend und spricht nun wieder in fließenden Sätzen. Einen Tag nach dem Schusswechsel mit mutmaßlichen Al-Qaida-Terroristen starb der junge Amerikaner an den Folgen des Kopfschusses.

Die Kleinstadt wurde eingenommen – oder zumindest in den Zustand versetzt, den westliche Militärs im Irak wie Afghanistan mit »unter Kontrolle« bezeichnen. Anschließend machte sich eine andere Taktik für Al-Tarmiya in den Köpfen der US-Militärs breit. Generalmajor Kevin Bergner, der für die multinationalen Streitkräfte im Irak die Pressearbeit steuert, sagt: »Wir sind nicht hier, um Türen einzutreten. Wir sind hier, um Seite an Seite in die Zukunft zu gehen.« Im Fall Al-Tarmiya bedeutet das konkret: Gut 28 Millionen Dollar lässt sich die US-Administration die Waffenruhe in der Kleinstadt 2008 kosten: Dafür werden Dämme, Straßen und die in keinem Hilfsprojekt in Kriegsgebieten fehlenden Schulen gebaut. Private Militärfirmen sorgen dafür, dass die Hilfe ankommt und umgesetzt wird. Und dass Polizisten und eine 500 Mann starke Bürgerwehr, die »Söhne des Irak«, geschult werden.

Eine Mission, die Abu Ghazwan verhindern will. Der gesuchte Führer der Aufständischen im Raum Al-Tarmiya hat zum Freitagsgebet per Radio, Kassette und CD verkünden lassen, dass »jeder Verräter des Vaterlandes und des Islam«, also jeder »für die Amerikaner oder ihre Marionettenregierung in Bagdad arbeitende Iraker getötet« werden soll. Den Ausländern im Irak erklärt er einmal mehr den Dschihad, den Heiligen Krieg. Er werde erst ruhen, verkündet Abu Ghazwan per Video oder DVD jeder willigen Familie, wenn auch der »letzte Amerikaner, der letzte Ausländer im Irak getötet« sei.

Es sind keine friedlichen Zeiten, in denen Benny nach Al-Tarmiya beordert wird: 18 Lastwagen sollen in die Unruhestadt am Tigris gebracht werden. Voll bepackt mit Baumaterial, aber auch mit Betonmischern, einem Bagger und zwei Raupen. Zudem werden in einem gepanzerten Kleinbus neue Ausbilder für die Dorfmiliz herangekarrt – unter ihnen auch Robert aus Bayern, ein früherer Feldjäger der Bundeswehr. Alles in allem ein Großprojekt, für das mehrere Sicherheitsfirmen verantwortlich sind. Benny und seine Späher sind dafür zuständig, den Weg vom Internationalen Flughafen Bagdad bis in das Dorf aufzuklären. Zudem sollen sie Straßen so absperren, dass der Konvoi ohne zu stoppen sein Ziel im Nordwesten der irakischen Hauptstadt erreichen kann.

Durch eine kleine Tür drängt sich Nicolai aus Bennys Team ins »Vogelnest«. So nennen Privatmilitärs jene kleinen gepanzerten Festungen, die auf die Ladeflächen ihrer Jeeps geschweißt sind. Oben aus dem Panzerwürfel ragt ein Maschinengewehr, das auf ein Stahluntergestell montiert wurde. Diese Lafette können die Sicherheitsunternehmer wie ein Karussell in jede Richtung drehen. Selbst in engen Straßenschluchten kann das MG in die Höhe, auf die Dächer von Hochhäusern oder auf den Bürgersteig direkt neben dem Fahrzeug gerichtet werden. Der Söldner ist in seinem Gefechtsturm zusätzlich von dicken Panzerglasscheiben umgeben. Über ihn ist ein Tarnnetz gespannt, das verhindern soll, dass Handgranaten direkt in das Auto geschleudert werden können.

An dieser Ausstattung erkennt man, dass Bennys Auftraggeber zu den »seriösen« Unternehmern gehören. Nachdem die Branche seit 2001 kontinuierlich zweistellige Wachstumsraten verzeichnet, versuchen auch immer mehr »Dumping-Firmen« auf dem umkämpften Markt Fuß zu fassen. Diese lassen sich im Irak vor allem an ihren schlecht gesicherten Fahrzeugen und Vogelnestern identifizieren: Während etablierte Unternehmen ihre Privatsoldaten mit geschlossenen Gefechtstürmen auf den Ladeflächen oder gar in gepanzerten Humvee-Geländewagen, wie sie auch die US-Armee nutzt, durch den Irak fahren, sparen die Billig-Privatmilitärs vor allem an der Ausrüstung ihrer Subunternehmer, die sie in Osteuropa und zahlreichen Dritte-Welt-Staaten rekrutieren: Sie schrauben und schweißen vier Stahlplatten, die gerade einmal die Geschosse einer Kalaschnikow abhalten, an die Wände der Ladeflächen ihrer Geländewagen. Der etwa einen Meter hohe Würfel ist nach oben offen. Das Maschinengewehr wird auf einer Stahlstange montiert. Der Schütze hat kaum eine Überlebenschance, wenn das Fahrzeug in einen Unfall verwickelt wird. Geschweige denn, wenn Aufständische den Jeep angreifen.

Ziele solcher Angriffe sind dann meist Söldner von den Fidschi-Inseln, aus Kolumbien oder Uganda. »Frischfleisch«, wie diese zynisch von den Aufständischen nahestehenden Irakern genannt werden. Unerfahrene Rebellen, gerade erst aus den Trainingslagern in Afghanistan, Pakistan und dem Iran entlassene Jugendliche, sollen an jenen Dritte-Welt-Privaten Kampferfahrung sammeln. An Privatmilizionären, die für zwanzig, dreißig Dollar am Tag arbeiten. Ihre Verträge, hat UN-Sonderbeauftragter Alexander Nikitin festgestellt, »unterschreiben sie oftmals erst kurz vor der Landung in Bagdad oder dem nächstgelegenen Transitland. Wobei die meisten von diesen Männern Analphabeten sind, die die

Vertragsbestimmungen weder lesen noch verstehen können.«

Ein einträgliches Geschäft für die Dumping-Sicherheitsanbieter: Denn die US-Administration zahlt nach einem Bericht des amerikanischen Kongresses für jeden für sie tätigen »Contractor« täglich zwischen 1050 und 1300 Dollar. Andere staatliche wie seriöse private Auftraggeber überweisen vergleichbare Honorare auf die oftmals steuervorteilhaft platzierten Konten der Privatmilitärs. Doch unlautere Firmen streichen den Gewinn von etwa 1000 Dollar täglich selbst ein und geben nur einen Bruchteil an die rekrutierten Söldner weiter. »Auch bei den Billig-Anbietern hat sich längst das Prinzip durchgesetzt, die ›Contractors‹ nicht mehr fest anzustellen, sondern die Aufträge an freiberufliche Subunternehmer weiterzugeben«, beobachtet Nikitin eine besorgniserregende Entwicklung des Marktes. Dieses System hat für den Auftraggeber nicht nur den Vorteil, Sozialabgaben einzusparen und gewisse Mindeststandards in der Personalauswahl und -ausbildung einzuhalten. Es bedeutet auch, dass die Firmen noch schwieriger zu kontrollieren wären. So müssen zumindest die durch die US-Regierung angeheuerten Unternehmen quartalsweise Berichte zu ihren Irak- und Afghanistan-Einsätzen in den Ministerien vorlegen. Das ist problematisch, wenn einige Unternehmen nur für die Dauer einer Konvoi-Fahrt oder einen anderen kleineren Auftrag existieren, sodass deren Arbeit kaum zu kontrollieren ist.

Manchmal führt das auch unter den sich gegenseitig unterstützenden Sicherheitsfirmen zu Irritationen. Ein großer amerikanischer Marktführer sollte im Sommer 2008 Ausbilder für ein spezielles Schießtraining afghanischer Polizisten nach Kandahar schicken. Den Transport der Ausbilder vom Flughafen in die Stadt sollte ein polnisches Sicherheitsunternehmen aus Warschau gewährleisten – so war es in Kabul miteinander vereinbart worden. Als der US-Konzern zwei Tage später detaillierte Absprachen treffen wollte, meldete sich ein anderes Unternehmen – aus Großbritannien. Das polnische Unternehmen existierte nicht mehr: »Die hatten die Vorkasse eingesackt, den Auftrag an die britischen Subunternehmer weitergegeben und die instruiert. Und dann schon wieder eine neue Firma gegründet«, schildert einer der Feldoffiziere des amerikanischen Militärriesen, was schon lange kein Einzelfall mehr ist am Hindukusch.

»Erschrocken« beobachtet auch Benny, dass immer mehr privat engagierte afrikanische und asiatische Milizionäre mit Sturmgewehren in der Hand durch Bagdads Straßen patrouillieren. Leute, die »gerade mal eine Kalaschnikow halten können«. Für den Deutschen »Kanonenfutter der billigsten Sorte – wenn die draufgehen, steht 24 Stunden später ein genauso schlecht Ausgebildeter als Ersatz auf der Matte und wird in die Einsätze geschickt«.

Zu seiner Mission nach Al-Tarmiya wird Benny erst noch aufbrechen. Eine Woche lang hat der Deutsche mit seinen Spähern die Straßen in das Dorf im Norden Bagdads immer und immer wieder abgefahren und hat alles kontrolliert. Zu unregelmäßigen Zeiten, auf immer anderen Routen, damit sich Aufständische nicht auf die kleinen Kolonnen einstellen konnten. 24 Stunden vor der Abfahrt des Konvois im Camp Victory am Internationalen Flughafen Bagdad ist der Transport im Hauptquartier der US-Armee registriert worden. Jedes Fahrzeug der Söldner ist mit einem versteckten Notrufknopf ausgestattet. Sollten die Privatsoldaten überfallen werden und die Situation nicht in den Griff bekommen, kann die US-Armee jederzeit eine rund um die Uhr verfügbare, schnelle Eingreiftruppe in Marsch setzen, um die bedrängten Zivilisten rauszuhauen.

Zudem senden einige Fahrzeuge privater Sicherheitskräfte alle 15 Sekunden ein GPRS-Signal aus. Kleine farbige Punkte markieren so dank Satellitenortung metergenau auf den überdimensionalen digitalen Hightech-Karten in den Lagezentren der internationalen Streitkräfte sowie der privaten Militärfirmen, wo sich die Fahrzeuge befinden, ob sie sich bewegen oder kämpfen. Sogar die Position einzelner Privatmilitärs lässt sich exakt bestimmen, weil einzelne Söldner ein GPRS am Körper tragen oder ihr Funkgerät seine Signale in den Orbit sendet. Für die US-Militärs ist das immer dann von besonderem Interesse, wenn Großkonvois staatliche Hilfsgüter in die Krisenregion transportieren, wie auch der Auftrag für Bennys Team lautet. Deshalb beobachtet auch ein amerikanischer Oberstleutnant kritisch, wie der österreichische Konvoiführer die irakischen Lastwagenfahrer auf die Fahrt nach Al-Tarmiya einschwört: »Wichtig ist, dass ihr nie stehenbleibt. Denkt dran: immer weiterfahren.« Die braungebrannten Gesichter der irakischen Zivilisten sehen aus, als sei ihnen gerade die klassische Symmetrie der Nullstellen von Polynomen in fließendem Englisch mit Wiener Akzent eingetrichtert worden. Ohne Tafelbild.

Sicherheitshalber verlangt »der Andreas aus der Steiermark« deshalb auch lautstark nach dem »Dolmetscher«. Der Sprachwissende wieselt eilfertig heran und muss schon im Laufen übersetzen. »Nie stehenbleiben, wir fahren immer achtzig Stundenkilometer, egal was passiert – übersetz denen das«, schnauzt der Österreicher den herbeieilenden Arabischkundigen an. Und damit es auch der Letzte kapiert, soll das Ganze auch noch einmal in habsburgischer Gutsherrenmanier übersetzt werden: »Nix stehen – immer Gas – immer 80!«

Für Benny sind solche »Befehlsausgaben immer ein Heidenspaß – da merken einige erst, dass sie nicht mehr zu Hause in einer Armee mit solide ausgebildeten Soldaten sind. Willkommen im wirklichen Leben.« Wohl deshalb sind solche halb zivilen, halb militärischen Abenteuer immer auch ein Vabanquespiel. In einem solchen bildet Benny jetzt die Speerspitze: Bis zum Mittag soll er mit dem Konvoi in Al-Tarmiya sein.

Ein Hinterhalt zwischen Bagdad und Al-Tarmiya

Die vibrierende Tachonadel zeigt konstant 120. Fast Stoßstange an Stoßstange rasen die sechs Geländewagen aus Bennys Gruppe über die autobahnähnliche Straße Richtung Norden. Drei Minuten hinter ihnen brettert der Konvoi – mit achtzig Stundenkilometern. An den Kreuzungen blockieren jeweils zwei Jeeps die einfallenden Straßen, bis der Konvoi vorbeigerauscht ist. Dann schließen diese Fahrzeuge wieder auf.

»Schalten Sie sofort Handy aus!« – noch in Bagdad herrscht Benny einen Iraker an, der telefonierend auf dem Bürgersteig steht. Ein Satz, den der Deutsche inzwischen fehlerfrei auf Arabisch beherrscht. Zu groß scheint ihm die Gefahr, dass der Telefonierende ein Selbstmordattentäter ist, der den Sprengstoff elektronisch zündet. Oder ein »spotter«, jemand, der den Konvoi als Ziel an andere Aufständische weitermeldet. »Sofort ausschalten, sofort!« – Benny schreit, seine Halsschlagader tritt deutlich hervor. Sein Gewehr zielt auf den Kopf des Iraki. Erschreckt lässt der Mann sein Handy fallen, hebt die Arme. Der Fahrtwind des vorbeibrausenden Konvois weht ihm die Kufija vom Kopf.

Wenig später ergeht es an einer weiteren Kreuzung einer verschleierten Frau nicht viel anders. Die herrscht der Deutsche an, einen blauen Plastikeinkaufskorb vom Kopf zu nehmen und abzusetzen. Auch hier macht der Lauf des M4-Gewehrs unmissverständlich klar, dass Benny keine zweite Aufforderung folgen lassen wird. Der Korb fällt der schlotternden Frau vom Kopf, die violettfarbene Palette mit Hühnereiern aus den Händen. Paprika rollt in die aufgeschlagenen Eierschalen, Reis verteilt sich auf dem Trottoir, ein Stück Fleisch wickelt sich aus dem blutigen Papier. Das Geschrei der Frau bekommt Benny nur noch am Rande mit: Er hetzt weiter nach Al-Tarmiya.

»Ei-ihh-diehs« lösen bei Privatmilitärs wie Soldaten panische Ängste aus. IEDs, »improvised explosive devices«, nennen Militärs jene improvisierten Sprengfallen, die Aufständische aus Dünger, Chemikalien, Sprengstoff und Blindgängern basteln und am Wegrand platzieren, um sie genau dann zu zünden, wenn Militär- oder Hilfskonvois oder Fahrzeugkolonnen, in denen Politiker sitzen, den versteckten Sprengsatz passieren. Der französische Generalstabsoffizier Jean-Pierre Steinhofer schätzt, dass im Irak zwischen März 2003 und November 2006 nahezu jeder zweite Soldat der Koalitionstruppen durch eine IED getötet wurde. 1257 der in diesem Zeitraum gefallenen 3070 Militärs, sagt Steinhofer, sind Sprengfallen zum Opfer gefallen.

Auch der amerikanische Afghanistan-Botschafter William Wood rechnete Journalisten bei seinem Neujahrsempfang 2009 in der Kabuler Botschaft vor, dass sich die Anzahl der IED-Anschläge am Hindukusch von etwa 1000 in 2007 auf mehr als 2000 im Folgejahr verdoppelt habe. Für den früheren britischen Generalstabschef General Sir Michael »Mike« Jackson sind die leicht und billig herzustellenden Sprengfallen »das Hinterlistigste, was Krieg im 21. Jahrhundert zu bieten hat«. Jackson berät inzwischen die britische »Risk Advisory Group«, einen privaten Sicherheitsanbieter, der planerisches und organisatorisches Sicherheitsmanagement, nachrichtendienstlichen Schutz und Lösungen für terroristische Bedrohungen offeriert.

Allerdings hat auch die Firma des einstigen Kosovo-Generals noch keinen ultimativen Schutz vor IEDs gefunden. Zwar installieren Sicherheitsunternehmen wie Militärs inzwischen kleine Störsender an ihren Fahrzeugen, die das Mobilfunknetz um Autos und Panzer in einem variablen Radius unterbrechen. So soll verhindert werden, dass Terroristen mit einem auf eine Bombe geklebten oder gelöteten Handy den Sprengsatz zünden. Zwar patrouillieren speziell geschulte Soldaten und Söldner entlang der Straßen, die die Konvois passieren. Zwar werden die Fahrzeuge der Militärs und ihrer gemieteten Kameraden weiterentwickelt. Im Halbjahrestakt liefern Rüstungsunternehmen ihre als »minensicher« modifizierten Fahrzeuge auf die Schlachtfelder an Euphrat und Tigris, am Hindukusch und rund um die Welt. Aber absolute Sicherheit? Die ist trotz investierter Millionen und schneller Entwicklung nicht zu erreichen.

Denn auch die Aufständischen entwickeln ihre Sprengsätze weiter. Längst warnen britische Pioniere insbesondere für Afghanistan vor »Mega-IEDs«, die Aufständische mit Schub- und Eselskarren an ihre Bestimmungsorte transportieren. Die Supersprengfallen sollen selbst Kampfpanzer zerstören können. Oberstleutnant Jürgen Müller, Sprengstoffexperte an der Infanterieschule der Bundeswehr im fränkischen Hammelburg, sagt: »So eine IED zu bauen kostet zwischen drei und zwanzig Dollar. Sich gegen sie zu schützen verschlingt Millionen. Und trotzdem wird dieses Ziel nie erreicht.«

Soldaten wie Journalisten demonstriert »Minen-Müller« gerne in einem eigens hergerichteten Haus auf dem Truppenübungsplatz, wo Sprengfallen versteckt sein können und wie sie funktionieren. Die IEDs finden sich überall: in der Toilettenspülung ebenso wie im Telefon, zwischen zwei Buchdeckeln wie im Abflussrohr eines Waschbeckens. »Da löst das abfließende Wasser langsam einen Zuckerwürfel auf, der als Sperre in den Zünder eingebaut ist. Die Folge: Totalausfall von Personal und Material.« Müller zeigt, wie aus den beiden Deckeln einer Konservendose und einer Taschenlampenbatterie ein Zünder gebaut wird. Oder berichtet, wie Chemikalien nach einer im Internet für jeden auffindbaren Formel zu tödlichem Sprengstoff zusammengerührt werden können. »Ein paar Nägel, Murmeln und Scherben dazu, fertig ist die Laube. Kostet 1,75 Euro. Da hast du nie eine Chance!«

»Bombenbauer haben eine krankhafte irre Fantasie«, weiß auch Benny. Im Frühjahr 2008 hatten amerikanische

Sprengstoffspezialisten einen besonders tückischen Mega-Sprengsatz in Bagdad entschärft. Aufständische schweißten ein überdimensionales Stahlrohr an eine mit Plastiksprengstoff umhüllte Gasflasche. Am anderen Ende des Rohres war eine Metallkugel, wie »sie Leute beim Kugelstoßen verwenden«, federnd gelagert worden, darüber wurde ein Stahlblech gelegt. Die ganze Sprengfalle war in der Auslage eines Gemüseladens versteckt worden. Wäre ein solcher Sprengsatz vor einem Fahrzeug gezündet worden, sagen zivile Sprengstoffexperten, Stahlplatte samt Kugel hätten einen Transportpanzer »wie Käsekuchen« durchschlagen, die Besatzung getötet oder schwer verletzt. Nach dem Tipp eines Informanten eilten amerikanische Soldaten und die Experten der Privatmilitärs in den Basar und entschärften die Heimwerkerbombe – in letzter Sekunde. Benny ist überzeugt: »Da war nur noch Glück im Spiel.«

Die Augen des Thüringers scannen selbst bei Tempo 120 jeden Meter Straße: Kabel, Müll, tote Tiere, frischer Schutt auf der Straße, teilnahmslose Menschen – hinter allem und besonders in allem kann sich eine Sprengfalle verbergen auf dem Weg nach Al-Tarmiya. Und das ist nicht die einzige Gefahr, die Benny und seinen Leuten droht. Trachten Aufständische in der irakischen Metropole inzwischen nahezu ausnahmslos mit IEDs nach dem Leben von Soldaten der Koalitions- und Regierungstruppen, privaten und staatlichen Sicherheitskräften, steigt die Gefahr hinter dem Ortsschild Bagdad rapide, weil die Söldner dort draußen auch zur Zielscheibe für andere Waffengattungen werden. »Wenn ich die Stadtgrenze überquere, bekomme ich Angst«, sagt Benny. Unbewusst verschränkt er die Arme in genau diesem Moment vor seiner Brust, als brauche er einen zusätzlichen Panzer um sich herum.

»Draußen«, wie Soldaten und ihre Leihkameraden unisono alles nennen, was jenseits von Bagdad liegt, lauern Rebellen-Patrouillen in Hinterhalten. Sie schießen die gefürchteten Panzerfäuste vom Typ RPG-7 aus Büschen und Plantagen ab. Die Anfang der sechziger Jahre in der Sowjetunion entwickelte Panzerabwehrwaffe lässt fast fünfzig Jahre später noch Soldaten und Söldner weltweit erschauern. Die leichte Waffe erinnert an ein meterlanges Ofenrohr mit acht Zentimetern Durchmesser. Es wird auf die Schulter gelegt und abgefeuert. Die Geschosse durchschlagen 30 Zentimeter dicken Panzerstahl und entzünden Treibstoff und Munition im Inneren des Fahrzeugs.

Im Iran und in China wurden zudem spezielle Gefechtsköpfe entwickelt, um Menschen in leicht gepanzerten Fahrzeugen zu töten, wie Benny eines fährt. Dort hat man dem panzerbrechenden Sprengkopf Splitter- und Brandgranaten hinzugefügt. Durchschlägt das Geschoss den Stahl eines leicht gepanzerten Autos, verletzen oder töten die Splitter die Insassen, raubt ihnen das entzündete Brennstoff-Luft-Gemisch den Sauerstoff und verbrennt die Menschen. Die Toten, sagt Benny, »sehen fürchterlich aus«.

75 Dollar kostet so eine RPG. 35 Dollar erhalten irakische Aufständische am Tag, wenn sie mit einer solchen Panzerfaust kämpfen. Bei einem durchschnittlichen Familieneinkommen von 150 Dollar im Monat ein hoher Lohn. Allein 50 Dollar muss eine Familie monatlich zahlen, um sauberes Wasser trinken zu können. Wie auch in Afghanistan sind immer noch viele Staudämme und Wasserreservoirs zerstört, Leitungen beschädigt. Unter solchen Rahmenbedingungen, sagt Benny, »wird so eine Panzerfaust zur Atomwaffe des kleinen Mannes«.

Auch und gerade im sogenannten sunnitischen Dreieck zwischen Bagdad, Ramadi und Tikrit. Hier leben vor allem sunnitische Moslems. Sie erkennen im Unterschied zu den Schiiten auch jene Nachfolger (Kalifen) des Propheten Mohammed als rechtmäßige religiöse Führer an, die nicht zu den Nachkommen des Propheten zählen. Das Gebiet nordwestlich von Bagdad hat sich nach dem Ende des Krieges

2003 zu einem Rückzugsgebiet für irakische Rebellengruppen entwickelt. Hier wurde, in der Nähe von Tikrit, im Dezember 2003 auch Saddam Hussein gefangen genommen. Der sunnitische Diktator des Zweistromlandes wurde in Al-Audscha, 13 Kilometer östlich von Tikrit, geboren.

Auch in der Stadt Falludscha kam es immer wieder zu heftigsten Kämpfen zwischen Koalitionstruppen und Aufständischen. An der Stadtgrenze wurden im April 2004 die beiden deutschen Bundespolizisten Tobias Retterrath (27 Jahre) und Thomas Hafenecker (38 Jahre) von Rebellen erschossen. Die beiden Elitepolizisten der GSG-9 sollten eine Material- und Waffenlieferung für die Deutsche Botschaft aus Jordanien nach Bagdad begleiten, als der Konvoi an einem Kontrollpunkt von Aufständischen gestoppt und die beiden Polizisten getötet wurden.

Im März 2004 waren vier Söldner des Branchenriesen Blackwater nach Falludscha aufgebrochen. Eine Woche lang hatten sie vergeblich versucht, Küchengeräte zu besorgen, mit denen Stützpunkte der US-Armee im Irak ausgestattet werden sollten. Warum die Blackwater-Militärs ausgerechnet inmitten einer komplexen amerikanischen Militäroperation in die Aufständischen-Hochburg unterwegs waren, ist nicht geklärt. Aber es gibt Hinweise, dass ein im Bagdader Blackwater-Hauptquartier arbeitender Rebell die Widerstandsgruppen in Falludscha informierte, dass Söldner auf dem Weg in die Sunniten-Festung waren. Fest steht: Scott Helveston, Jerry Zovko, Wesley John Kealoha Batalona und Michael Teague brachen am 31. März mit zwei Pajero-Jeeps und zwei von Irakern gelenkten Tiefladern aus einem US-Militärcamp am Stadtrand in die brodelnde, 300 000 Einwohner beherbergende Stadt auf. Ein gefährliches, ein lebensgefährliches Unterfangen. Denn die Stadtbevölkerung, deren Mitbürger durch amerikanische Militäroperationen der vergangenen Tage getötet worden waren, tobte und sann auf Rache.

Der amerikanische Journalist Jeremy Scahill hat im Detail recherchiert, was im Marktviertel von Falludscha geschah: Zwischen Läden und Marktständen hatten sich Aufständische versteckt und feuerten mit Kalaschnikow-Schnellfeuergewehren und Maschinengewehren auf den kleinen Konvoi. Der amerikanische Ex-Elitesoldat Helveston von den Navy Seals wurde von Kugeln durchsiebt. Sein Kollege Teague war am Hals getroffen und aus dem Auto gezerrt worden. Die durch die amerikanischen Militärschläge aufgebrachten Falludschaner prügelten und steinigten ihn zu Tode. »Allahu akbar – Gott ist größer« (als alles andere) schrien sie, als sie mit Schaufeln, Stöcken und Stangen auf den Kopf des Söldners eindroschen und einzelne Körperteile abhackten.

Zovko und Batalona sicherten mit ihrem Geländewagen den Mini-Geleitzug nach hinten, als sie von weiter vorne die Schüsse hörten. Sie scherten aus, offenbar um nach der in solchen Situationen für alle privaten Militärfirmen geltenden Anweisung zu fliehen. Momente später durchschlugen Geschosse auch ihren Jeep, zerschmetterten Zovkos Kopf und trafen Batalonas Oberkörper.

Die Angreifer raubten Waffen und Ausrüstung der Söldner, dann übergossen sie den Geländewagen mit Benzin und setzten ihn im Brand. Die Attentäter verschwanden im verwinkelten Straßengewirr der Stadt. Doch die jubelnde Menge der Falludschaner wuchs auf mehr als 300 Menschen an. Der Volkszorn entlud sich an den vier Leichen der Blackwater-Söldner: Jugendliche zerrten die Verkohlten aus den schwelenden Fahrzeugwracks. Männerhände rissen an den leblosen Körpern herum. Körperteile wurden abgetrennt und wie Siegespokale nach einem Fußballturnier triumphierend durch die Stadt getragen. Ein Torso wurde an ein Auto gebunden und durch Falludscha geschleift. Kinder trampelten auf den Leichen herum. Einige Männer kletterten auf die grünlichen Stahlträger der nördlichen Brücke über den Euphrat. Dort hängten sie die Überreste von Helveston und Teagues an roten und gelben Stricken auf. Fast zehn Stunden lang hingen die geschändeten Leichen dort. Die grausigen Bilder wurden weltweit ausgestrahlt und gedruckt. Als man die Körper der Blackwater-Söldner abschnitt, wurden sie ein weiteres Mal durch die Stadt geschleift – an einem Eselskarren. Bis vor den Verwaltungssitz Falludschas. »So ergeht es allen, die nach Falludscha kommen!«, skandierte der entfesselte Mob.

»Diese Bilder haben sich jedem fest in die Seele gebrannt, der hier als ›Contractor‹ arbeitet«, sagt Benny. »Man kann über die Blackwater-Jungs denken, was man will. Natürlich sind das keine Chorknaben. Das ist niemand in diesem Beruf. Aber kein Mensch hat verdient, dass man so mit ihm umgeht. Niemand hat verdient, dass man so mit seiner Leiche umgeht. Wenn es etwas gibt, das den Islam von uns unterscheidet, dann ist es genau das: Die sind fanatisch, wenn es um ihre Feinde geht. Und die halten zusammen. Deshalb kämpfen wir hier und in Afghanistan auch nicht gegen Iraker oder Afghanen. Wir kämpfen gegen 1,5 Milliarden Muslime. Wenn es um ihre Feinde geht, dann stehen die zusammen wie eine Eins. Und die ticken komplett aus. Da tun die Dinge, die wir im Westen nie tun würden.«

Die Konzentrationslager auf dem Balkan? Die Gräuel in Bosnien in den Neunzigern? Das Foltergefängnis in Abu Ghraib? Die amerikanische Internierungsfabrik Guantánamo? Das Massaker amerikanischer Marineinfanteristen an 24 Zivilisten 2005 in Haditha, nur zweieinhalb Stunden mit dem Auto von Bagdad nach Norden? Dort hatten US-Marineinfanteristen unschuldige Menschen erschossen, nachdem bei einem Anschlag einer ihrer Kameraden getötet worden war. »Einzelfälle sind das, schlimme, ganz schlimme Einzelfälle«, wehrt Benny ab. »Aber die sind überhaupt nicht vergleichbar mit dem, was da in Falludscha passiert ist. Da haben diese Irren die toten Jungs doch an der Brücke aufgeknüpft – wie Schafe, die ausbluten. Mit Dreschflegeln und

Schaufeln haben die auf denen eingehämmert. So etwas vergisst du nie mehr, wenn du es einmal gesehen hast.« Bilder, die Benny auf jedem Meter begleiten, den er 63 Kilometer entfernt von Falludscha unterwegs ist – nach Al-Tarmiya.

Dort ist der Konvoi fast auf die Minute pünktlich eingetroffen. »Abladen – und dann zurück. Um 1700 geht es los, damit wir bei Helligkeit wieder zu Hause sind«, gibt Andreas die Order aus. Der österreichische Söldner lebt sprachlich in der Welt amerikanischer Offiziere – die sagen auch »siebzehnhundert« statt »17 Uhr«.

Um diese Zeit allerdings, so viel wird klar, wird der Konvoi nicht zurück in der irakischen Hauptstadt sein: Die Fahrer schwatzen mit den Bauarbeitern. Ungezählte Zigaretten werden geraucht, im Schatten von Palmen Wassermelonen aufgeschnitten. Ganze Gruppen von auf Schaufeln und Hacken gelehnten Männern beobachten die jungen Kerle, die auf die Lastwagen des Konvois geklettert sind. Dort wird jeder einzelne Zementsack ausgiebig begutachtet, bevor er bedächtig weitergereicht wird. Andreas' Flüche, die jedem Droschkenkutscher seiner Wiener Heimatstadt zur Ehre gereichen würden, werden mit einem freundlichen Lächeln quittiert.

Während die Iraker derart gewissenhaft arbeiten, wird den Söldnern immer mulmiger. Eine Stunde haben sie schon Wache gehalten. Offen auf der Straße und den Feldern stehend, allenfalls eine Feldmauer als dürftige Deckung nutzend. »Wie auf dem Präsentierteller« fühlt sich Benny. Inzwischen nimmt er sein Fernglas kaum noch von den Augen: Er sucht den nahen Stadtrand nach Verdächtigen ab – Fahrradfahrer, die sich der Bau- und Abladestelle nähern. Bewegungen auf Dächern. Spielende Kinder auf der Straße. Seine Liste der untrüglichen Anzeichen eines bevorstehenden Anschlags schließt der Deutsche mit seinem Favoriten ab: »Wenn die Händler um diese Zeit ihre Läden schließen, dann weißt du sofort, dass etwas im Busch ist. Dann heißt es für uns: Einpacken und abhauen!«

Abhauen können die Leihsoldaten mit den geleerten Lastwagen aber erst gegen 21 Uhr – zu einer Zeit, als sich bereits die Dämmerung über Al-Tarmiya legt. Das gleiche Prozedere wie bei der Abfahrt in der Frühe. Andreas ordnet an: »Wichtig ist, dass ihr nie stehenbleibt. Denkt dran: immer weiterfahren.« Fragende Gesichter bei den Irakern. »Fahrt mir einfach hinterher«, gibt der Wiener auf.

Benny rast mit seinen Leuten voraus. Nur schwer ist im fahlen Restlicht zu erkennen, was auf der Straße liegt. Geschweige denn, ob am Straßenrand zwischen Büschen, Bäumen oder im Sand etwas verborgen ist. »Ich hasse solche Aktionen in der Nacht«, wettert Benny. Wortkarg hockt er auf der Vorderkante des Beifahrersitzes, die Beine angewinkelt, als wolle er jeden Moment aus dem Auto springen. Die Linke hält die Abzugsvorrichtung seines M4-Gewehrs. Die rechte Hand liegt auf dem Hebel, mit dem sich die Tür öffnen lässt.

»Schneller – Tempo erhöhen! Stehen unter Beschuss!«, schnarrt da Andreas' Stimme aus dem Motorola-Funkgerät. »Was ist da los?«, fragt Benny Alexander, der im Vogelnest als Einziger nach hinten schauen kann. »Keine Beobachtungen!«, antwortet der Weißrusse am Maschinengewehr. »Braucht ihr Hilfe?«, funkt Benny Konvoiführer Andreas an. Keine Antwort. »Braucht ihr Hilfe?« Keine Antwort. Ein letztes Mal schreit Benny die Frage fast in das Funkgerät. Keine Antwort. Solche Situationen sind in den Anweisungen der privaten Sicherheitsfirmen eindeutig und unmissverständlich geregelt: Wer in einen Hinterhalt gerät, gibt Vollgas und rast aus der Gefahrenzone heraus. Ohne Rücksicht auf Kollegen, die möglicherweise verletzt wurden oder deren Fahrzeug getroffen liegenbleibt.

Aber, so überlegt Benny, wenn er mit der Feuerkraft seiner sechs Mann im Fahrzeug überraschend auftaucht, kann er die anderen Söldner samt 18 Lastwagen und Irakern vielleicht heraushauen. Militärisch knapp gibt der Söldner seine

Anweisungen für einen sehr komplexen Angriff bei Dunkelheit, den er mit zwei Drei-Mann-Teams durchführen will: »Lageinformation an alle: Konvoi wird angegriffen. Keine Verbindung mehr zum Konvoiführer. Stärke Feind unbekannt. Wir fahren zurück: Aufteilung in Halbgruppen – Jeff links, ich rechts – Los geht's!« Quietschende Reifen. Doch im schlingernden Auto hält sich niemand fest. Im Gegenteil: Die Söldner überprüfen, ob die Magazine fest in ihren Waffen sitzen, während die Jeeps rasant wenden. Durch Drill automatisiertes Verhalten. Nach 300, 400 Metern erkennen die Männer zu beiden Seiten der Straße vor ihnen kleine, rot-orange Punkte – die Stellungen der Aufständischen. 500 Meter voraus auf der Straße blitzt rötlich-hell das Mündungsfeuer der Konvoischützer auf. Alexander feuert auf die Rebellen. Mit dem Maschinengewehr verschießt er sogenannte Leuchtspurmunition – winzig kleine, rot brennende Chemikalien am Boden des Geschosses zeigen, wo die Kugeln einschlagen. Wie an roten Fäden ziehen sie sich zu den kleinen, rot-orangen Blitzen, die in den Büschen am Straßenrand verschwinden. Plötzlich gespenstische Stille.

Der erste Lastwagen ist getroffen worden und hat sich quer zur Straße gestellt. Andreas' Fahrzeug wurde ebenfalls beschossen. Verletzt wurde niemand. Der getroffene Lastwagen wird notdürftig zur Seite geschleppt – und aufgegeben. »Da kümmert sich morgen die Armee drum«, herrscht Andreas den protestierenden Fahrer an und zieht ihn in seinen Geländewagen. Niemand schaut nach, ob die Angreifer noch in den Büschen, hinter Bäumen oder in Erdlöchern stecken. Fast einen Kilometer lang hatten sie zu beiden Seiten der Straße gehockt und den Konvoi angegriffen. Benny schlägt mit der flachen Hand auf die Motorhaube: »Weg hier!«

Eine Diskussion über den Söldnerbegriff

In der Villa innerhalb der sicheren Grünen Zone wird das Überleben gefeiert. Alexander, der Niederländer Kaes, der Australier Seb – den Erfolg der Mission Al-Tarmiya begießen die Privatmilitärs mit einer Dose Bier. Söldnerleben? Im Takt der Silben stößt Sebs Finger nach vorn: »Ich – bin – kein – Söld – ner!«, presst er mit fast geschlossenem Mund hervor. Das Gesicht wie nach zehn Botox-Injektionen zur Maske verkrampft. Söldner, der Begriff passt nicht in das Image einer Branche, die auf Reinheit bedacht ist. Die – wie Militärs – saubere Kriege führen wollen: Privatmilitärs schwächen den Gegner mit »chirurgischen Schnitten«, wenn sie in Bagdad mit ihren Scharfschützengewehren Aufständische töten. Klar, auch sie verzeichnen »Kollateralschäden«, wenn sie während eines Gefechts eine verzweifelt Schutz suchende Mutter und ihr Baby erschießen. Das ist nicht schön, lässt sich aber nicht immer verhindern.

Söldner befinden sich in einer »asymmetrischen Bedrohungslage«, wenn ihr Konvoi angegriffen wird: Die Leihsoldaten sprechen nicht über Maschinengewehrfeuer, das mit einer Frequenz von 2000 Schüssen in der Minute tönt. Sie schweigen über Mörsergranaten, die den Kampfplatz überfliegen, und über explodierende Granaten, die schlanke Säulen aus Erde und Rauch meterhoch aufsteigen lassen. Sie schweigen über Verwundete, die fluchen, schrill nach Hilfe schreien oder stumm und mit weit aufgerissenen Augen versuchen, ihren hervorquellenden Darm in den Bauch zurückzuschieben. Und erst recht schweigt ein Söldner über den Tod. Kollegen, deren starre Augen in den Himmel gerichtet sind – Söldner erleben so etwas offiziell nicht, höchstens in ihren Träumen.

Söldner – da denken die Menschen an Hardy Krüger, Roger Moore und Richard Burton, die im Streifen »Die Wildgänse kommen« als Privatmilitärs im fiktiven afrikanischen

Zembala den gefangen genommenen Regierungschef Limbani für einen dubiosen Geschäftsmann befreien. Sie denken an Siegfried Müller, den die meisten nur als »Kongo-Müller« aus den *Stern*-Reportagen des Journalisten Gerd Heidemann kennen. Jenen Offiziersanwärter der Wehrmacht, der Anfang der sechziger Jahre als Söldner nach Afrika ging und 1965 im Osten des Kongo einen Aufstand einer »Simbas« (»Löwen«) genannten und von China unterstützten Rebellengruppe blutig niederschlug. Mithilfe regulärer belgischer und amerikanischer Streitkräfte. »Kongo-Müller« befehligte die beiden Kommandos 52 und 54. Das Kommando 52 war eine etwa fünfzig Mann starke, überwiegend aus Deutschen bestehende Söldnertruppe. Die hatte sich zum Ziel gesetzt, die Rebellen zu vernichten und so die Provinz Equatorial zu befreien. In einem Gebiet, wie Müller erklärte, »fast so groß wie die Bundesrepublik. Die habe ich mit meinen vierzig Mann und vielleicht weiteren hundertfünfzig Mann Schwarzen erledigt. Die habe ich geschafft. Zehn Wochen.«

In denen wurden Gefangene misshandelt und erschossen. Für die Söldner das brutale Tagesgeschäft. Müller beschrieb später nüchtern die krude Logik seines Handwerks: »Ja, misshandelt – das ist hier normal. Man vernimmt jemanden, und wenn man ihn vernimmt, muss er Hiebe kriegen, sonst erzählt er nicht richtig, sagt man. Und wenn er erzählt hat, wird er ja, da er ein Rebell ist und ein Rebell außerhalb des Rechts steht, getötet.« Auch Kongo-Müller hatte schon Probleme, sich Söldner zu nennen. Er zog die Bezeichnung »military technical assistance volunteer« vor – ein »Freiwilliger zur militärtechnischen Unterstützung«.

Söldner, das sind für viele Menschen raubeinige Kerle ohne feste Heimat, die sich königlich dafür entlohnen lassen, dass sie für eine fragwürdige Sache Menschen töten. Gewissenlose Glücksritter. Der Brockhaus definiert den Begriff sachlicher: Demnach ist ein Söldner ein Krieger, »der nicht für seine Nation, sondern für fremde Interessen kämpft«.

Eine Definition, die beispielsweise die französische Fremdenlegion zur Söldnertruppe macht: Die Fremdenlegionen Frankreichs oder Spaniens sind Bestandteil der regulären Streitkräfte dieser Länder. Die in ihnen dienenden Männer aus anderen Ländern erhalten die französische oder spanische Staatsangehörigkeit spätestens dann, wenn sie die Legion vertragsgemäß verlassen. Alexander Nikitin, der UN-Beauftragte für das Söldnerwesen, hat ein Problem damit, die Legionäre als Söldner zu bezeichnen: »Das sind reguläre Soldaten unter dem Kommando der französischen Regierung und der Kontrolle des französischen Parlaments. Fremdenlegionäre haben in zahlreichen Missionen für die Internationale Gemeinschaft im Auftrag der Vereinten Nationen als Blauhelme dazu beigetragen, Kriege zu beenden und die Welt friedlicher zu machen: in Bosnien, auf Zypern, im Kongo.«

Nach den Genfer Konventionen ist ein Söldner eine »an Feindseligkeiten beteiligte Person, die nicht den Streitkräften einer am Konflikt beteiligten Partei angehört« oder die an Gewalttaten teilnimmt, die »den Sturz einer Regierung oder die sonstige Untergrabung der verfassungsmäßigen Ordnung eines Staates« zum Ziel hat. Söldner werden zu dem »besonderen Zweck angeworben, in einem bewaffneten Konflikt zu kämpfen«. Ihr Handeln ist vom »Streben nach persönlichem Gewinn« geleitet, ihre »materielle Vergütung« ist »wesentlich höher« als die regulärer Soldaten.

Peter Warren Singer, amerikanischer Journalist und im Wahlkampf der militärpolitische Berater des US-Präsidenten Barack Obama, hat als einer der Ersten über die boomende Söldnerbranche geschrieben. Die *Kriegs-AGs* heißt sein 2003 erschienenes Buch, in dem er aus amerikanischer Sicht Blackwater & Co unter die Lupe nimmt. Für Singer zeichnen sich Söldner dadurch aus, dass sie »in der Regel keine Bürger oder Bewohner des Landes sind, in dem sie kämpfen«. Die Leihsoldaten »sind durch keine dauerhafte Zugehörigkeit mit irgendwelchen nationalen Streitkräften oder Truppen verbunden; sie haben vielmehr den Status von Angestellten auf Zeit«. Inzwischen müsste Singer der rasanten Entwicklung in der Branche neuerlich Rechnung tragen: Söldner sind inzwischen Freiberufler.

Auch in einem anderen Punkt muss der Dozent der amerikanischen Eliteuniversität Harvard ergänzt werden. 2003 glaubte er noch daran, dass es Söldnern um »individuelle und kurzfristige wirtschaftliche Vorteile« gehe, dass »sie nicht für politische oder religiöse Ziele kämpfen«. Eine These, die angesichts von Söldnern eines ganz neuen Typs angezweifelt werden muss: Selbstmordattentäter sind private Krieger, die für sich himmlischen Lohn beanspruchen und für ihre Familien satte Renten aushandeln, bevor sie sich in die Luft sprengen. Und für Singer werden »Söldner auf verschlungenen und verdeckten Wegen angeworben und bleiben möglichst anonym, um die Gefahr strafrechtlicher Verfolgung« zu reduzieren.

Das sind Kriterien, denen sich Alexander Nikitin anschließt. Natürlich seien alle von privaten Sicherheitsfirmen angeheuerten Männer und Frauen Söldner – selbst wenn sie inzwischen auch im Dienste der UNO Lebensmittellager in Darfur oder Hauptquartiere der Völkergemeinschaft in Bagdad bewachen. »Die für mich entscheidende Frage ist, auf welcher Grundlage sie dies tun«, ergänzt der Russe. Die Vereinten Nationen haben inzwischen Musterverträge entwickelt, die für alle ihre Angestellten verbindlich sind – gleichgültig, ob sie bei einer privaten Militärfirma angestellt sind oder freiberuflich direkt mit der UNO zusammenarbeiten. So muss ein für die Organisation arbeitender Söldner seinen einwandfreien Leumund nachweisen und sich einem speziellen Trainingsprogramm der UNO unterwerfen. »Das beinhaltet insbesondere eine intensive Schulung im humanitären Völkerrecht«, sagt Nikitin. Zudem werden Mindestlöhne wie Obergrenzen für den Verdienst eindeutig festgelegt. Und, fügt er hinzu, »wir behalten zu jedem Zeitpunkt des vertraglich geregelten Arbeitsverhältnisses die volle Kontrolle über die angestellten Söldner«. Die unterteilt er in »legale« und »illegale«. Demnach sind »legale« Leihsoldaten jene, die reguläre Streitkräfte im Dienste der UNO bei Operationen der Vereinten Nationen unterstützen. Sie bewachen Lebensmittellager oder Versorgungsstützpunkte, beschützen Personen. Hingegen bleiben die Kernaufgaben einer Friedensmission fest in der Hand von Friedenstruppen: Vor allem verhandeln, Beobachtungsposten besetzen, Fahrzeuge kontrollieren, patrouillieren sind die alleinige Angelegenheit von Blauhelmen. »Ein Söldner im Dienste der UNO baut keine Kontrollposten im Land auf, er wird nicht hoheitlich tätig.«

Genau das aber tun beispielsweise Benny und seine Kollegen, wenn sie in Bagdad und im Irak unterwegs sind. Selbst nach Nikitins Definition ist nicht eindeutig geklärt, ob sie »legale« oder »illegale« Söldner sind. Auch wenn sie von sich selbst sagen, fast schreien: »Wenn ich eine Schutzperson bewache oder einen Konvoi eskortiere und werde angegriffen, dann schieße ich zurück. Wie meine Kameraden. So einfach ist das. Wenn wir dabei einen wegmachen – sein Problem: Er hätte uns ja nicht angreifen müssen. Aber das hat doch mit dem Krieg hier oder in Afghanistan nichts zu tun. Das ist reine Selbstverteidigung, reine Selbstverteidigung.« Mit einem Handkantenschlag schräg durch die Luft beendet er die Diskussion. Bennys Gesicht ist rot angelaufen. Die Halsschlagader pulsiert. »Contractor« ist in schwarzen Buchstaben auf das beige Klettband geschrieben, das sich Benny jeden Tag auf seine schusssichere Weste pappt. »Söldner« wäre ehrlicher.

Recht und Unrecht in der Branche

Mehr als eine Millionen Menschen arbeiteten 2008 weltweit für private Militärfirmen, glaubt der Politologe Peter W. Singer. »Regierungen sind inzwischen von diesen Unternehmen abhängig geworden«, sagt er. Seine Sorge: Was passiert mit jenen Staaten, die ihr Gewaltmonopol in die Hände von Söldnern legen – und damit das »outsourcen«, was nur dem modernen Rechtsstaat vorbehalten sein sollte: das Recht, Zwang auszuüben und im Notfall Gewalt anzuwenden.

Der deutsche Psychologe und Journalist Rolf Uesseler vermutet, genau dieses Vorrecht des Staates soll bewusst ausgeschaltet werden. »Die ausführende Staatsgewalt in allen Ländern hat einen großen Vorteil davon, private Militärfirmen einzusetzen: Sie brauchen niemanden mehr zu fragen. Keine Auseinandersetzung mit dem Parlament mehr, keine mit der Öffentlichkeit. Staaten können im Verborgenen operieren, ohne jemanden fragen zu müssen«, argumentiert Uesseler.

Ein Trend, der auch den deutschen Ex-Staatssekretär Willy Wimmer alarmiert: »Gerade in den Vereinigten Staaten von Amerika wird ein Trend besonders deutlich: Ohne private Militärfirmen können die keine mehr Kriege führen. Mit ihnen aber auch keine Kriege mehr gewinnen. Präsident Bush hinterlässt seinem Nachfolger Barack Obama ein strategisches Dilemma.« Und ein juristisches dazu, weiß der studierte Rechtswissenschaftler: Söldner, die Kriegsverbrechen begangen haben, werden nur selten zur Rechenschaft gezogen. Es brauchte den massiven Druck der irakischen Regierung und der amerikanischen Öffentlichkeit, damit fünf Blackwater-Söldner Anfang Dezember 2008 vor einem Gericht im US-Bundesstaat Utah wegen Totschlags angeklagt wurden. Die Privatmilitärs hatten am 16. September 2007 mitten in der irakischen Hauptstadt auf dem belebten Nissour-Platz im Stadtteil Mansour mit ihren automatischen

Waffen in die Menschenmenge gefeuert. Dabei töteten sie 17 Frauen, Männer und Kinder und verletzten mindestens 24 irakische Polizisten.

Fahnder der US-Bundespolizei FBI recherchierten, dass ein Autofahrer die Haltesignale eines Ordnungshüters übersehen hatte und auf den gesperrten Platz gefahren war, gerade in dem Moment, als die Wagenkolonne eines hohen Vertreters des amerikanischen Außenministeriums ebenfalls darüberraste. Die Söldner witterten einen Anschlag und feuerten Salve um Salve in die Menschenmenge. In das Auto des mutmaßlichen Attentäters warfen sie eine Granate.

Für den irakischen Regierungssprecher Ali el-Dabbagh ein Verbrechen: »Die irakisch-amerikanische Kommission hat herausgefunden, dass der Blackwater-Konvoi weder direkt noch indirekt unter Beschuss geraten ist. Nicht einmal ein Stein wurde auf den Konvoi geworfen.« Die drei früheren Marineinfanteristen und die beiden Fallschirmjäger hatten grundlos in die Menge gefeuert. Die irakische Regierung bestand offiziell darauf, grundsätzlich private US-Sicherheitsdienste für ihr Fehlverhalten im Irak zur Rechenschaft zu ziehen. Zudem sollte Blackwater eine Entschädigung in Höhe von 136 Millionen Dollar an die Hinterbliebenen zahlen. Doch der rhetorische Pulverdampf legte sich schnell: Fünf Tage nach den Todesschüssen am Nissour-Platz schützten Söldner des Branchenführers wieder amerikanische Diplomaten und Botschaftskonvois. Mit Einverständnis der irakischen Regierung, wie die Botschaftssprecherin Mirembe Nantango versicherte.

Bennys Kommentar: »Niemanden von uns hat verwundert, dass die Blackwater-Jungs wieder auf der Straße waren. Jeder wusste: Wenn die Scheiße bauen, werden sie notfalls in ein Auto oder Flugzeug gesetzt und außer Landes gebracht. Das kümmert ohnehin niemanden, was hier passiert.«

Den juristischen Freibrief hatte Präsident Bushs Mann im Irak, Paul Bremer, noch schnell unterzeichnet, bevor er seinen Schreibtisch als Chef der Übergangsverwaltung räumte. Am 27. Juni 2004 erließ er die »Order 17«. Dieses Dekret sicherte Söldnern im Irak vollkommene Straffreiheit zu. Nach dem Motto: kein Knast im Irak, und in der Heimat interessiert das sowieso keinen. Einen Tag später schlich sich Bremer aus dem Zweistromland. Erst in Folge des Massakers am Nissour-Platz setzte das irakische Kabinett unter Premier Nuri el Maliki die Anweisung am 31. Oktober 2007 außer Kraft – vor allem auf Druck der irakischen Opposition. Diese klagte öffentlich an, dass private US-Sicherheitsdienste im Irak strafrechtliche Immunität genießen würden.

Der Sprecher des amerikanischen Justizministeriums, Patrick Rowan, kommentierte die Anklage in bester Hardliner-Manier. Sie solle »daran erinnern, dass all jene, die in Kriegs- oder Friedenszeiten in illegale Angriffe auf Zivilisten verwickelt sind, zur Verantwortung gezogen werden«. Er verwies darauf, dass die privaten Sicherheitsdienste im Irak verpflichtet worden seien, »auf Schüsse mit starken Waffen zu verzichten«. Zum Zeitpunkt der Schießerei hätten »in Bagdad Gefahren bestanden. Allerdings gab es auch viele normale Leute, die ihren Alltagsgeschäften nachgingen.« Aber: Untersuchten die amerikanischen Staatsanwälte den Vorfall vor Ort? Befragten sie Zeugen selbst? »Kein Kommentar«, schnarrt Rowan vor laufenden Kameras. Die Klageschrift gegen die fünf Verdächtigen umfasst 35 Punkte. Im Zuge der negativen Presse entschied sich Blackwater im Februar 2009, künftig unter dem Namen »Xe« zu firmieren.

Außer Kontrolle geratene Privatmilitärs sind kein rein amerikanisches Problem. Auch deutsche Söldner morden für ihre Auftraggeber. Der frühere Bundeswehr-Fallschirmjäger Roland Bartetzko tauchte nach dem Einmarsch der NATO ins Kosovo 1999 überraschend in der von Serben und Albanern bewohnten Stadt Mitrovica auf. Rasch gründete er das Sicherheitsunternehmen »Sucuir Kosova«. Der frühere Stabsunteroffizier nahm eine Albanerin zur Frau –

und fand schnell Auftraggeber für seine Dienste. Die albanische Rebellenarmee UÇK beauftragte Bartetzko mit allem, was ihrem Saubermann-Image und ihren politischen Bemühungen entgegenstand. Schutzgelderpressung gehörte ebenso dazu wie Mord. Der Ex-Bundeswehrler mit dem selbst gewählten Kampfnamen »Shaban« – Held – hatte am 18. April 2000 »aus Hass auf Serben« in Priština zwei Sprengsätze gezündet. Bei der Explosion starb Aleksandar Petrović, der Leiter des serbischen Zentrums für »Frieden und Toleranz«. Vier seiner Begleiter wurden schwer verletzt.

Die selbst gebauten Bomben bestanden aus mit Nägeln und Metallsplittern gefüllten Milch- und Fruchtsaftbehältern, die mit Klebeband umwickelt waren. Im Mai 2002 wurde Bartetzko wegen Mordes und Terrorismus von einem von den Vereinten Nationen geleiteten Bezirksgericht in Priština zu 23 Jahren Haft verurteilt.

Bartetzko war 1991 nach dreijähriger Dienstzeit unehrenhaft aus der Bundeswehr entlassen worden. Der gebürtige Aachener soll auch auf Seiten der Kroaten während der Balkankriege in Bosnien und Kroatien gekämpft haben. Und war damit einer von mehreren hundert deutschen Söldnern, die der Hamburger Verfassungsschutz auf den Kriegsschauplätzen ausgemacht haben will. Vor allem Neonazis verdingten sich auf kroatischer und bosnisch-kroatischer Seite sowohl in reinen Söldnereinheiten als auch in den regulären Truppenverbänden. Die rechtsextreme kroatische »Partei des Rechts« (HSP) beteiligte sich daran, eine Privatarmee aufzustellen. Die sogenannte HOS-Miliz rekrutierte in Deutschland und Österreich gezielt in der rechten Szene.

In Deutschland verfolgte das Bundeskriminalamt das Treiben der Deutschen auf dem Balkan sehr genau: Im Juli 1992 waren nach Erkenntnissen der Fahnder deutsche Rechtsextremisten nicht nur beim Aufbau einer Söldnertruppe für Kroatien, sondern auch an Waffenlieferungen beteiligt. Der frühere rheinland-pfälzische Innenminister Walter Zuber

(SPD) äußerte sich »besorgt über die Ausbildung von Neonazis an der Waffe als Söldner« auf dem Balkan, als er 1995 den Verfassungsschutzbericht vorstellte. Das österreichische Innenministerium fand heraus, dass die kroatische Armee nur einen kargen Sold bezahlte und den Söldnern die »selbst gemachte Beute als Sold« überließ. Deshalb hätten sich die Söldner nicht nur gegenseitig ermordet und ausgeraubt. Vor allem die Zivilbevölkerung sei durch die Einheiten »systematisch beraubt« worden. Viele muslimische und serbische Zivilsten seien aus Profitgier von diesen Privatmilitärs getötet worden. In einigen wenigen Fällen kam es zu Anklagen gegen Söldner durch deutsche Gerichte. Verfolgt wurden dabei aber keine Kriegsverbrechen. Das, sagt US-Politologe Peter Warren Singer, »liegt in der Natur der Sache: Staatsanwälte reisen nicht in Kriegsgebiete, um dort Verbrechen zu recherchieren.«

Bartetzko war nicht der einzige deutsche Söldner, der im Balkankrieg sein blutiges Unwesen trieb. Die 1. Strafkammer des Landgerichts Memmingen verurteilte 1995 Falk Simang und Ralf Rüdiger Mrachacz, ehemalige Soldaten der früheren DDR-Volksarmee, zu lebenslangen Freiheitsstrafen. Sie hatten im August 1993 zwei andere deutsche Kameraden im bosnischen Mostar brutal ermordet: Der eine soll versucht haben, die Beute des Duos zu stehlen. Der andere hatte sich entschlossen, die Söldnereinheit zu verlassen und nach Deutschland zurückzukehren. Die Leichen der beiden Ermordeten verbrannten Simang und Mrachacz in einem Wald bei Mostar.

Das Duo war in der berüchtigten Söldnertruppe »Kasnizka Boijna« von Mladen Naletilić eingesetzt worden, der sich selbst »General Tuta« nannte. Er wurde 2003 vom Internationalen Kriegsverbechertribunal in Den Haag zu zwanzig Jahren Haft verurteilt. In seinem Fall sahen die Richter es als erwiesen an, dass er »muslimische Zivilisten und Kriegsgefangene verfolgt, vertrieben, misshandelt und unmenschlich behandelt« hatte. Seine mit Deutschen durchsetzte Söldnereinheit war nach Überzeugung der irischen Richterin Maureen Harding Clark an »einigen der schlimmsten Massaker an bosnischen Muslimen beteiligt«. Verbrechen, die zwar am Rande des Verfahrens des Landgerichts Memmingen Erwähnung fanden, in der Verhandlung gegen Simang und Mrachacz aber ausgeklammert wurden.

Nach dem Willen der Bundesregierung unter Kanzlerin Angela Merkel soll nun gegen diesen Zustand angegangen werden. Im September 2008 unterzeichnete Deutschland das sogenannte Dokument von Montreux. Das haben bezeichnenderweise das Schweizer Außenministerium und das Internationale Komitee vom Roten Kreuz (IKRK) auf den Weg gebracht.

Ziel der völkerrechtlich nicht bindenden Vereinbarung: Regierungen sollen moderne Söldner besser kontrollieren können. 17 Nationen und das IKRK haben die Einigung unterschrieben, unter ihnen auch Afghanistan, der Irak, die USA und Großbritannien. Verpflichtend ist es allerdings nicht, was Regierungsvertreter und sogenannte NGOs, also Hilfsorganisationen, zusammen mit Lobbyisten privater Militärfirmen am Genfer See ausgehandelt haben. Eher handelt es sich um siebzig Tipps, wie sich Regierungen auf die wachsende Sicherheitsbranche einstellen und so verhindern können, dass Menschen in Kriegsgebieten zum Freiwild von Söldnern werden.

So hofft Nikolas Stürchler, Referent für Menschenrechte und humanitäres Völkerrecht im Schweizer Außenministerium, denn auch, dass »viele Staaten und Organisationen den Text als Anregung benutzen, ihr eigenes Verhalten zu überdenken«. Im besten Fall verpflichten sich die Branche oder zumindest einzelne Firmen zu bestimmten Standards, die im Dokument von Montreux empfohlen werden.

Dazu gehört beispielsweise, dass die Unternehmen nur Mitarbeiter mit einwandfreiem Leumund einstellen. Der soll etwa durch ein polizeiliches Führungszeugnis bewiesen werden. Ferner sollen transparente Einsatzregeln, sogenannte »Rules of Engagement (ROE)«, für Söldner verfasst werden. Ähnliche Bestimmungen, wie sie für Soldaten bei Auslandseinsätzen zwingend vorgegeben sind. Diesen wird sogar genau vorgeschrieben, wie sie einen Verdächtigen in seiner Landessprache warnen müssen. Erst dann dürfen Soldaten einen Warn- oder gar gezielten Schuss abfeuern. Regeln darüber, was Söldner dürfen und was sie zu unterlassen haben, gibt es so gut wie gar nicht. Ein Problem, vor dem die Staatsanwälte in Utah stehen, die das Blackwater-Quintett wegen des Blutbads auf dem Nissour-Platz anklagen.

Geht es nach Stürchlers Vorstellung, werden »die Staaten, die das Dokument unterschrieben haben, ein nationales Bewilligungs- oder Lizenzierungsverfahren für die Sicherheitsunternehmen einführen«. Und zwar mit dem Ziel, dass sich private Sicherheitsunternehmen, die in Kriegszonen arbeiten, nicht der staatlichen Kontrolle entziehen können. Denn, so ergänzt Stürchlers Chef Daniel Klingele, »völkerrechtliche Verpflichtungen können und sollen von Staaten nicht umgangen werden, indem sie private Unternehmen verpflichten. Regierungen sind verpflichtet, Menschenrechte zu respektieren, zu beschützen und gewährleisten.« Deshalb, folgert der Eidgenosse, »sind Staaten verantwortlich, wenn in ihrem Land angesiedelte Unternehmen gegen das Völkerrecht verstoßen«.

Das bedeutet: Die Bundesregierung müsste künftig Verbrechen ahnden, die deutsche Sicherheitsunternehmen möglicherweise im Ausland begehen. In Deutschland zumindest ist das noch eine reine Willensbekundung – und in der Praxis auch nicht so einfach zu realisieren. Denn die Branche hat sich längst weiterentwickelt. Sie vergibt ihre Aufträge an Hunderte, Tausende Ein-Mann-Betriebe, die ihre Dienste nicht im örtlichen Branchenbuch anbieten und die bei keiner Innung oder IHK gemeldet sind. In einschlägigen Internetforen wie www.arbeiten-in-krisengebieten.de, www.securitytreff.de oder www.civiliancontractorjobs.com tauschen sich deutsche Söldner anonym über die Sicherheitslage in ihren potenziellen Einsatzgebieten von Afghanistan über den Irak bis nach Nigeria und in den Kongo aus. Sie informieren sich über Unternehmen oder offerieren Jobs. Oft sind es Ein-Mann-Unternehmen – notfalls mit einem Firmensitz im Nirgendwo. Eben dort, wo niemand je von der Vereinbarung von Montreux gehört hat.

So oder so ist die deutsche Bundesregierung noch weit davon entfernt, auch nur ansatzweise einen Überblick über die deutsche Privatmilitärbranche zu haben. Im Merkel-Kabinett und den dazugehörigen Ministerien wird auf Anfragen zu dem Thema mit den Schultern gezuckt: Wir wissen von nichts.

Symptomatisch ist die Anfrage der Abgeordneten Max Stadler, Gisela Piltz und Hartfried Wolff und deren FDP-Fraktion, die 2008 Details über die Tätigkeit deutscher Sicherheitsunternehmen im Ausland erfahren wollten. Die Antwort wurde den Parlamentariern mit der Drucksache 16/9190 am 14. Mai 2008 zugestellt. Ob die Bundesregierung Erkenntnisse darüber habe, in wie vielen Fällen in den letzten zehn Jahren private deutsche Sicherheitsunternehmen im Ausland tätig geworden sind, wollten die Liberalen wissen. Nein, »der Bundesregierung liegen keine Erkenntnisse vor«, versichern die Ministerialen. Ob die Bundesregierung wisse, »wie viele ehemalige Soldaten, Beamte sowie Tarifbeschäftigte des Bundes ... in den letzten zehn Jahren nach ihrem Ausscheiden für private Sicherheitsfirmen tätig« wurden? Nein, wissen wir auch nicht, sagt die Regierung. Denn »nach Beendigung des Beamtenverhältnisses ... besteht keinerlei Verpflichtung, die Aufnahme (Art und Zeitpunkt) einer Folgebeschäftigung anzuzeigen«.

Die Gruppe um den Innenexperten Max Stadler muss solche Antworten vorhergesehen haben. Schließlich hatte der

Parlamentarische Staatssekretär beim Bundesminister des Inneren, Peter Altmaier (CDU), im Innenausschuss des Parlaments bereits den Offenbarungseid geleistet: Bislang gebe es keine rechtliche Handhabe gegen solche Geschäfte, teilte er den Parlamentariern mit. Deshalb fassten die Liberalen mit Frage 4 ihrer Kleinen Anfrage nach: Wie viele ehemalige Soldaten, Beamte sowie Tarifbeschäftigte des Bundes gegebenenfalls ihre Tätigkeit für ein privates Sicherheitsunternehmen der zuständigen Stelle angezeigt hätten. »Eine zentrale Erfassung der Daten erfolgt innerhalb der Bundesregierung nicht. Eine valide und umfassende Antwort ließe sich nur nach Beteiligung aller Behörden der Geschäftsbereiche des Bundes geben. Im Rahmen der für die Beantwortung einer Kleinen Anfrage zur Verfügung stehenden Zeit ist eine Antwort nicht möglich«, kanzelten die Ministerialen die neugierigen Liberalen ab. Und fanden ihre Antwort so originell, dass sie diese auch gleich bei zehn von 13 noch folgenden Fragen auf den Antwortbrief stempelten. »Es wird auf die Antwort zu Frage 4 verwiesen«, heißt es – dann wird nur noch die Zahl fortgeschrieben. Fast auf den Tag genau vier Monate später unterschrieb Deutschland das Abkommen von Montreux.

Darüber lacht der frühere Fallschirmjäger-Feldwebel aus Thüringen nur. »Wie«, gluckst Benny, »wollen die denn herausfinden, ob ich im Irak, in Afghanistan oder sonst wo mein Geld als Contractor verdiene? Jahrelang hat man uns eingepaukt, in der Öffentlichkeit und in der Bundeswehr darüber die Klappe zu halten, was wir tun. Und damit soll ich ausgerechnet dann aufhören, wenn ich anfange, diese gefährlichen Jobs zu machen? Jeder weiß doch, dass in dem Laden nichts wirklich geheim bleibt.«

Nicht nur die Bundeswehr hat ihre Probleme mit Geheimnissen. Auch die privaten Militärfirmen kämpfen weltweit mit Löchern in ihren Informationsbarrieren. Mal finden US-Soldaten bei Hausdurchsuchungen von Aufständischen achtlos weggeworfene E-Mails und Briefe. Ein anderes Mal belauschen Abhörspezialisten der Koalitionstruppen, wie Terrorverdächtige via Handy Informationen über Stärke, Bewaffnung und Speisepläne der Privatkrieger und US-Truppen austauschen. Einen löchrigen Käse will Benny auch in den eigenen Reihen ausgemacht haben, »durch den Informationen an jeden gehen, der eigentlich nichts über uns und unsere Arbeit wissen sollte«.

In vielen Fällen dienten sich Rebellen privaten Militärfirmen als Reinigungskräfte oder Küchenhilfen an, um bei den ausländischen Sicherheitsexperten zu spionieren. Manchmal mit verheerenden Folgen. In Geschichten, die in der Branche kursieren, wird berichtet, dass Namen und Adressen von Familienangehörigen und Freunden so in die Hände von Aufständischen gefallen seien. »Wenn dir deine Frau oder Mutter dann am Telefon erzählt, dass sie Drohanrufe bekommen hat, dann wird dir hier ganz anders zumute«, sagt Benny. Ähnliche Vorkommnisse berichten auch Bundeswehrsoldaten von ihren Auslandseinsätzen.

Scheiden Elitesoldaten beim KSK aus, müssen sie nicht angeben, für wen sie künftig ihre Gewehre laden. Allenfalls als Reservisten sollen sie ihr Kreiswehrersatzamt informieren, in welchem Beruf sie arbeiten, nachdem sie die Bundeswehr verlassen haben. »Überprüft hat das bei mir nie einer. Die glauben heute noch, dass ich als Tischler schaffe«, schmunzelt Benny.

Aber auch für Firmen, die Deutsche für den Söldnereinsatz rekrutieren, hat die Geheimniskrämerei System: Deren Inhaber müssen befürchten, für drei Monate bis zu fünf Jahre im heimatlichen Gefängnis zu landen, statt sich durch die Vermittlung von Privatsoldaten im Irak und anderswo eine goldene Nase zu verdienen. Diese Strafe sieht der Paragraph 109 h des Strafgesetzbuchs für jeden vor, der »zugunsten einer ausländischen Macht einen Deutschen zum Wehrdienst in einer militärischen oder militärähnlichen Einrichtung anwirbt oder ihren Werbern oder dem Wehrdienst einer solchen Einrichtung zuführt«.

In der Praxis ist aber noch keiner wegen eines solchen Delikts angeklagt oder gar verurteilt worden. Und wenn es einmal doch so käme, so wird in der Branche theoretisiert, könnte der Gesetzesbruch damit ausgehebelt werden, dass es keinen fremden Schlepper oder Werber gibt, sondern dass sich die privatmilitärisch tätigen Ein-Mann-Unternehmer selbst angeworben und damit nicht strafbar gemacht haben. Nur ab und an vermitteln sie einem früheren Kameraden ebenfalls einen Job in den weltweiten Kriegsgebieten – und hüten sich davor, sich dabei erwischen zu lassen. Benny zieht aus dieser Gesetzeslage seine eigenen Schlüsse: Solange nicht »national wie international eindeutig geklärt ist, was und wer ein Söldner, wer ein ›Contractor‹ ist, kann niemand davon ausgehen, dass wir sagen, womit wir unser Geld verdienen«.

Diese Rechtsunsicherheit haben die Verfasser der Abmachung von Montreux vorhergesehen. Deshalb haben sie einen Ansatz gewählt, der sich an der Realität der weltweiten Kriegs- und Krisengebiete orientiert. Die Verfasser haben erkannt, dass es wenig sinnvoll ist, nach komplizierten Definitionen für private Sicherheits- und Militärfirmen, »Contractors« und Söldner zu suchen. »Wir sind da eher dem pragmatischen Ansatz gefolgt, all jene Unternehmen in die Verantwortung zu nehmen, die in Gebieten bewaffneter Konflikte operieren«, erklärt Nikolas Stürchler aus dem Schweizer Außenministerium.

Aus gutem Grund: Schon zwischen den Firmen ist ein Streit darüber entbrannt, ob sie Private Militär-, Sicherheits-, Sicherheitsberatungs- oder Unterstützungsfirmen sind. Damit nicht genug: Die Lobbyisten der Branche werfen Nebelbomben, um ihren oftmals blutigen Alltag sauber und möglichst positiv erscheinen zu lassen. Deshalb unterteilen sie ihre rekrutierten Söldner selbst sehr genau in einzelne Kategorien.

Danach, ob sie schwerpunktmäßig direkt ins Kampfgeschehen eingreifen, überwiegend Soldaten, Polizisten oder Sicherheitskräfte ausbilden oder sich um Unterstützung und Versorgung von Truppen in Kriegsgebieten kümmern.

Wie problematisch dieses Verwirrspiel ist, zeigt das Beispiel des Branchenzwergs Danubia. Die rumänische Firma erhält ihre Aufträge in aller Regel von den US-Branchenführern Blackwater und DynCorp. Diese Unternehmen wiederum werden von der amerikanischen Regierung beauftragt. Folgt man der inzwischen auch wissenschaftlich geltenden Meinung, dann gehört Blackwater zweifelsohne zu den Firmen, die direkt ins Kampfgeschehen eingreifen – und im Fachjargon als »Military Provider Firm« bezeichnet werden. DynCorp trainiert irakische und afghanische Polizisten und Soldaten, hätte also beratende Funktion – und wäre damit eine »Military Consulting Firm«.

Beide Branchenriesen treten Teile ihrer Aufträge an Danubia ab, die demnach in beiden Geschäftsbereichen tätig ist: Deren ebenfalls selbständige Subunternehmer, zu denen übrigens auch Karl Saville aus Osnabrück gehörte, der bei einem Selbstmordanschlag in Bagdad getötet wurde, ballern am Vormittag mit irakischen Polizisten auf Schießständen herum, am Nachmittag eskortieren sie einen Diplomatenkonvoi durch Bagdad und am nächsten Tag kutschieren sie einen Versorgungskonvoi nach Al-Tarmiya.

Endgültig unverständlich wird es, wenn nochmals ein Unternehmen zwischengeschaltet wird: So hat Danubia mit ihren deutschen Subunternehmern auch Aufträge von der US-Firma Custer Battles LLC erhalten, die 2001 von dem Ex-Army-Ranger Scott Custer und dem ehemaligen CIA-Agenten Michael »Mike« Battles gegründet wurde. Inzwischen wurde das Unternehmen teilweise liquidiert und abgewickelt, das Management in den USA zu teilweise langjährigen Haftstrafen verurteilt. Den Geschäftsführern wurde vorgeworfen, das Pentagon um Unsummen betrogen zu haben. Und: Angestellte von Custer Battles LLC waren maßgeblich an den Folterungen im Bagdader Abu-Ghraib-Gefängnis beteiligt.

Auch in Deutschland ermittelte die Staatsanwaltschaft Darmstadt unter dem Aktenzeichen 360 JS 29098/06 gegen die Privatmilitärs aus Middletown im Bundesstaat RhodeIsland. Der Vorwurf: Jacqueline V., die aus Darmstadt stammende Ehefrau des Firmeninhabers Mike Battles, deponierte mehr als eine Million Euro auf deutschen Konten. Veruntreute Gelder, mutmaßten die Fahnder. Woher das Geld kam, wussten die hessischen Ermittler zunächst nicht. Jacqueline V.s Konten wurden gesperrt, die Frau kam in Untersuchungshaft. Doch gegen eine Kaution in Höhe von 10 000 Euro wurde sie kurze Zeit später wieder freigelassen.

Grundlage für die Ermittlungen der hessischen Staatsanwälte war ein Verfahren in den USA. Dort hatte, wie sich Staatsanwalt Ger Neuber erinnert, »ein früherer Geschäftspartner gegen die Firma des Michael Battles eine Schadensersatzklage erhoben«. Ein kompliziertes juristisches Konstrukt macht es in den Vereinigten Staaten möglich, dass Bürger für den Staat Schadenersatzklagen stellen, wenn sie nachweisen, dass der Staat betrogen wurde. Tritt der Staat dem »false claim act« genannten Verfahren bei und siegt, zahlt er einen Teilbetrag des Schadensersatzes an den Kläger. »In diesem konkreten Fall ist die US-Regierung dem Verfahren in den Staaten allerdings nicht beigetreten«, sagt Neuber.

Seinen Kollegen kamen vor diesem Hintergrund Zweifel, ob die Klage in Deutschland begründet war. Zumal Jacqueline V. »bündig erklären konnte, woher das Geld kam«, stellt Neuber klar. Ihre amerikanische Bank hatte empfohlen, die Million zu transferieren. Zu ermitteln, woher das Geld in den USA kam, war nicht die Aufgabe der deutschen Fahnder. Und die Amerikaner, bestätigt deren Justizministerium, »interessierte dieser Umstand nicht«. Die Folge: Nach Verhandlungen mit V.s und Battles' Anwälten stellten die Darmstädter Kläger das Verfahren ein.

Aber wie hatten die zwei windigen Unternehmer das Pentagon betrogen? Ein Memorandum der amerikanischen Luftwaffe vom 30. September 2004 beschuldigt Custer Battles, ein »System geschickt ineinandergreifender Mechanismen mit ausländischen (Sicherheits-)Unternehmen« aufgebaut zu haben und dadurch »betrügerisch die eigenen Gewinne erhöht und übertriebene Kosten für die Übergangsverwaltung im Irak verursacht« zu haben.

Die Praxis des Unternehmens, Konten im Libanon und auf den Kaimaninseln, aber auch diverse Tochterunternehmen einzurichten, stieß den Luftwaffengenerälen sauer auf. Über diese, so zeigten spätere Ermittlungen amerikanischer Staatsanwälte, rekrutierte Custer Battles mehr als 70 Prozent seiner Subunternehmer. Zornig wurden die Spitzenmilitärs, die von Custer Battles am Internationalen Flughafen in Bagdad bewacht wurden, als Battles ihnen 138 Gurkha-Söldner in Rechnung stellte, die die US-Camps am Internationalen Flughafen in Bagdad schützen sollten. Die Gurkhas gehören zu den Eliteregimentern der Britischen Armee, die diese Soldaten in Nepal rekrutiert.

Die Forderung von Battles listete zudem sogenannte K-9-Teams auf, die in der Söldner-Sprache für Hundeführer nebst dazugehörigem Kläffer stehen. Doch weder Gurkhas noch Hundeführer wurden von den US-Militärs je gesehen. Und die zwischen den Zelten der Soldaten herumstreunenden Tölen waren nicht abgerichtete, irakische Hunde. In insgesamt siebzig Fällen warf die Luftwaffe Battles und seinem Kompagnon Custer vor, das amerikanische Verteidigungsministerium um 2,7 Millionen Dollar betrogen zu haben – durch »gefälschte Rechnungen, doppelte Abrechnungen und unerlaubte Weitervergabe an Drittfirmen«.

Michael Battles nahm solche Vorwürfe gelassen hin: Warum er 38 Lastwagen auf eine Rechnung gesetzt habe, wo doch nur zwei fahrbereit gewesen seien, wollten die Ermittler von ihm wissen. »Vertraglich festgelegt waren 38 Lastwagen. Dass die auch fahren sollen, war weder vereinbart noch vertraglich festgelegt«, antwortete der Ex-Agent süffisant. Sein Firmenanwalt John Boese zuckte bei den Verhandlungen nur mit den Schultern. Das Geld für die Privatmilitärs, kanzelte er Staatsanwälte und Richter ab, stamme »nicht aus dem Haushalt der US-Regierung, sondern aus dem im Irak beschlagnahmten Vermögen des Saddam-Regimes«. Die Regierung George W. Bush widersprach dem nicht.

Es sind Skandale wie diese, die die internationale Privatmilitärbranche langsam entzweien. So hebt Sabrina Schulz inzwischen die grundsätzlichen Unterschiede zwischen amerikanischen und britischen Söldnerfirmen hervor, wenn sie für ihren Verband, die British Assocation for Private Security Companies (BAPSC), spricht. Britische Firmen, sagt die deutsche Leiterin der Unternehmenskommunikation von 22 britischen Sicherheitsunternehmen, würden vor allem von der Industrie geordert. Die Söldner werden also vor allem für den Schutz von Managern, Firmengebäuden und Konvois der Unternehmen angestellt und bezahlt. In den USA bezahle zu 90 Prozent der Staat für nahezu identische Aufgaben die Söldner-Missionen an Euphrat und Tigris, am Hindukusch und wo auch immer auf dem Globus.

Das Stichwort, bei dem die junge Frau mit modischem Kurzhaarschnitt in bester Söldnermanier zum Seitenhieb ausholt: Da die US-Verträge mit wenigen Ausnahmen vertraulich seien, faucht sie, »kann ich nicht beurteilen, inwieweit das aggressive Verhalten von US-Firmen vertraglich gedeckt oder gar erwünscht ist«. Derzeit würden pro Woche etwa zehn Iraker von Angehörigen privater Militärfirmen getötet. In Großbritannien hingegen sei der weniger aggressive Ansatz gefordert. Zumal auch das britische Militär dem »Kampf um Herzen und Verstand« schon seit längerem einen großen Stellenwert einräume.

Zudem sind die Briten selbst darauf bedacht, unter sich zu bleiben. In den einschlägigen Internetforen wettern einsatzwillige deutsche Leihsoldaten zuhauf, dass sie so gut wie keine Chance hätten, von britischen Firmen engagiert zu werden. Benny weiß: »Entweder musst du im gleichen Regiment wie einer deiner Vorgesetzten gedient haben oder in einem der Lieblingsverbände deines OpManagers gewesen sein, dann klappt es mit einem Vertrag.« OpManager, das sind meist frühere Stabsoffiziere, die die Missionen der Privatmilitärs im Einsatzgebiet planen, dort operative wie taktische Entscheidungen treffen und dafür sorgen, dass die Mission reibungslos läuft.

Witwe mit Hartz IV

Hannes ist angezogen – und noch viel wichtiger: Sein Teddy ist es auch. Jeden Morgen das gleiche Ritual bei dem Lütten: aufwachen, Pipi machen, waschen, Zähne putzen – »Bäri« anziehen. Erst fährt der Vierjährige mit einem Waschlappen durch das Gesicht des Kuscheltiers, das nur einen Kopf kleiner ist als er selbst. Dann zieht er dem Stoffpetz ein hellblaues T-Shirt an. Von dem winkt ein blonder Mann mit strahlend blauen Augen und gewinnendem Lächeln. »Bald kommt Papa wieder«, erzählt Hannes seinem besten Kumpel Bäri im Plauderton.

Aber Papa kommt nicht wieder. Papa kommt nie wieder. Papa ist tot. Zerfetzt bei einem Selbstmordattentat in Bagdad. Da war Hannes drei. Davor hatte ihm der Papa das hellblaue Shirt mit seinem Bild geschenkt, das dem Vierjährigen heute zu klein ist, aber dafür dem Bären passt. »Immer wenn es an der Tür schellt, läuft der Kleine zur Tür. Er glaubt, dass der Papa nach Hause kommt«, sagt Simone mit brüchiger Stimme. »Es tut so weh, in seine enttäuschten Augen zu gucken, wenn er sieht, dass es doch nur die Nachbarin war – und nicht der Papa.«

Der verdingte sich 2007 erstmals als Söldner im Irak. Menschen wollte er beschützen. Und Geld verdienen. »Zwei Jahre Arbeitslosigkeit haben ganz schön an unseren Nerven gezerrt«, erzählt Simone. »Der Lütte war ja gerade erst geboren, als Jens aus der Bundeswehr entlassen wurde. Und als Schlosser in Bremen – da kannst du lange nach einem Job suchen. Die Werften sind auf Kurzarbeit, die brauchen niemanden.« Das junge Ehepaar schöpfte Hoffnung, als ein früherer Kamerad von den Fallschirmjägern anrief. Der malte die Anstellung als »Contractor« im Irak in den schillerndsten Farben: dickes Honorar, gepanzerte Autos, winkende Kinder. »Besser als alles, was Jens in seinen Auslandseinsätzen mit der Bundeswehr erlebt hat«, erinnert sich Simone. »Wir hatten ein gutes Gefühl.«

Der Job im Zweistromland schien leichter als das, was Simone auf den Fotos gesehen hatte, die ihr Mann im Kosovo, in Mazedonien und in Afghanistan geknipst hatte: verdreckte Kindergesichter mit schokoladenverschmierten Mündern. Alte Menschen, die sich tief gebeugt auf ihre Gehstöcke stützen. Männer mit Plisi auf dem Kopf, jenem weißen, an eine Eierschale erinnernden Filzhut, den Albaner im Kosovo, in Mazedonien und Nordalbanien tragen. Frauen in albanischen Trachten, die Bundeswehrsoldaten die Hände küssen. »Weil die Bundeswehr sie doch von den Serben befreit hat«, erklärt Simone.

So ein Auslandseinsatz schien für die heute 29 Jahre alte Frau »nichts wirklich Bedrohliches«. Zumal Jens nicht alles erzählte und zeigte, was er schon in den Schluchten des Balkan und in den Bergen des Hindukusch erlebt hatte. Steine werfende Halbstarke in der zwischen Albanern und Serben geteilten Kosovo-Stadt Mitrovica – ausgeblendet. Bundeswehrler, die mit versteinertem Gesicht und vorgehaltenem Gewehr Nasenspitze an Nasenspitze Rebellen der kosovoalbanischen Befreiungsarmee UÇK gegenüberstehen – ignoriert. Schüsse auf Bundeswehrpatrouillen in den Trümmern

von Kabul – das waren andere. Nie war Jens beteiligt. »Ich bin sicher, ich komme so gut wie gar nicht aus dem Lager raus«, habe der Ex-Fallschirmjäger immer wieder versichert.
»In Wirklichkeit war er immer mittendrin. Aber das habe ich erst erfahren, als er tot war«, flüstert Simone. »Sonst hätte ich doch nie zugestimmt, dass er in den Irak geht.« Hannes steht vor dem Sideboard mit den Fotos. Er greift das heraus, das in der Mitte steht. Verschnörkeltes Silber umrahmt das Bild, das ein Fotograf in einem Garten aufgenommen hat: Jens in nachtblauem Anzug, Stehkragen und Fliege. Eine rote Rose am Revers. Auf seinem Arm der kleine Hannes in blauer Strickjacke und mit bordeauxroter Fliege. Seine blaue Cordhose wird von einer Windel ausgebeult. Mit beiden Händen wuschelt er seinem Papa durch die blonden Haare. Simone hat der Fotograf auf einem Stuhl platziert. Im weißen Brautkleid mit roten Rosen. Sie schaut zu ihren Männern hoch, beide Hände – mit dem Rosenstrauß – zu ihnen emporgereckt, als wolle sie den Kleinen im Notfall auffangen. Die junge Familie lacht. Eines von diesen Hochzeitsfotos, wie es ein Fotograf allem 08/15-Arrangement zum Trotz nicht besser hinbekommen könnte – weil ein Kind die Regie übernimmt.
 Hannes greift das Foto und setzt sich in den Wohnzimmersessel. »KiKa«, weist er seine Mutter an. Mit einem Lächeln, als hätte er gerade den Finger in ein Nutella-Glas versenkt und abgeschleckt. Sie schaltet den Fernseher ein. Im »Kinderkanal« reitet »Feivel, der Mauswanderer« durch den Wilden Westen. Hannes gluckst vor Vergnügen, das Hochzeitsfoto liegt auf dem Sessel neben ihm. »Das«, sagt Simone, »stellen wir abends wieder aufs Sideboard, wenn wir ins Bett gehen.«
 Ins gemeinsame Bett in der kleinen Wohnung im Norden Bremens. Schmutzig weiße Häuserfronten, zehn, fünfzehn Laternenabstände lang. Ab und zu unterbrechen Graffiti das, was einmal weiß war. Oder ein Sonnenschirm, den jemand auf den Balkon gequetscht hat. Ein paar Bäume, Büsche und Rasen, auf den sich in der Dämmerung Hunde ho-

cken. Die Leine von rauchenden Menschen in Jogginghosen und Schlappen gehalten. Die Familien sind auf vier, fünf Etagen gestapelt.

Simone und Hannes bewohnen zwei Zimmer, Küche, Diele, Bad. 53 Quadratmeter. Sechzig Quadratmeter Wohnraum sieht Hartz-IV für die alleinerziehende Mutter vor. »Mehr geht nicht, mehr kann ich mir nicht leisten«, sagt Simone leise, fast entschuldigend. Fotos will sie plötzlich holen – und wischt mit Zeigefinger und Handrücken über die Augen. Als Jens zum ersten Mal in den Irak flog, gab es keine finanziellen Sorgen. 970 Dollar verdiente der Söldner täglich – alle vierzehn Tage erhielt er sein Honorar bar ausgezahlt. Mit Hilfe einer darauf spezialisierten Bank schickte er alle zwei Wochen 7000 Dollar vom Euphrat an die Weser. Ein Leben ohne jede Not.

»Wir hatten uns eine Doppelhaushälfte gekauft«, erzählt Simone. Mit einem Stück Garten, Schaukel, Sandkasten und Terrasse. Die Banken rissen sich um das junge Paar, das 61 100 Dollar in 63 Tagen mit freiberuflicher Arbeit verdiente. Hinter den Bankschaltern wurde niemand darüber stutzig, dass Jens als Selbständiger in der »Sicherheitsbranche« tätig war, wie es im Darlehensvertrag steht. Entscheidend war für die Finanzberater, dass »wir in zweieinhalb Monaten 46 000 Euro scheffelten. Da blinkten die Dollarzeichen in deren Augen.« Bei fast 200 000 Euro Jahresverdienst witterten die Banker größere Geschäfte. »Da ist sogar noch ein dickerer Kredit drin«, sollen sie gesagt haben.

Versicherungen wurden abgeschlossen. Auf die »Kriegsklausel« in Lebensversicherungen wiesen die Berater nicht gesondert hin. Warum auch? Jens und Simone erwähnten ja auch nicht, dass das Geld im Irak verdient wurde. Wird aber jemand in einem Kriegsgebiet getötet, muss das Versicherungsunternehmen nur die Summe auszahlen, die vor dem Tod angespart wurde. In harten Verhandlungen hatte die Bundesregierung Ende der neunziger Jahre eine spezielle Regelung mit den Versicherern für Soldaten und Polizisten vereinbart, die im Ausland eingesetzt werden. Seitdem werden die Lebensversicherungen ausbezahlt, wenn Staatsdiener während eines Einsatzes so verwundet werden, dass sie behindert sind oder gar getötet werden.

In zweieinhalb bis drei Jahren, so die Rechnung des jungen Paares, sollte das Häuschen abbezahlt sein. Dann, sagt Simone, »dann sollte Schluss sein«. Schluss mit dem »goldenen Käfig«, in den sich die junge Frau eingesperrt fühlte: »Da schiebst du die Kinderkarre alleine durch die Stadt. Du kannst alles kaufen: Klamotten, Spielzeug, Auto. Verzichten musst du auf nichts. Du machst dein Ding. Du betäubst die Sorgen, die Angst, dass ihm etwas passiert sein könnte. Du lebst dafür, dass alle zwei Tage ein Anruf aus Bagdad kommt. Zehn Minuten Redezeit. Irgendwie wird dir das Leben ohne Sorgen alle zwei Tage in kleine Portionen zu zehn Minuten abgepackt. Egal, ob in denen der Kleine gerade schreit, ob du gute oder schlechte Laune hast. Ob du müde, krank oder genervt bist. Ob du mit dem Kleinen zum Kinderarzt musst, das Auto in die Werkstatt muss oder die Waschmaschine kaputtgeht. Und du gucken musst, dass du irgendwie alleine mit dem ganzen Scheiß klarkommst. Alles egal, Hauptsache, du hast zehn Minuten lang keine Angst.«

Wenn es in Bagdad 20.30 Uhr und in Bremen halb sieben war, klingelte das Telefon. Es sei denn, Jens arbeitete noch. Dann kam der Anruf später, angekündigt durch eine SMS: »Bin noch unterwegs, rufe um halb zehn an«. Vom 3600 Kilometer entfernten Bagdad aus wurde das Leben in der Doppelhaushälfte in Bremen geregelt.

Vor allem mit Schweigen. »Ich kann OpSec nicht mehr hören«, schimpft Simone. OpSec ist die Abkürzung für Operations Security, Sicherheit für Operationen, wie Militärs es übersetzen würden. Und glauben, dass sie selbst mit ihren Ehepartnern nicht über die Dinge reden dürfen, die einen Einsatz gefährden könnten. Im Zweifelsfall verschweigen sie dabei sogar, was sie überhaupt machen.»Da kannst du zehn Minuten in 48 Stunden reden – und redest über das Wetter, ob Hannes gesund ist und dass man sich vermisst. Aber du erfährst nicht, was er gerade macht, was er erlebt hat, wo er schläft. OpSec hat Jens immer gesagt, wenn ich ihn gefragt habe. Irgendwann hörst du dann auf zu fragen«, sagt Simone im nüchternen Ton eines Buchhalters, der eine Kosten-Nutzen-Rechnung präsentiert.

Selbst wenn kein Feind mithörte, wenn sich Simone und Jens gegenübersaßen oder sich aufs Sofa kuschelten, war das Leben in Bagdad kein Thema. Keine Bilder, kein Video, kein Wort. Und wenn Simone einmal nachfragte, was es mit Selbstmordattentätern und Schießereien auf sich hatte, erhielt sie die ewig gleiche Antwort:»Ich bin da sicher, mir passiert nichts. Die Medien übertreiben. In Bagdad ist so gut wie kein Journalist aus dem Westen mehr. Was wollen die denn schon wissen?«

Das, was sie berichten. Zum Beispiel, dass die Koalitionstruppen am 22. Juni 2007 für diesen Tag 1583 gewalttätige Zwischenfälle im Irak registrierten -- drei Tage, bevor Jens starb. Sein Name fehlt auf der Liste, in die amerikanische Veteranenverbände die Namen der im Irak getöteten Soldaten und »Contractors« schreiben.»Wir haben gerade von den Sicherheitsfirmen keine auch nur annähernd gesicherten Zahlen, wie viele ihrer Mitarbeiter im Irak oder in Afghanistan getötet wurden«, betont Margaret Griffis, Redakteurin der Internetseite www.antiwar.com. 445 Namen von im Irak getöteten Söldnern aus allen möglichen Ländern haben die Aktivisten für den Zeitraum zwischen dem 21. März 2003 und 24. Dezember 2008 aufgelistet. Experten in der Branche gehen davon aus, dass drei bis vier Mal so viele »Contractors« getötet wurden.

1123 tote Söldner hat das amerikanische Arbeitsministerium allein bis 2007 gezählt. Dabei wurden nur die Privatmilitärs erfasst, die direkt oder auch indirekt – also als

Subunternehmer eines von der US-Regierung beauftragten privaten Militärunternehmens – der Bush-Administration dienten. Für NGOs oder die Industrie tätige Söldner, die ums Leben kamen, sind dabei nicht berücksichtigt.

Erst im späten Frühjahr 2009 wird die Anzahl der im Vorjahr getöteten Privatkrieger veröffentlicht. Hinter vorgehaltener Hand kolportieren Mitarbeiter des amerikanischen Arbeitsressorts die Zahl bereits vorab: 1587. Die ministerialen Buchhalter des Sterbens müssen penibel sein: Ihr Ministerium zahlt den Hinterbliebenen eines in einem Kriegsgebiet getöteten Beschäftigten nach amerikanischem Recht die Rente eines amerikanischen Bundesstaates – gleichgültig, ob der in ihrem Auftrag kämpfende Söldner Amerikaner, Europäer, Afrikaner oder Asiate war. Aus dem Gerichtsverfahren gegen ein Sicherheitsunternehmen ist bekannt: 1,6 Millionen Dollar blätterten die Beamten für zwei Witwen auf den Tisch, deren Ehemänner im Irak ums Leben kamen. Eine Antwort darauf, warum 2007 prozentual erstmals mehr Söldner als Soldaten im Irak starben, haben weder das Arbeits- noch das Verteidigungsministerium.

Von Seiten der privaten Militärfirmen wird die Anzahl ihrer getöteten Subunternehmer aus verständlichem Grund verschwiegen. Wird der Tod eines Söldners öffentlich bekannt, »bewerben sich automatisch gleich deutlich weniger Männer«, stellt der Personalchef eines großen britischen Anbieters fest.

Ähnliche Erfahrungen macht die niederländische Berufsarmee. 25 bis 30 Prozent weniger Bewerber verzeichnen die Rekrutierungsbüros, wenn ein Soldat in der afghanischen Kriegsprovinz Urusgan getötet wurde.

Eine perfide Logik: Dadurch, dass Regierungen private Militärfirmen für Kriegsgebiete engagieren, hoffen sie, die Kosten für ihre oft abenteuerlichen Auslandsmissionen zu senken. Geringe Verlustzahlen sollen das positive Image vom »guten Krieg« in der heimischen Bevölkerung wecken und bestärken. Das Bild von bewaffneter Entwicklungshilfe und lachenden Kindern, die neben Jeeps herlaufen. Von uniformierten Demokratieberatern und Friedensengeln. »Wave and smile« – »winken und lächeln« haben Kommandeure der Bundeswehr ihren Soldaten befohlen, die durch Afghanistan patrouillieren. So sollen Sympathiepunkte an der afghanischen wie an der Heimatfront gesammelt werden. Doch nach jedem Anschlag igeln sich die Friedenstruppen stärker ein.

Der Kontakt zu Afghanen wie Irakern geht zunehmend verloren. Mehr und mehr werden ureigene militärische Aufgaben an Söldner übertragen: Die Plauderei mit der Bevölkerung ebenso wie Geheimdienstarbeit. Leihmilitärs begleiten Konvois, bilden Sicherheitskräfte aus und jagen Aufständische. Im 21. Jahrhundert wird der Krieg privatisiert – auch mit und von deutschen Söldnern.

Wie viele von ihnen auf den weltweiten Schlachtfeldern kämpfen, weiß niemand. Deutsche Behörden interessieren sich allenfalls für mutmaßliche Rechtsradikale oder Islamisten, für Söldner, die einen verfassungsfeindlichen Hintergrund aufweisen. Bei den deutschen Botschaften in Kriegs- und Krisengebieten wie dem Irak oder Afghanistan haben sich nur Deutsche gemeldet, die entweder eine doppelte Staatsbürgerschaft besitzen oder Ehepartner von Einheimischen sind, auch Geschäftsleute und Aufbauhelfer. Deutsche Mitarbeiter von privaten Militärfirmen? Schulterzucken in der Botschaft. Man habe gehört, dass es sie wohl gebe. Die deutschen Auslandsvertretungen werden allenfalls um Hilfe gebeten, um tote deutsche Privatkrieger nach Hause zu transportieren. Aber auch das sei so noch nicht vorgekommen.

Simone weiß nicht, wo Jens begraben wurde. Niemand hat der jungen Frau gesagt, ob er überhaupt beerdigt wurde. Der Auftraggeber, eine private Militärfirma, die ein amerikanischer Konzern auf den Cayman-Inseln gründete, informierte die Bremerin nicht mal darüber, dass ihr Mann am 25. Juni 2007 im Irak getötet wurde.

Einige Bilder, Wortfetzen und Erinnerungen dieses Montags und der beiden nächsten Tage bekommt Simone nicht mehr aus ihrem Kopf. Manche Details, scheinbar unwichtige Kleinigkeiten, hat sie klar vor Augen, als sei es gerade erst passiert. Andere Erinnerungen fehlen völlig. Ein paar sind undeutlich, wie hinter einem durchsichtigen Schleier. »Unter dem Leichentuch«, sagt Simone.

Am frühen Nachmittag des 25. Juni begannen die Nachrichtensprecher in Radio und Fernsehen von einer Anschlagsserie im Irak zu berichten. »Hannes war gerade aufgewacht, als um drei Uhr im NDR von den Attentaten im Irak berichtet wurde«, erinnert sich Simone. Mindestens 45 Menschen seien getötet worden. Sie schaut in den roten Kaffeebecher. Umklammert ihn mit beiden Händen. Die Haut über ihren Fingerknöcheln färbt sich fast weiß. Nervös sei sie geworden, bekam so ein »komisches Gefühl im Bauch«. Besonders, als das Telefon abends um halb sieben nicht klingelte. Und auf dem Display ihres Handys keine SMS anzeigte, dass Jens sich verspätete. »Stunden, in denen du durchdrehst.«

Zwei Tage Unsicherheit. 53 Stunden, in denen Simone telefonierte, E-Mails schrieb, Nachrichten schaute und Gewissheit nachjagte: »Irgendwann kommst du an den Punkt, an dem du nur noch wissen willst, was los ist.« Aber auf Jens' Handy schaltete sich nur die Mailbox ein. Als Simone seine Auftraggeber auf den Cayman-Inseln anrief, gaben die erst vor, die Bremerin nicht zu verstehen. Dann klingelte dort nur noch das Telefon, niemand nahm ab. Die deutsche Botschaft in Bagdad wusste nichts von Jens – dort hatte er sich nie gemeldet. Das Hauptquartier der US-Armee in der irakischen Hauptstadt sagte nur, dass es mindestens 45 Tote bei den Anschlägen am Montag gegeben habe. Ob ein Deutscher unter den Opfern sei? Sie wussten es nicht.

Am Mittwochabend klingelt es an der Tür der Bremer Doppelhaushälfte. Hannes war gerade eingeschlafen, in zwanzig Minuten sollte im Ersten die Tagesschau beginnen. Vor der Haustür sieht Simone einen großen Mann. Einen früheren Bundeswehrkameraden von Jens. Sie weiß, was er sagen wird: »Es tut mir unendlich leid: Jens ist tot.«

Sie registrierte, was ihr der Mann sagte, aber es erreichte sie nicht. »Es war nur mein Körper anwesend«, sagt Simone. »Aber ich, Simone, ich war nicht da.« Der Tod war von Bagdad nach Bremen gekommen. Nein. Sie sagte nur Nein. Immer wieder Nein. Schreiend. Weinend. Stumm. Immer wieder Nein. Simone protestierte gegen diese neue Wirklichkeit, die unvorbereitet über sie hereinbrach – und funktionierte. Sie putzte die Wohnung – »wie von Sinnen«. Blauer Putzlappen, pinker Wassereimer, Putzmittel mit Apfelduft. Die Katze eines Nachbarn miaute vor der Terrassentür. Wasser aus der Sprinkleranlage plätscherte auf den Rasen. Sonnenuntergang. Diese Bilder kann sie in ihrem Kopf nicht mehr löschen. »Heute kann ich kotzen, wenn ich nur Äpfel sehe«, sagt Simone. Wann der Überbringer der Todesnachricht gegangen ist, ob er noch etwas gesagt hat – sie weiß es nicht. Und auch nicht, warum ein Kollege die traurige Botschaft überbrachte, der selbst nur von anderen Kollegen von Jens' Tod erfuhr. Die Firma hat sich nie bei Simone gemeldet.

Vor allem eine Frage beschäftigte die junge Mutter in ihrem Gefühlschaos: »Wie sage ich Hannes, dass sein Vater nie mehr mit ihm spielen wird? Da produzierst du doch eine ramponierte Kinderseele.« Sie nimmt sich vor, ehrlich zu sein. Schonungslos. Wie das Leben ist. Am nächsten Morgen erzählte sie dem Kleinen, dass der Papa jetzt im Himmel wohnt. Beim lieben Gott und Opa Willi. »Und wann fahren wir da hin?«, fragte Hannes, legte den Kopf in den Nacken und blinzelte in die Sonne.

»Nicos Papa ist auch tot«, habe der Vierjährige neulich erzählt, als Simone ihn aus dem Kindergarten abholte. Als sie eine andere Mutter anrief, erfuhr sie, dass sich Nicos Eltern lediglich getrennt hatten, der Vater in eine neue Wohnung gezogen war. »Für mich ist es schon unendlich schwer, Jens' Tod zu begreifen. Ich habe nie seine Leiche gesehen, nie sein Grab. Wie soll ich da Abschied nehmen? Und wie viel schwerer muss das dann für den Lütten sein?«

Auch, weil Hannes und Simone im Winter 2008 ein neues Leben begannen. Umzug – die Doppelhaushälfte war nicht zu halten. Die Versicherungen zahlten nichts. »Es gibt ja noch nicht einmal einen Totenschein. Und selbst wenn: Da würde nur draufstehen, dass Jens in Bagdad starb. Und da zahlt sowieso niemand etwas.« Der smarte Finanzberater war nicht mehr zuvorkommend, als Simone ihm erzählte, dass ihr Mann im Irak getötet worden sei. Kein Beileid. Nur die nüchterne Analyse der Fakten. Er habe gesagt: »Da müssen wir das Haus wohl verkaufen.« So schnell ging das. Simone fand einen Halbtagsjob als Kosmetikerin bei einem Parfümdiscounter. Zwanzig Stunden die Woche, 780 Euro netto im Monat: »Davon können wir nicht einmal leben, geschweige denn ein Haus abbezahlen.« Für das Doppelhaus in bester Lage fand sich schnell ein Käufer. Fast 15 000 Euro wurden Simone noch ausgezahlt. Der schnell dahinschwindende Rest eines Söldnerlebens.

Simone zog mit Hannes in die kleine Sozialwohnung. Arbeiterviertel. 444 Euro Miete. Im April 2009 wird das Geld aufgebraucht sein, das vom Hausverkauf übrigblieb. 586,66 Euro Sozialgeld sollen die beiden dann bekommen. »Mich beschämt es, um das Geld betteln zu gehen. Ich arbeite – und davon will ich mit meinem Kind leben können. Ich möchte mich nicht rechtfertigen müssen, wenn der Hannes sich im Kindergarten mit Scharlach oder Windpocken ansteckt und ich dann krankgeschrieben werde, um ihn zu pflegen«, sagt Simone. Tränen verschmieren die Wimperntusche, ziehen schwarze Bahnen über die Wangen.

»Nur ein Wort über sein Leben, ein einziges Wort über seinen Alltag, und ich hätte ihn nie weggelassen. Da hätte er entscheiden müssen, was ihm lieber ist: Irak oder wir. Verarscht fühle ich mich. Schweigen, nur nichts sagen. Aber ich, wir haben hier die Konsequenzen aus diesem Ego-Trip zu tragen. Wir alleine. Und das tut so weh, denn wir lieben ihn doch immer noch«, brechen 18 Monate Wut, Enttäuschung, Trauer aus ihr heraus.

War sie zu blauäugig, als Jens sich als Söldner verdingte? Simone knüllt das aufgeweichte Tempo-Taschentuch zusammen. Es verschwindet in ihrer rechten Hand, die sich zur Faust ballt. Die Hand hebt sich, dann fällt sie kraftlos auf den Oberschenkel. Noch einmal. Simones braune Augen finden irgendwo am Fenster einen Punkt, den nur sie selbst sehen kann. Sie nickt. Langsam. Dann bestimmter. »Ich hätte mich informieren müssen. Ich hätte darauf drängen müssen, dass es unsere Entscheidung ist, so einen Job zu machen. Nicht seine.«

Deutsche Söldner in Afghanistan

Uli – Auf der Jagd nach Osama bin Laden

Ex-Präsident George W. Bush meinte es ernst. Er wollte Osama bin Laden an »jedem Ort dieser Erde jagen«, »ausräuchern«, »zur Verantwortung ziehen«. Ich werde »nicht ruhen, bis wir ihn gefunden haben«, versicherte der Texaner dem amerikanischen Volk. Das war im September 2001, als noch Rauch die Trümmer des World Trade Center in New York einhüllte. Bis zum September 2008 haben vierzig Regierungschefs und Parlamente 47 600 Soldaten an den Hindukusch beordert, die USA allein 18 000 Frauen und Männer. Kein Flecken Erde wird aus dem Weltall so lückenlos überwacht wie Afghanistan und Pakistan. Aus Entfernungen irgendwo zwischen Erde und Mond erspähen die amerikanischen Geheimdienstler den Wert von Briefmarken.

Niemand in der Region telefoniert mit einem Handy oder Satellitentelefon, ohne dass Computer der amerikanischen National Security Agency (NSA) die Gespräche aus dem Weltall mitschneiden. Die elektronischen Helfer überprüfen die Stimmen nach ihren Profilen und Schlüsselbegriffen. Werden sie fündig und identifizieren einen mutmaßlichen Terroristen, werden umgehend ihre menschlichen Kollegen informiert. Ein Tastendruck und die verdächtigen Anrufer sind metergenau lokalisiert. Ihre Zieldaten werden im Bruchteil einer Sekunde an unbemannte Drohnen weitergeben, die Koordinaten in deren Luft-Boden-Raketen vom Typ Hellfire einprogrammiert. Spezialeinheiten können in Alarmbereitschaft versetzt werden, um zur Jagd auf den Terroristen aufzubrechen. Jagdbomber starten, um ihre tödliche Fracht über Höhlen oder Häusern abzuladen. Der Weilheimer Geheimdienstexperte Erich Schmidt-Eenboom attestiert den Amerikanern »ein nachgerade perfektes System des Tötens«.

Offenbar mit einer Schwäche: Amerikas Top-Feind Osama bin Laden konnte bisher weder gefunden, geschweige denn getötet werden. Dabei ist er kaum zu übersehen: Ein Meter neunzig groß, eine markante Nase. Seine Stimme, sagen Islamwissenschaftler, habe selbst für Arabisch sprechende Menschen einen melodisch nasalen Klang. Dass bin Laden weder Aussehen noch Stimme verändert hat, beweist er regelmäßig in den Audio- und Videobotschaften, die er veröffentlicht. Außerdem sind die Nieren des Saudis kaputt, alle zwei Tage muss sein Blut gewaschen werden. Aber ein Dialysegerät kann nicht einfach in der nächstbesten Höhle aufgestellt werden. Der Apparat braucht Strom, der Patient Elektrolyte und manchmal auch Glukose. Wer Saddam Hussein aus einem Erdloch ziehen kann, sollte auch bin Laden aufspüren können – sollte man meinen.

Fehlanzeige, müssen sich die Mitglieder des US-Senats im Juli 2007 entnervt gesagt haben. Und verdoppelten das auf den Terrorchef ausgesetzte Kopfgeld: von 25 Millionen Dollar auf 50 Millionen Dollar. »Tot oder lebendig« heißt die Devise, die nach Fahndung wie im Wilden Westen klingt – und das im Hightech-Zeitalter.

Die Masche mit der Kohle funktioniert. »Das ist schon eine anständige Ansage«, freut sich Uli aus Rheinland-Pfalz. Seit fünf Jahren ist der ehemalige Fallschirmjäger auf der Jagd nach dem Al-Qaida-Chef. Er hat sich mit vier Söldnern aus England, Polen, Kroatien und Frankreich zusammengetan. Wobei sich Uli nicht sicher ist, ob der Franzose auch wirklich einer ist. »Auch egal – wenn wir Osama kriegen, sind das für jeden für uns 12,5 Millionen. Karibik, ich komme!«

Die auf eigene Rechnung arbeitenden Glücksritter waren bis vor kurzem gemeinsam mit Sondereinheiten der CIA sowie Spezialkräften der Anti-Terror-Koalition auf dem US-Luftwaffenstützpunkt im afghanischen Bagram untergebracht. Dort, 50 Kilometer nördlich von Kabul, haben die USA ein Basislager für Osama-Jäger errichtet, egal ob sie für den Staat oder auf private Rechnung auf die Suche gehen. Die Spezialkräfte der Allianz gegen den Terror sind gegenüber der ersten und zweiten Halle einquartiert, in der früher die Russen Hubschrauber und Flugzeuge zusammenschraubten. Gleich daneben hausten die Privatmilitärs erst in Zelten, später in Baracken. In dem eigens gesicherten Hauptquartier der Spezialeinheiten in der Nähe des lagereigenen Militärsupermarktes PX stecken Söldner und die Nachrichtenoffiziere der Elitesoldaten ihre Köpfe gemeinsam über Lagekarten zusammen. Unter dem ausladenden Baum vor dem Kaufhaus parken die Geländewagen der Söldner neben denen der Elitesoldaten. Man kennt sich hier seit Jahren. Auch wenn die Privatmilitärs heute in Hotels und Villen in der afghanischen Hauptstadt wohnen, den Kontakten zu den regulären Soldaten tut dies keinen Abbruch.

Um seine Jagdleidenschaft zu finanzieren, heuert das Söldnerquintett die Hälfte des Jahres bei einem privaten amerikanischen Militärunternehmen im Irak an. Das spült nicht nur Geld in die Kassen der Söldner, sondern sorgt auch für engste Kontakte zu den US-Militärs. Schließlich arbeiten auch hier Söldner und Militärs Schulter an Schulter, gehen dienstags zum gemeinsamen Schießtraining und stemmen in den Muckibuden der US-Militärcamps gemeinsam Gewichte. »Da fällt immer etwas vom großen Informationstisch für uns runter. Kontakte und Informationen sind die entscheidenden Voraussetzungen, um den Job als selbständiger Unternehmer überhaupt mit Aussicht auf Erfolg machen zu können«, sagt Uli, der es in zwölf Jahren bei der Bundeswehr zum Fallschirmjäger, Einzelkämpfer, diplomierten Pädagogen und Hauptmann gebracht hat. Auch eine gescheiterte Ehe steht in seiner Bilanz. »Auslandseinsätze und Familie, das geht nur bei wenigen gut.« Seit vier Jahren pendelt der Mittdreißiger zwischen Bagdad und Kabul. 175 Tage lang gibt er den Söldner für 750 bis 1000 Dollar am Tag, 175 Tage ist er auf auf der Hatz nach Osama bin Laden.

Die führt das Quintett immer wieder über die Grenze in den Nordwesten Pakistans. Dorthin, wohin auch die US-Armee seit Sommer 2008 zunehmend ihre Raketen feuert, um Schlupfwinkel von Taliban- und Al-Qaida-Kommandeuren zu zerstören. Dorthin, wohin amerikanische Spezialeinheiten jedoch nur dann gehen, wenn die frühere amerikanische Außenministerin Condoleezza Rice bzw. ihre Nachfolgerin Hillary Clinton beste Argumente haben, der pakistanischen Regierung die politisch sensiblen Militärattacken zumindest halbwegs verständlich zu machen. Wenn überhaupt, gingen die Spezialeinheiten gegen die Al-Qaida-Kämpfer dort nur »mit schnellen, harten Schlägen vor«, sagen die Sprecher der CIA. »Schnell rein, schnell raus, möglichst unerkannt.«

Die Regierung von Pakistans Präsident Asif Ali Zardari protestiert heftig gegen die Militäraktionen. Sie verletzten die Souveränität des Landes, heißt es. Immer wieder sterben pakistanische Zivilisten im Bomben- und Kugelhagel der US-Armee. Außerdem untergräbt jede abgefeuerte amerikanische Rakete die ohnehin zerbrechliche Autorität Islamabads in der Region, in der althergebrachte Stammesstrukturen das Leben bestimmen. In dieser Gemengelage sind die grenzgängigen Söldner von unschätzbarem Wert für die Weltmacht: Die privaten Jäger des Terrorfürsten handeln auf eigene Rechnung, auch politisch. Niemand hat sie beauftragt, bin Laden zu jagen, sie sind zumindest offiziell niemandem Rechenschaft schuldig. So werden diplomatische Verwicklungen für Staaten zumindest verringert, falls die Kopfgeldjäger gefangen genommen werden sollten. Auch wenn die Privatmilitärs eigentlich die Drecksarbeit der Streitkräfte erledigen.

Das Risiko für ihre »Grenzerfahrungen« tragen dabei die Söldner selbst. Im Notfall können sie kaum auf Hilfe der

Amerikaner oder der internationalen Afghanistan-Schutztruppe ISAF hoffen. »Da drüben sind wir vollkommen auf uns selbst gestellt«, kommt Uli manchmal ins Grübeln. Gedanken, die er spätestens dann zur Seite wischt, wenn sein »Körper nur noch aus Adrenalin besteht, weil er wieder rübergeht«. Rüber ins Land der Taliban.

Sprechen westliche Politiker von Terrorcamps und Schulen für Hassprediger, meinen sie diese Region um den Khyber-Pass. Wenn westliche Geheimdienste von den Rückzugsgebieten der Taliban reden und pensionierte Militärs in Talkshows vom Mythos der unbesiegbaren Mudschaheddin schwadronieren, meinen sie diese von Paschtunen bewohnte Berggegend westlich von Peschawar. Diese Region ist inzwischen das eigentliche Schlachtfeld, auf dem die Gefechte im Krieg gegen den Terror ausgetragen werden müssten.

Als die Taliban 2002 vor den westlichen Truppen über die Grenze flohen, wurden sie in vielen Dörfern im nordwestlichen Pakistan mit offen Armen empfangen. Denn die Taliban stehen für viele Männer in dieser Region für Ordnung. Drogen, Glückspiel und Videos sind verboten, Kindesmissbrauch und Ehebruch werden hart bestraft. Das gefällt vielen am Hindukusch. Der Preis für die vermeintlich gottgewollte Ordnung, den die Menschen zahlen, ist hoch. Es herrscht Selbstjustiz, Menschenrechte werden mit Füßen getreten: Dealer werden an der nächstbesten Straßenlaterne aufgehängt, mutmaßliche Verräter werden mit Kalaschnikow-Salven durchsiebt oder enthauptet. Auf den Leichnamen finden sich Zettel mit handgeschriebenen Warnungen: Wer nicht nach unseren Regeln spielt, wer uns verrät, endet genauso. »Krank, absolut kranke Gehirne«, macht Uli seiner westlichen Sichtweise auf den Alltag in den Stammesgebieten Pakistans Luft.

Wasiristan war schon während der sowjetischen Besetzung Afghanistans ein von Islamabad ausgewiesenes Rückzugsgebiet der Mudschaheddin – damals gegen die Kommunisten. Nach dem Rückzug der Taliban aus Afghanistan 2002 hat der frühere Präsident und General Pervez Musharraf die Gotteskrieger drei Jahre lang unbehelligt in den Nordwest-Territorien leben lassen. Den Amerikanern hat er versucht weiszumachen, dass es dort überhaupt keine »Ausländer« gebe. Die Stammesältesten der Clans und Großfamilien denken, dass man heute mit den Westlern wie seinerzeit den Russen verfahren sollte: Drüben wird gegen sie gekämpft, hier wird ausgeruht und werden die Wunden geleckt. So lange, bis die Westler vertrieben sind. Und Islamabad gibt dazu seinen Segen. Der frühere Botschafter der DDR für Indien und Pakistan, Karl Fischer, der heute in der pakistanischen Hauptstadt lebt, meint dazu: »Militär und Geheimdienst versuchen, die Amerikaner und die Taliban zu besänftigen. Es gab weder in der alten Regierung Musharrafs noch im Kabinett seines Nachfolgers den eindeutigen politischen Willen, sich mit den Taliban anzulegen. So bleibt es beim gelegentlichen Säbelrasseln, bei Scheinangriffen.«

Die Lebensader der Nordwestprovinz ist die Nationalstraße Nummer 5. Auf Lastwagenpritschen und von Pferden und Eseln gezogenen Karren wird alles transportiert, was in Taliban-Land zum Leben gebraucht wird: Schafe, Ziegen, Mehl, Reis, Brennholz. Und unter Strohmatten auch die gräulich-blauen Rohopiumballen. Aus denen entsteht in den Laboren der Gotteskrieger weißes Heroinpulver, mit dem dann in Frankfurt, Paris oder London gedealt wird. Obwohl die Mullahs der Gotteskrieger gegen Drogen wettern, sie verteufeln und Händler wie Konsumenten hinrichten, wenn sie ihrer habhaft werden: Im Kampf gegen alles Unislamische sind Heroin und Kokain eine wichtige Waffe. Taliban ernten das Opium, veredeln es zu den im Westen gefragten Drogen, schmuggeln sie über den Iran und die Kaukasus-Staaten vornehmlich in die Türkei, ins Kosovo, nach Albanien. Von dort fließen die Dollars zurück, die am Hindukusch für den Krieg gegen die US-geführten Truppen dringend gebraucht werden: Dank dieser Einnahmen können der Sprengstoff und die Bombenzünder gekauft werden, mit denen dann beispielsweise im Norden Afghanistans die Patrouillen der Bundeswehr in die Luft gesprengt werden.

Viele Menschen hier haben ihre eigenen, persönlichen Abkommen mit den Taliban. Zum eigenen Wohl, aber auch zu dem der Sippe. Sie gewähren den Gotteskriegern Unterschlupf, versorgen sie mit Nahrung oder überlassen ihnen gleich ganze Dörfer und Landstriche. Dafür zählen ihnen die Islamisten Dollars in die Hand, wenn sie mit Eselskarawanen den Nachschub der religiösen Krieger nach Pakistan schmuggeln.

Die Grenze zum Nachbarland ist lang, Hunderte von Kilometern lang, und daher unmöglich komplett zu kontrollieren. Vor allem, weil auf beiden Seiten der von den Briten 1947 gezogenen Grenzlinie Paschtunen leben. Wer drüben in Afghanistan einen ihrer Brüder angreift, greift sie auch auf der pakistanischen Seite an. Und jede Attacke auf einen Paschtunen schreit nach Vergeltung, nach Rache. Wann auch immer – mit Zeit geht man am Hindukusch großzügig um.

Händler reiht sich an Händler entlang der Straße Nummer 5. Lebensmittel, Möbel, Klamotten, blank polierte Kupferkessel blitzen an langen Seilen aufgehängt in der Sonne. Am Nachbarstand tropft Blut aus einem frisch geschlachteten Hammel. Die Frauen tragen unter ihrer Burka Pumps, die Männer haben ihre Bärte rot gefärbt und schwarze Turbane auf dem Kopf. Fünf Kilometer südlich von Peschawar werden Kalaschnikows und Revolver geschmiedet: Darra Adam Khel ist die Waffenschmiede Pakistans.

Ein enger Hof unter freiem Himmel, umgeben von zahlreichen offenen Werkstätten – das ist alles. Mehr benötigen die Paschtunen nicht, um technologische Spitzenleistungen zu vollbringen. Da wird gebohrt, gefeilt und gesägt, bis aus Holz und Stahl tödliche Präzisionswaffen entstanden sind. Jeder hier lebt von Waffen. Die billigsten Revolver kosten fünf Dollar, das preisgünstigste Sturmgewehr um die zwanzig. Der Verkaufshit: Kugelschreiber, die mit einem Handgriff zur Einmalpistole werden. Am Ortsrand betäubt ein infernalischer Lärm die Ohren: Kinder ballern mit ihren Schießprügeln auf einem improvisierten Schießstand herum.

In der auch Pashtun Valley, Tal der Paschtunen, genannten Nordwestprovinz hat der paschtunische Clan der Afridis das Sagen. Hier funktioniert das Leben nach vier Prinzipien: Gastfreundschaft und Rache, Vergebung und Ehre. Wenn sich die Sippen hier in die Haare kriegen, dann um »zan«, »zar« und »zamin«, um Frauen, Gold und Erde. Den Dingen, die den Paschtunen heilig sind und ihre Ehre bestimmen. Willkommen in Ulis Jagdrevier.

Der Deutsche stellt sich auf die Umgebung ein: Ein langer, dunkler Bart verdeckt seine Züge. Er trägt ein helles, langes Oberhemd, die Kurta. Darüber eine grau-olivfarbene Weste. Um die Beine die Kamiz genannte Pluderhose, einen Pakol hat er auf dem Kopf und eine Kufije um die Schultern – fertig ist der Paschtune. Uli ist erst auf dem zweiten, dritten Blick als Europäer zu erkennen. »Ständige Fastnacht« nennt er die Verkleiderei, von der während der Hatz sein Leben abhängt.

Sein Söldnerquintett ist sich sicher: Irgendwo in dieser Region versteckt sich Osama bin Laden. Das Hauptproblem der Jäger: Der Al-Qaida-Chef ist für die meisten Menschen hier kein Terrorist, den es zu kriegen gilt – weder tot noch lebendig. Natürlich, in der Hauptstadt sieht man das anders. Offiziell zumindest. Aber das ist Politik – und aus der halten sich die Menschen hier sowieso lieber raus. Das ist Aufgabe der Stammesführer, und die haben zu entscheiden: Ihren Entscheidungen für alle Lebensbereiche müssen sich selbst die von Islamabad eingesetzten Provinzgouverneure in den Stammesgebieten unterwerfen – wenn ihnen ihr Leben lieb ist.

Mian Iftikhar Hussain ist in der Regierung der North Western Frontier Province (NWFP) als Minister für Information zuständig. Er würde seinem Chef Amir Haider Khan nicht empfehlen, Polizei, Armee und Grenzsicherer aus den sicheren Kasernen in die Berge Wasiristans zu schicken, auch wenn jemand einen heißen Tipp zum gesuchten Osama bin Laden abgeben würde. Rhetorisch geschickt fragt er im Gespräch: »Wer hat Osama bin Laden aus Saudi-Arabien nach Afghanistan gebracht? Wer hat ihn zum Mudschaheddin gegen die Russen gemacht? Wer hat ihn dann über Nacht zum Terroristen erklärt?« Die Antwort gibt er nicht, weil sie klar im Raum steht: Amerika hat Osama bin Laden erst im Kampf der Afghanen gegen die Russen groß gemacht, ihn finanziell und mit Waffen unterstützt. »Die Amerikaner verstehen eines nicht: Mit Gewalt allein kommt man im Kampf gegen Terror nicht weiter. Wenn es in den Stämmen und Clans ›feindliche‹ Elemente gibt, muss man sie mit politischen Mitteln isolieren.«

Die *Washington Post* berichtet von den neuen Ansätzen, die Obama für das Land prüft. Das Blatt beruft sich auf nationale Sicherheitsberater des Demokraten. Demzufolge will Obama vor allem drei Dinge in der bisherigen US-Strategie ändern: Erstens wird er zusätzliche US-Truppen an den Hindukusch schicken, wobei die Aufstockung um Tausende Soldaten bereits von seinem Vorgänger George W. Bush eingeleitet worden war. Zweitens verfolgt Obama eine stärker regional orientierte Strategie, die auch Gespräche mit dem Iran beinhalten könnte. Auch dem aufkeimenden Dialog zwischen der afghanischen Regierung und Teilen der Taliban steht er demnach aufgeschlossen gegenüber. Und drittens will er die Suche nach Top-Terrorist Osama bin Laden intensivieren.

Weitere amerikanische Soldaten sollen ihren Marschbefehl nach Afghanistan erhalten, von bis zu 30 000 ist die Rede. Am 17. Februar 2009 unterschrieb Präsident Barack Obama die Befehle, die bis zum Sommer 8000 Marineinfanteristen der 2nd Marine Expeditionary Brigade aus Camp Lejeune im Bundesstaat North Carolina, 4000 Soldaten der 5th Stryker Brigade der 2. Infanteriedivision in Fort Lewis im Bundesstaat Washington und 5000 sogenannte »Force enabler« – also Verstärkungskräfte mit Ingenieuren, Hubschrauberpiloten, Führungs- und Aufklärungseinheiten, Vorgeschobenen Beobachtern, Artilleristen und Militärpolizisten – vor allem in den Süden des Landes beordert. Damit steigt die Zahl der US-Truppen in Afghanistan von 38 000 auf 55 000. In Kabul, dem Westen und dem von den Deutschen kommandierten Norden sind jeweils 3000 bis 5600 ISAF-Soldaten stationiert. Im Osten sind es 20 000. Durch die neuen amerikanischen Truppen wächst im Süden der Islamischen Republik Afghanistan die Stärke von 22 360 Soldaten auf mehr als 34 360.

Punkt drei auf der Agenda von Barack Obama, die Jagd auf bin Laden, ist eine Aufgabe, die erfahrenen Söldnern wie Uli auf den Leib geschnitten zu sein scheint. Die Privatmilitärs zerdeppern im sensiblen politischen Porzellanladen am Hindukusch weniger Geschirr als reguläre Soldaten, die verbotenerweise auf dem Territorium Pakistans operieren. Sie haben gelernt, sich in der Region zu bewegen. Sie haben Helfer rekrutiert, die sie schützen, die ihnen die Sprache beigebracht haben und die sie auf beiden Seiten der Grenze bei der Jagd unterstützen.

Trotzdem ist die Suche nach bin Laden ein gefährliches Unterfangen: »Man kann nie sicher sein, ob unsere Kontakte wirklich loyal sind«, sagt Unternehmer Uli. »Die Ergebenheit der meisten ist von der Höhe der Zuwendungen abhängig, die wir ihnen zahlen. Ein Argument spricht allerdings sehr dafür, sich mit uns gut zu stellen: Wer einmal Geld von uns, von den Amerikanern oder der ISAF genommen hat, der stellt sich am besten auch weiterhin gut mit uns. Ein Wort in unsere Kanäle zu den Taliban reicht, um einen Verräter an einer Straßenlaterne in Peschawar enden zu lassen.«

Uli und seine Kollegen haben ein weit verzweigtes Informationsnetz am Hindukusch aufgebaut: Konservative Mullahs mit Kontakten zu Taliban, Händler, die ihre Geschäfte mit den westlichen Streitkräften genauso machen wie mit den Gotteskriegen. Manche reden mit den Westlern aus Überzeugung, die meisten für ein Honorar. Sicher sind diese Verbindungen nicht: Wer mit den Söldnern oder gar Soldaten redet und dabei beobachtet wird, riskiert, von den Fanatikern hingerichtet zu werden, die einen mittelalterlichen Islam wollen. Um ihre Gesprächspartner, Spitzel und Informanten nicht zu gefährden, verfahren die Söldner nach den Grundsätzen, die sie einst in ihren Armeen gelernt haben: Jeder soll nur das wissen, was er wissen muss, um seine Aufgabe, seinen Auftrag erfüllen zu können. Das reduziert die Anzahl der Paschtunen, die wissen, was das Quintett macht, auf zwei. Die beiden begleiten die Crew dann auch in ihre Einsätze.

Brechen die fünf Privatmilitärs und ihre Begleiter zur Jagd auf den Terrorfürsten auf, geschieht das in aller Stille. Wichtigste Waffe auf der Hatz ist die Spiegelreflexkamera, sind starke Objektive, Restlichtverstärker und Nachtsichtoptiken. Auf alten Schmugglerpfaden überqueren der Deutsche und seine Kameraden die Grenze nach Pakistan. Sie übernachten in Höhlen und Erdlöchern, bis sie den Ort erreicht haben, der ihnen freie Sicht auf ein Haus, eine Gruppe von Gehöften oder einen Weiler gibt. Dann verschwinden Söldner und Helfer von der Erdoberfläche.

Zwei Meter fünfzig mal fünf Meter messen die Löcher, die die Gruppe des Nachts buddelt. Die ausgehobene Erde wird sorgsam in Plastiksäcken weggeschleppt und in der Umgebung verteilt. Tarnnetze, Planen und Gestrüpp lassen neue Büsche entstehen, unter denen vier Söldner leben: Schlaf-, Arbeits- und Badezimmer, Küche und Toilette – alles in einem. Zwei Privatmilitärs schlafen. Die anderen beiden beobachten. Der fünfte bleibt in Afghanistan, um die via Laptop aus dem Beobachtungsposten übermittelten Nachrichten schnellstmöglich den US-Streitkräften zukommen zu lassen. Vor sich haben sie ihre Kamera und ein Fernglas aufgebaut. Ständig haben sie ihre Augen auf die Optiken gepresst: Nichts soll ihnen dort entgehen, wo sie den Al-Qaida-Chef vermuten. »Du suchst dir den Bären aus, den du schießen willst. Da ist es notwendig, alles andere Wild vorbeiziehen zu lassen. Auch wenn es noch so gut schmecken würde. Du lässt es laufen. Dein Ziel ist dein Bär – sonst nichts!«, erklärt Uli bildhaft die eintönige Mission in den Bergen Pakistans.

Die Osama-Bin-Laden-Treiberei ist monoton. Es heißt Warten auf die eine Chance, auf den einen Blattschuss, um in der Jägersprache zu bleiben. Es gibt kein Rumgeballere. Keine Kraftmeierei, keinen Aktionismus. Stattdessen Geduld. Pure Geduld. Und das ständige Wegstecken von Misserfolgen. Der Ex-Bundeswehrler muss zugeben: »Das zehrt an den Nerven, wenn du eine Woche, zehn Tage lang irgendwo in der Einöde gelegen hast. Gefroren hast. Ein Haus beobachtest, in dem bin Laden sich aufhalten soll. Und dann weggehst, weil in der Hütte ein paar Schafhirten leben. Da schiebst du Frust.«

Frust, der sich bei einem amerikanischen Kollegen von Uli, dem Osama-Jäger Jonathan Keith Idema, seine eigenen Wege bahnte. Idema, den die meisten Söldner nur unter seinem Spitznamen »Jack« kennen, gilt in den USA als Held, weil er nach Bin Laden fahndete. Er ist Mitautor des amerikanischen Bestsellers »Die Jagd nach bin Laden«. US-Fernseh- und Radiosender schalteten ihn live zu, wenn sie einen Experten über das Terrornetzwerk bin Ladens und die Taliban befragen wollten. Einen Fachmann, der nicht einmal Schiiten und Sunniten auseinanderzuhalten wusste. Seiner Popularität tat das keinen Abbruch: Der Barkeeper im Kabuler Mustafa Hotel mixt sogar einen nach Idema benannten Cocktail: »Jack's Tora Bora Sunset«. Was für eine Idee, den Headhunter des Terrorfürsten und jenen von Legenden umwobenen Berg Tora Bora im Namen eines hochprozentigen Mixgetränks zusammenzubringen. Tora Bora, in den flinke Taliban-Hände ganze Höhlenstädte gebuddelt haben sollen, die bis heute niemand gefunden hat. Und wo sich bin Laden verschanzt haben sollte – als er längst wieder per Video neue Hetzbotschaften verbreiten ließ.

Idema diente zwölf Jahre in den »United States Special Forces« (SOF), einer Eliteeinheit der US-Armee. Nach den Terroranschlägen vom 11. September 2001 zog er in seinen ganz privaten Krieg gegen die »Achse des Bösen«. Der frühere Feldwebel wollte die auf bin Laden ausgesetzte Kopfprämie einsacken. Alles lief blendend für den durchtrainierten Glücksritter. Er baute eine selbst ernannte Anti-Taliban-Truppe auf. Seine »Spezialeinheit Säbel Sieben« machte im Afghanistan Jagd auf die Gotteskrieger. Die Offiziere in den Gefechtsständen der ISAF-Truppe reagierten, wenn der bärtige Krieger um Hilfe bat. So erhielt Idema mindestens sechsmal »logistische und technische Unterstützung« durch die Stabilisierungstruppe. Dreimal schnüffelten Sprengstoffhunde der Truppe für den Söldner nach Bomben, rückten Sprengstoffexperten der ISAF aus, um Idema zu helfen. Bis die Jagd auf den Oberterroristen dem Söldner Jonathan Keith Idema am 24. Juni 2004 an die Nerven ging.

An diesem Donnerstag, so steht es in den Ermittlungsakten der Kabuler Polizei, stürmte ein halbes Dutzend uniformierter, schwer bewaffneter Amerikaner im Morgengrauen ein Haus in Jakatut, einem Stadtteil im Osten Kabuls. Ein Überfall, der ohne Unterstützung der ISAF nicht zu verwirklichen gewesen wäre: Die Truppe, die sich eigentlich auf die Fahnen geschrieben hatte, Afghanistan zu stabilisieren, hatte nicht näher definierte »technische Unterstützung« für »Säbel Sieben« geleistet. Die Offiziere glaubten, »legitime Unterstützung für eine legitimierte Sicherheitsagentur« zu leisten.

Idemas Leute feuerten ein paar Salven in die Zimmerdecken, dann trieben sie die Frauen in einem Raum zusammen. Sie durchsuchten das Haus nach Waffen, Wertsachen und

Dokumenten. Dem damals fünfzig Jahre alten Verfassungsrichter Mohammed Siddiq stülpte das Söldnerkommando einen Sack über den Kopf und fesselte seine Hände mit Kabelbindern auf den Rücken. Sechs männlichen Verwandten und einem Handwerker erging es ebenso. Dann wurden die acht Männer in die Autos vor dem Haus gezerrt.

In rasanter Fahrt brauste die Truppe mit ihren Gefangenen nach Kart-i-Partwen, einen Stadtteil im Norden der Hauptstadt. Am Rande des Diplomatenviertels hatte Idema für 4000 Dollar monatlich eine zweistöckige Villa angemietet. Im ummauerten Garten steht ein Swimmingpool, das Innere hat Idema wie ein modernes Lagezentrum ausgestattet: Dort hingen Landkarten an der Wand, Weltzeituhren und eine Liste für »unerledigte Missionen«. Sein Hauptquartier mit Privatknast und Folterkammer gleich neben der Vorratskammer. »Einer von euch ist ein Terrorist«, soll Idema Siddiq und die anderen Gefangenen angeschrien haben. »Sagt mir, wer er ist, dann dürfen die anderen gehen.« Keiner antwortete, doch Idema machte weiter mit seinen Anschuldigungen: Dieser Terrorist soll Anschläge auf den US-Luftwaffenstützpunkt Bagram und Attentate auf afghanische Politiker vorbereitet haben, behauptete er. Die Gefangenen schwiegen.

Deshalb pferchte die Söldnertruppe ihre Gefangenen in einem dunklen Raum zusammen und fesselten den Afghanen die Hände auf dem Rücken. Aus den Lautsprecherboxen in dem Zimmer dröhnten unentwegt Heavy-Metal- und Hip-Hop-Musik. Abwechselnd überschütteten sie ihre Opfer mit heißem Wasser und spritzten sie danach mit kaltem ab. Es setzte Schläge. Drohungen. Beleidigungen. Demütigungen. Guantánamo und Abu Ghraib in einem – nur komplett in Söldnerhand.

Als die afghanische Polizei den privaten Folterknast nach zwölf Tagen stürmte, hingen drei der Afghanen mit den Füßen nach oben an der Decke des Zimmers. In einem Nebenraum hatten ihre fünf Leidensgenossen ihre Notdurft in ihre

Hosen gemacht. Aus Angst und weil ihnen Idema nicht einmal einen Eimer in das Verlies gestellt hatte. »Sie banden mich auf einen Stuhl und brachen mir die Rippen«, gab eines der Opfer, Maulawi Haref, der Polizei zu Protokoll.
Idema, der mit ihm zusammenarbeitende Journalist Edward Carabello sowie der frühere amerikanische Fallschirmjäger und Verhörspezialist Brent Bennett wurden bei der Aktion verhaftet. In der späteren Gerichtsverhandlung wurde Carabellos Rolle in dem Coup nicht klar: Er selbst behauptete, er habe eine TV-Dokumentation über Idema drehen wollen. Idema sah ihn als vollwertiges Mitglied des privatmilitärischen Trios. Wegen Folter von Zivilisten wurde Söldnerboss Idema am 15. September 2004 zu zehn Jahren Haft in Kabul verurteilt. Die Gerichtsverhandlung eröffnete tiefe Einblicke in die Strukturen der Bin-Laden-Jäger. Vor Gericht präsentierten die Verteidiger ein Video. In dem ist zu sehen, wie der damalige afghanische Sicherheitsberater und Erziehungsminister Yunus Qanuni Idema zur Festnahme mutmaßlicher Terroristen gratuliert. Er versprach, dass künftig auch afghanische Sicherheitskräfte die Söldnertruppe unterstützen würden.
Idema behauptete während des Prozesses unentwegt, er habe im Auftrag des Pentagon gearbeitet: »Wir waren täglich per E-Mail, Fax und Telefon in direkten Kontakt mit dem Büro von Verteidigungsminister Donald Rumsfeld. Wir haben fünfmal am Tag Anrufe vom Pentagon erhalten, sie wussten, was wir hier tun.« Die »Anti-Terror-Operation« sei in Zusammenarbeit mit der US-Regierung geschehen. Videos, aus denen hervorgehe, dass auch die US-Bundespolizei FBI und der amerikanische Geheimdienst CIA informiert gewesen seien, habe das FBI vernichtet. Zwischen 2001 und 2004 habe er mehrere hundert Gefangene an die US-Truppen übergeben. An Osama bin Laden sei er dicht dran. Er habe dessen genauen Aufenthaltsort nahe der pakistanischen Stadt Peschawar an der afghanischen Grenze an das Pentagon und

das FBI weitergegeben. Idema behauptete zu seiner Entlastung, Geheimdienstmitarbeiter hätten von ihm inhaftierte afghanische Gefangene verhört. Außerdem las er aus einer ausgedruckten E-Mail vor. In der informierte er die internationale Afghanistantruppe über seine Aktionen. Auf den Zentralrechnern des Internetanbieters, von dem die E-Mail aus versendet worden sein sollte, konnte der elektronische Brief nicht mehr gefunden werden.

Die US-Regierung und die amerikanischen Streitkräfte bestritten ausdrücklich, dass Idema für sie gearbeitet habe. Sie mussten dann allerdings zurückrudern: Mindestens in einem Fall habe man von Idema einen Gefangenen übernommen. Am 3. Mai 2004 sei ein mutmaßlicher Taliban-Kämpfer übergeben worden, gab Major Scott Nelson, damaliger Sprecher der US-Streitkräfte in Afghanistan, kleinlaut zu: »Wir erhalten Häftlinge aus einer Vielzahl von Quellen.« Der von Idema Gefangene sei keine große Nummer gewesen, die US-Streitkräfte hätten ihn nach zwei Monaten Haft laufen lassen.

Auch wenn Idemas Behauptungen, er sei im Auftrage des Pentagon, ja sogar dessen vom Ex-Präsidenten Bush gefeuerten Chefs Donald Rumsfeld in Afghanistan unterwegs gewesen, nie bewiesen wurden, zeigt der Fall, wie eng teilweise amerikanische Truppen, Nachrichtendienstler und sogar ISAF-Truppen mit Söldnern zusammenarbeiten. US- wie ISAF-Soldaten standen stramm, wenn der Söldner in amerikanischer Uniform in ihre Hauptquartiere marschierte und Unterstützung für seine obskuren Missionen verlangte. Teuer ausgebildete, studierte Stabsoffiziere waren dem Leihmilitär in seiner Köpenickiade zu Diensten – weil sie den bärtigen Mann mit der Sonnenbrille für einen hochgeheimen CIA-Agenten oder für einen Elitekämpfer hielten.

Ein weiteres Argument spricht dagegen, dass die westlichen Anti-Terror-Krieger so ahnungslos waren, wie sie vorgeben: Zu eng arbeiten Söldner mit ihnen in zahlreichen Bereichen zusammen: Sie eskortieren Konvois der Soldaten, beschützen ihre Kommandeure und Diplomaten, suchen mit ihren Geheimen nach Terroristen. Leihmilitärs und Soldaten trugen früher die gleiche Uniform, hatten die gleichen Vorgesetzten, teilweise wurden die Soldaten von den heutigen Privatmilitärs ausgebildet. Vor allem Ex-Fallschirmjäger und Verhörspezialist Brent Bennett hatte ausgezeichnete Kontakte zu seinen früheren Kameraden, die in Afghanistan dienten. Kaum vorstellbar, dass die Aktionen der privaten Krieger um Idema der US-Armee so verborgen geblieben sein sollen, wie es die Militärs behaupteten.

Auch wenn die Amerikaner halfen, dem Spuk Idemas ein Ende zu bereiten: Sie orteten anhand der Telefonnummer die Villa, in der Idema seine Folterkammer eingerichtet hatte. Beim Sturm auf die Richter-Villa hatte der Kopf der Söldnertruppe seine Visitenkarte verloren: »Jonathan Keith Idema, Geheimdienstliche Sicherheitsoperationen der Vereinigten Staaten, Telefonnummer ...«. Im April 2007 begnadigte Afghanistans Präsident Hamid Karsai Idema und seine Spießgesellen nach drei Jahren Haft. Angeblich auf Druck der Amerikaner hin.

»Idema war ein Vollidiot, der unserer Arbeit hier geschadet hat«, urteilt Uli. Allerdings: Er mag nicht ausschließen, dass in seiner Söldnertruppe »auch jemand völlig abdreht«. Der studierte Pädagoge weiß um die selbstzerstörerische Wechselwirkung von langen Einsätzen, Adrenalin freisetzenden Missionen, Langeweile und Misserfolgen. Und er kennt die Gefahren, die von einem Söldner ausgehen, der vielleicht an einer Posttraumatischen Belastungsstörung erkrankt ist. Manche hätten schon ihre eigenen Kollegen erschossen in der Vorstellung, einem Taliban oder einem irakischen Rebellen gegenüberzustehen, sagt Uli. Für ihn ist es eine verheerende Vorstellung, wenn auf der Jagd nach bin Laden einer seiner Kumpel »austicken« würde. Ein solcher »Ausraster« in den Stammesgebieten Pakistans würde den sicheren Tod für die ganze Gruppe bedeuten.

Die Taktik von Minister Mian Iftikhar Hussain, die Extremisten zu isolieren, ist noch nicht ganz aufgegangen. Vielleicht, weil sie nicht aufgehen soll. Ausländische Islamisten strömen nach wie vor in den Nordwesten des Landes, um sich zu Gotteskriegern ausbilden zu lassen. Religiöse Eiferer treiben nach wie vor ihr Unwesen und predigen den Heiligen Krieg. Für Uli, aber auch für die amerikanische Regierung diktieren die Mullahs in den Madrassen die Bedingungen, unter denen Osama bin Laden gejagt wird: Ihr Einfluss auf die Regierung in Islamabad sei so stark, dass die den US-Truppen den Einsatz in Pakistan verbiete. Die Regierung befürchte, dass dann die Gotteskrieger in Pakistan nach der Macht greifen, das Land in einen Bürgerkrieg stürzen könnten. Angesichts des nach wie vor angespannten pakistanisch-indischen Verhältnisses ein angsterregendes, ein blutiges Szenario.

In den Nordwest-Territorien Pakistans sind die Dorfältesten die Schlüsselfiguren. Einer dieser Maliks ist Izhar Mahmood. Seinen Gästen in Yanghareg tischt er Tee auf. Nüsse und grüne Rosinen. Kleine Bonbons. Für den Abendschmaus vor Sonnenuntergang lässt er eigens ein Lamm schlachten. Köstlicher Bratensaft tropft von den Fingern, bis der volle Mond sein Licht auf die Berge wirft. Das Nachtlager wird bereitet. Wen der Malik in sein Haus lädt, den verteidigt er mit dem eigenen Blut. Und dem des Dorfes. Der Gast ist heilig. Und Osama bin Laden ist Gast der Paschtunen. Wenn es irgendetwas gibt, was wir mit unserem Leben verteidigen, sagt Malik Mahmood, »dann sind es die Rechte unserer Gäste. Niemand kann in dieser Gegend reisen, Geschäfte machen oder auf eine Pilgerreise gehen, wenn er nicht darauf vertrauen kann, dass er von seinen Gastgebern versorgt, beherbergt und beschützt wird. Dieses uralte Recht zu brechen bringt Schande über mich, meine Söhne und deren Söhne.«

Ein System, das auch »mit Satelliten und Abhörstationen nicht zu durchbrechen ist. Dazu braucht es Augen und Ohren auf dem Boden«, sagt Uli. Der ganze Hightech-Krempel, den die USA zur Jagd auf den Al-Qaida-Führer aufbringen, wird mit altertümlichen Mitteln ausgetrickst: Botschaften werden mündlich überbracht, allenfalls auf kleine Zettel geschrieben. Aber solange die Informationen nicht in Ulis Ohren geflüstert werden, die Zettelchen nicht in seiner Hand landen, so lange ist seine Jagd ein gefährliches Räuber-und-Gendarm-Spiel. Eines für Söldner.

Wenn Söldner wilde Sau spielen

Die Worte kommen wie aus weiter Ferne. Als gehörten sie gar nicht zu dem Mann, der murmelnd und mit geschlossenen Augen vor dem Erdhügel steht. Die Hände in die Höhe erhoben, die Innenflächen vorm Gesicht. Umgeben von munter flatternden Fahnen. Rote. Grüne. Schwarze. Die Farben stehen für Kampf, Unabhängigkeit, Freiheit. Die Lippen des Mannes bewegen sich:
»Allahumma gfir li-hai-yina wa mai-yitma,
wa sagirina wa kabirina,
wa dakarina wa untana,
wa sahidina wa ga'ibina Allahumma,
man ah-yai-tahu minna fa ah-yihi 'ala-l-Islam,
wa man tawaf-faitahu minna fa-tawaf-fahu
  'ala-l-Iman.«

»Oh Allah. Vergib unseren Toten und Lebenden,
unseren Jungen und Alten,
unseren Männern und Frauen.
Den Anwesenden von uns und den Abwesenden.
  Oh Allah.
Wen von uns Du am Leben lässt, den lass als Muslim
  leben.

139

Und wen von uns Du hinscheiden lässt, den lass als
Gläubigen hinscheiden.«

Eine Träne bahnt sich ihren Weg durch die geschlossenen Augenlider. Die rechte Hand beginnt leicht zu zittern. Qasim Mohammed weint um seinen Bruder. Und er betet für ihn den dritten Takbir, den dritten Teil des Totengebets, das Muslime Salatu-i-Ganaza nennen. Langsam sinken seine Hände zu den Oberschenkeln. Kräftige Finger mit tiefen Furchen, in die sich das harte Leben eines Bauern eingegraben hat. Zwei, drei Mal wandert der Adamsapfel auf und nieder. Dann versucht Qazim ein Lächeln. »Das ist Ahmed, mein Bruder«, sagt er und blickt unsicher vor sich auf den kleinen Hügel aus trockener, hellbrauner Erde und einer Menge Feldsteine. Hier ist Ahmed Mohammed begraben, seit er vor drei Jahren von Söldnern ermordet wurde.

Damals im Winter 2005 glaubten Söldner, Osama bin Laden verstecke sich irgendwo in der Provinz Nuristan. Dort, wo die Berge des Hindukusch 6700 Meter hoch aufsteigen und die Gipfel im Winter wie Sommer weiß sind. Wo die Grenze nach Pakistan durchlässig ist wie ein weitmaschiges Fischernetz. Und wo sich Spezialeinheiten aus aller Welt ständig eine blutige Nase holen im Bemühen, die Nachschubtrecks der Taliban abzufangen.

Vielleicht scheuten die Elitekämpfer Ende Januar 2005 die bittere Kälte und wollten schnell wieder in ihre warmen, weststandardisierten Unterkünfte. Oder der Mond leuchtete zu hell für eine gelungene Aufklärungsmission in dem kleinen Weiler mit dem Namen Gul-i-Mir. Vielleicht aber verfügten die regulären Soldaten auch über bessere Erkenntnisse als die irregulären und haben es ihnen nicht mitgeteilt. Welche Gründe es immer waren: Obwohl der gottverlassene Weiler und seine Umgebung für die US-Armee interessant war, blieben sie in ihren Lagern. Stattdessen kamen Söldner, »mitten in der Nacht«, erzählt Qazim Mohammed. Ob sie einen Auftrag der regulären Streitkräfte hatten, lässt sich nicht rekonstruieren. Offiziell sagen die Pressesprecher der Koalition in Kabul, es habe keine Zusammenarbeit gegeben. An welchem Tag genau die Söldner in ihr Dorf einfielen, interessiert die Menschen in den Bergen des Hindukusch genau so wenig wie die Zeit. Die liegt in der Hand Gottes. 14 Männer seien gekommen, und einer, der Paschtu sprach. »Einer von uns«, spuckt der Bauer die Worte verächtlich aus, als habe er in eine saure Mango gebissen, die aus dem nahen Pakistan herübergeschafft werden.

Die Tore der elf Höfe wurden mit den Jeeps aufgebrochen, Türen eingetreten. Geschrien hätten die Männer, in einer Sprache, die in den unwirtlichen Tälern Afghanistans noch nie jemand gehört hatte. Und die erst recht niemand verstand. Kerle mit »komischen Mützen«, andere mit Pakol auf dem Kopf, wie ihn Qazim trägt. Palästinenserschals um den Hals. Dicke Jacken, »bunt, jeder hatte eine andere Farbe«. Hosen mit braunen Flecken. »Und Bärte hatten die, die nicht gepflegt waren.« An ihren Gewehren seien Taschenlampen gewesen. Ihr Licht zuckte durch die Häuser in der Ansiedlung, in der es heute noch keinen Strom gibt. Mit ihren Gewehren hätten sie in die Zimmerdecken gefeuert. Die Löcher im Lehmputz sind noch zu sehen. Dann hätten sie wieder geschrien. In alle Zimmer seien die Männer gerannt. »Auch in das der Frauen«, sagt Qazim leise. Schlimmer noch: Sie hätten die Frauen von ihren Lagern hochgezerrt, die Kinder gleich mit. Und den Männern seien Säcke über den Kopf gestülpt, die Hände gefesselt worden. Geschlagen hatte man sie. Und alle in den Innenhof getrieben. Dort habe der Paschtunen-Söldner geschrien: »Hinknien, oder wir erschießen euch alle! Sagt mir, wo Osama bin Laden ist, der Sohn einer Hure!« Bis die Sonne aufging, habe das Martyrium gedauert. Dann hatten offenbar auch die Söldner erkannt, dass in einer stromlosen Siedlung kein Dialysegerät für den nierenkranken bin Laden aufgestellt werden konnte.

Wäre es bei den Entwürdigungen und der Angst geblieben, bei zerschlagenem Hausrat und Möbeln, bei im Schlamm verschütteten Vorräten – die Menschen von Gul-i-Mir hätten die Demütigungen wahrscheinlich geschluckt und mit der Zeit versucht zu vergessen. Dann aber seien die Söldner bei ihrem rasanten Rückzug mit ihren Jeeps, die Qazim auf einem Foto als Humvees identifiziert, in die Ziegenherde des Dorfes gerast. Daraufhin habe Ahmed einen Stock genommen und sei den Autos knüppelschwingend hinterhergelaufen. Wie sollten die Menschen im Weiler durch den harten Winter kommen, wenn so viele Tiere getötet wurden? »Das Häuschen auf dem einen Auto hat sich gedreht, dann hat es bopbopbop gemacht. Und mein Bruder ist zusammengebrochen«, berichtet Qazim. Es gibt Humvee-Geländewagen, bei denen im hinteren Teil des Daches kleine rotierende Geschütztürme mit Maschinengewehren eingelassen sind. »Als wir bei meinen Bruder ankamen, war er schon tot.«

Die Sprecher der amerikanischen Streitkräfte in Afghanistan versichern, dass es im Januar 2005 in der ganzen Gegend von Assabad keine Operationen der westlichen Streitkräfte gegeben habe. Aber, sagen sie hinter vorgehaltener Hand, »in der Gegend hatten wir ziemliche Probleme in der Zeit mit einigen »Contractor«-Gruppen. Die spielten da wilde Sau.« Ebenso glaubwürdig versichern die 37 Männer von Gul-i-Mir, dass sie so überfallen wurden, wie es Qazim erzählt. Und dass Ahmed auf diese Weise ermordet wurde.

Ein Mord, der nach dem Selbstverständnis der Paschtunen nur durch Rache gesühnt werden kann. »Unsere Rache wird irgendwann kommen. Dort, wo Allah – gepriesen sei sein Name – es will«, sagt Qazim. Unheil will er aussenden, über die Mörder, ihre Kinder, ihre Kindeskinder. Ihre Familien. Ihre Freunde. Zeit spielt dabei keine Rolle. Sie liegt in Gottes Hand. Der bestimmt den Lauf der Dinge, nur er verändert sie. In Gul-i-Mir hat er bereits etwas verändert seit jenem Tag im Januar 2005. Solange Fremde den Weiler besuchen, leben nur

37 Männer hier. Sind die Besucher wieder weg, werden es mehr. Mal fünf, mal zehn Männer oder noch mehr kommen dann dazu. Auch sie haben Bärte, schwarze Turbane, aber dazu tragen sie Kalaschnikows. Die Taliban haben den Kampf um Gul-i-Mir gewonnen – ohne einen einzigen Schuss abgefeuert zu haben.

Tariq Rashid wurde die Kugel zum Verhängnis, die ein russischer Scharfschütze auf ihn abgefeuert hatte. Vor 15 Jahren, drüben im Osten Afghanistans, bei Jalalabad. Da hatte der Rotarmist ihn knapp oberhalb des rechten Knies getroffen. Ein halbes Jahr später hatte ein Chirurg – oder besser einer, der sich dafür hielt – erst den Unterschenkel des Mudschaheddin und dann noch ein Drittel seines Oberschenkels abgesägt. Angeblich, weil sich Wundbrand im Bein ausgebreitet hatte. Erst hinkte Tariq an altertümlichen Krücken durchs Leben. Dann, als die Taliban aus Kabul verjagt worden waren, verpasste ihm eine Hilfsorganisation ein künstliches Bein. Damit humpelte er fortan durchs Leben. Froh darüber, dass er seinen Bart stutzen, seine hübsche Frau über die Straßen führen und ihr dabei endlich in die Augen schauen konnte.

Sein kleiner Schusterladen brachte Geld ein. Und die neue, westliche Offenheit Licht und Sinn in Tariqs Leben. Bis er am 14. Mai 2004 einkaufen gehen wollte. Tariqs Lieblingsfrüchte waren frisch aus Pakistan eingetroffen: Mangos. Schon so herrlich weich, wie sie die Afghanen lieben. Sie kneten und drücken die Früchte in ihrer Schale, bis sie matschig und flüssig sind. Ein Biss in die harte Schale, das Stück auf den Boden gespuckt. Dann fließt der herrlich süße Nektar in den Mund, die letzten Reste werden ausgesaugt.

Doch an diesem Freitag trank Tariq keine Mango. An diesem Freitag wurde er überfahren. Sein Genick zerbrach an der Motorhaube eines gepanzerten Humvee-Jeeps, mit dem Söldner die Jadayi-Maiwand-Straße entlangrasten, als sei der Teufel persönlich hinter ihnen her. Ständig hupend. Wer sein Auto nicht schnell genug zur Seite fuhr, wurde gerammt. Sonnenbebrillte Typen in T-Shirts schwenkten die Maschinengewehre der Geschütztürme und nahmen die Passanten ins Visier. Wer aufmuckte, konnte zufrieden sein, wenn ihm nur ein ausgestreckter Mittelfinger gezeigt wurde.

»Tariq wollte nur die Straße überqueren. Aber wie sollte er so schnell humpeln mit seiner Prothese?«, fragt Massuda. Ihre Lippen beben. Ihre Hände ballen sich zu Fäusten. Es kostet sie Überwindung, die Finger wieder auszustrecken. »Ich weiß nicht, was ich tun würde, wenn ich diese Mörder in die Hände bekäme.« Angehalten haben sie nur kurz, die Privatmilitärs. Gerade lang genug, um in Tariqs gebrochene Augen zu schauen und zu wissen, dass der Schuster tot war. Die Taschen seiner Jacke haben sie durchwühlt. Ein Dokument gefunden, auf dem ihr Dolmetscher die Adresse des 39-Jährigen fand. Dann verfrachteten sie den Leichnam in ein an den Straßenrand gedrängtes Taxi, drückten dem Fahrer 50 Dollar in die Hand und ließen ihm durch den Übersetzer ausrichten, er solle »das verdammte Stück Scheiße bei seiner Schlampe« abliefern. Dann setzten sie ihre mörderische Fahrt fort.

Polizeigeneral Mohammed Khadil fand nie heraus, wer diese Söldner waren. Zeugen sagten übereinstimmend aus, dass es keine Soldaten waren, die Tariq Rashid ermordeten. Und die Kommandeure und Verbindungsoffiziere der ISAF versicherten Khadil bei ihren wöchentlichen Treffen, dass ihre Soldaten zur Tatzeit weit entfernt von der Jadayi-Maiwand-Straße waren. Blackwater, DynCorp, Centurion, MPRI – die privaten Militärunternehmen antworteten noch nicht einmal auf die Anfragen der afghanischen Ordnungshüter. Für den damaligen deutschen ISAF-Kommandeur Udo Meyer ein vertrautes Verhalten: »Die machen in einer Minute hier mehr kaputt, als wir in Jahren aufbauen können«, wetterte er frustriert über das brutale Auftreten von Söldnern in Afghanistan.

Witwe Massuda will Gerechtigkeit: »Da kommen diese

Männer in mein Land. Behaupten, sie seien hier, um uns zu helfen. Und dann führen sie sich auf wie Besatzer. Ihr im Westen predigt uns Demokratie. Eure Visitenkarten sind schlecht.« Massuda ist eine kluge Frau, auch weil sie in den achtziger Jahren in Moskau Physik studierte und fließend Englisch spricht. Als die Amerikaner und die Truppen der Nordallianz 2001 die Hauptstadt eroberten, bereitete sie »abrayshum kebeb« zu. Die Süßspeise aus rohen Eiern, Sirup und Pistazien wird nur an besonderen Feiertagen gegessen – bei der Familie Rashid eben am Tag des Sieges über die Taliban. Von denen, sagt Massuda heute, »unterscheiden sich diese Unmenschen nicht um einen Millimeter. Sie haben mir das Liebste genommen, das mir Gott in meinem Leben gab.«

In Massudas Klage stimmen Frauen, Mütter, Väter, Brüder, Kinder überall dort ein, wo Söldner in welcher Rolle auch immer eingesetzt werden. Mit dem immer gleichen Tenor: Sie wollen, dass die Morde an ihren Verwandten gesühnt werden. Sie schwören Rache. Blutrache. Nicht nur gegen die Täter, auch gegen ihre Familien. In ihrer Generation wie in den kommenden. Und Familie, das Wort umfasst für einen Afghanen oder Iraker mehr als nur Vater und Mutter, Ehepartner und Kinder.

Eine Rache, die nur dadurch aus der Welt geschafft werden kann, indem der Familie des Opfers ein Blutgeld gezahlt wird. Als Soldaten der Bundeswehr am 28. August 2008 an einem Kontrollpunkt in Kundus eine Frau und zwei Kinder erschossen, brach Franz-Josef Jung sechs Tage später zu einer überraschenden Blitzmission nach Afghanistan auf. Im Gepäck des Verteidigungsministers: 20 000 Dollar. So viel, fand das Nachrichtenmagazin *Der Spiegel* heraus, sei es dem Ressortchef wert gewesen, die deutschen Soldaten am Hindukusch vor der Rache der Familie zu schützen. Wahrscheinlich verhinderte der Wehrminister damit weitaus Schlimmeres: »Rache«, sagt Mullah Sami ul-Haq in seiner Madrasa im pakistanischen Akhora Khatak, »ist für uns regional nicht eingegrenzt.«

Kornelius – Der Massenmord von Dasht-e-Leili

Zuerst kommt das Schlurfen. Als würden Badelatschen über Fliesen schlappen. Dann werden Männer sichtbar. In Pluderhosen, langen Hemden, ärmellosen Westen und mit dreckigen Händen. Sie haben lange, ungepflegte Bärte, zottelige Haare, ihre blau-grauen Gesichter sind schmutzig. So tauchen sie aus dem Nebel auf.

Kornelius sieht sie jede Nacht. Immer wenn er zur Ruhe kommt. Dann stolpern die Männer zu den Lastwagen mit den Containern. Manche angetrieben durch Schläge. Keine glänzenden Augen. Alle mit gebrochenem Blick. Wenn der Erste in den Container klettert, wacht Kornelius auf. Schweißgebadet, schwer atmend und wie gerädert. Manchmal zittern seine Beine. Dann kann er nicht mehr einschlafen, tagelang nicht schlafen. Weil sie sonst wiederkommen: die Toten von Dasht-e-Leili. Seit sieben Jahren.

Damals, im Frühsommer 2001, hat er seinen ersten Dienst als Söldner angetreten. Zuvor diente er sechs Jahre bei der Bundeswehr, dann acht Jahre in der französischen Fremdenlegion. Es klang nach einem verlockenden Job, für den schwerreichen Usbeken in Afghanistan zu arbeiten. Einen Mann, von dem Kornelius noch nie gehört hatte. Und der über einen türkischen Privatmilitär nach qualifizierten Söldnern suchen ließ, die seinen Milizen Beine machen und ihnen schießen, sprengen und den Kampf mit Minen beibringen sollten. Der Usbeke Abdul Rashid Dostum war auf der Suche nach den besten Ausbildern für seine mit Sandalen beschuhten und mit aus dem Ersten Weltkrieg stammenden Karabinern ausgerüsteten Milizionäre. Sie sollten künftig an der Seite der afghanischen Widerstandsikone Ahmad Schah Massoud die Taliban das Fürchten lehren.

Vom 11. September 2001 träumten zu der Zeit nur Osama bin Laden und seine Attentäter. Die Gruppe der etwa dreißig privaten Militärberater, die sich aus aller Welt erst auf den Weg in die Türkei und dann nach Afghanistan zu Dostum machte, hatte nur ein Ziel: Ob sie aus der Truppe Frankreichs fremder Söhne ausgeschieden waren oder in der südafrikanischen oder britischen Armee gedient hatten – sie wollten in kurzer Zeit so viel Geld wie möglich verdienen. Die früheren Soldaten hatten bei einer privaten Militärfirma in der Karibik angeheuert, die wiederum ihre Honorarkräfte an einen türkischen Sicherheitsanbieter weitervermietete.

Diesmal, fiel den erfahrenen Söldnern in dem zusammengewürfelten Haufen auf, gab es sogar mal etwas Schriftliches. Auf zweieinhalb Seiten waren in holprigem Englisch einige Einzelheiten geregelt. Dass der »Sold in Höhe von 750 Dollar täglich ohne Abzüge an jedem ersten, zehnten und zwanzigsten Tag eines Monats bar ausgezahlt« wird. Dafür sollten den »Soldaten des Herrn Generals Abdul Rashid Dostum militärische Grundkenntnisse vermittelt werden, die ihnen das Überleben auf einem asymmetrischen Gefechtsfeld ermöglichen«. Außerdem sollten Kornelius und seine Kameraden »diese Einheiten unter dem Befehl des Generals Abdul Rashid Dostum in der Schlacht befehligen«. Kornelius unterschrieb – mit dem Namen, den ihm Frankreich verpasst hatte, als er in die Dienste der französischen Armee trat. Seinen alten Namen hatte er nie wiederhaben wollen. Seinen deutschen Pass gab er ab.

Weil, so sagt er, »ich komplett mit meinem alten Leben in Deutschland gebrochen habe. Alle Wurzeln gekappt habe. Das Land war nicht mehr mein Land – und in der Legion bekommst du nicht nur eine neue Heimat, sondern auch ein neues Vaterland. Eines, das sich um dich kümmert, wenn du mal in der Scheiße steckst. Das ist doch in Deutschland anders: Da reißt du dir den Arsch auf für dein Land – und dann tritt das auch noch kräftig rein. Bei der Bundeswehr denken die meisten Vorgesetzten in den Einsätzen doch nur an sich. Daran, wie die gut aus allem rauskommen. Die sorgen dafür, dass nichts an ihnen kleben bleibt.«

Und dann erzählt er ein Beispiel, das ihm ein früherer Kamerad erzählt hat: »Im Kosovo haben sich Kameraden um ein altes serbisches Ehepaar gekümmert, das mitten unter albanischen Nachbarn leben wollte. Die deutschen Soldaten versorgten die alten Serben mit Lebensmitteln, mit Holz, mit allem, was die zum Leben brauchten. Und eines Tages kamen die Kameraden wieder vorbei. Der alte Mann hat geschrien, Tränen sind ihm die Backen runtergelaufen. Die Jungs sind ins Haus rein, nach oben. Da lag die alte Frau in ihrem Bett und war mit einer Axt erschlagen worden. Die Patrouille ist zu den albanischen Nachbarn rüber. Da haben sie die Türe eingetreten und die Leute aus dem Haus in den Innenhof geholt. Und natürlich haben sie die auch bedroht, um herauszufinden, wer von denen die alte Frau umgebracht hat. Ich meine, was hatte die schon getan? Die war doch alt. Und dafür haben Jungs aus der Patrouille ein Diszi [ein Disziplinarverfahren] bekommen. So etwas ist bei der Legion unmöglich. Da stehen die Offiziere hinter dir, wenn du in den Einsatz gehst.«

In ihren Einsatz geht die »Militärische Beratergruppe Dostum«, wie sie sich selbst nennt, Ende Mai 2001. In der nördlichen Türkei bildet sie die afghanischen Usbeken aus, die später als Unterführer in der Privatarmee des selbst ernannten Generals dienen sollen. »Männer, mit denen du alles tun willst, aber nicht in ein Gefecht ziehen«, sagt Kornelius. »Typen, die ›Rambo‹ gesehen hatten und dachten, das ist Krieg. Die zwar als Fünfjährige schon Kalaschnikows durch die Gegend geschleppt haben, aber nie gelernt haben, dass man ein Ziel auch mit einem oder maximal zwei Schüssen treffen kann. Die haben immer ein ganzes Magazin rausgerotzt und dachten, das wäre besonders cool.« Dreißig Patronen, um vielleicht einen Menschen töten – das sind nach dem Verständnis der Fremdenlegionäre 29, mit viel Wohlwollen 27 Schüsse zu viel. In der Bundeswehr und der Legion hat Kornelius eingebläut bekommen, dass der erste Schuss tödlich zu sein hat. »Ziel bekämpft«, heißt die euphemistische Meldung dazu.

In der Türkei prallen zwei Welten aufeinander, wie sie extremer nicht sein könnten. Auf der einen Seite der durchgestylte und alle Möglichkeiten in Betracht ziehende Soldat aus dem Westen. Einer der, wie Kornelius sagt, »ohne raumfahrtgetestete Stiefel, Markenrucksack, modisch wegweisend designten Kampfanzug und gesicherten Cola-Nachschub nicht in den Krieg ziehen kann«. Auf der anderen Seite die Krieger aus den Schluchten des Hindukusch. Bärtig-zottelige Typen, die nackten Füße selbst im Herbst nur in Sandalen, die sie aus Fahrrad- oder Autoreifen zusammengenäht haben. Ein Enfield-Gewehr in der Hand, den Karabiner, mit dem die Briten schon 1879 gegen Paschtunen und Turkmenen bei Kabul gekämpft und verloren hatten.

Die künftigen Unteroffiziere in der Armee des Usbeken-Generals Dostum verstehen nichts von Taktik und haben auch kein Interesse daran, zu lernen, wie ein Gefecht zu führen ist. Denen reichte es, erzählt Kornelius, »dass sie Vollmacht, ein Pöstchen verliehen bekamen. Notfalls haben sie mit der Vollmacht im Rücken eben die Soldaten kurzerhand erschossen, die ihnen nicht folgen wollten. Die Taktik war immer die gleiche: Viel Munition verballern und einfach loslaufen. Sich Gedanken zu machen war in den Augen von Dostums Leuten etwas für Weicheier. Gezielt schießen, Munition sparen, den Verlauf eines Gefechts zu planen und damit vorzubestimmen, das passt nicht ins Hirn der Krieger am Hindukusch. Das ist in deren Augen etwas Unmännliches, was für Schwuchteln. Dabei hatten die kaum Munition und erst recht keinen Nachschub.«

Den versucht Abdul Rashid Dostum in diesen Tagen offenbar verzweifelt zu organisieren. Und dabei steht ihm sein eigenes Image im Weg: der Ruf eines unzuverlässigen Bündnispartners, das Bild eines Mannes, der, wie es ein heutiger afghanischer Minister sagt, seine »Freunde schneller wechselt, als es Zeit braucht, ein Kind zu zeugen«.

Nicht ohne Grund ziehen die heutigen Machthaber in Kabul die Stirn kraus, wenn es um Dostum geht. Der Usbeke mit dem vollen Gesicht, der seine Haare gerne auf Streichholzlänge trimmen lässt, ist vielen Gefolgsleuten des afghanischen Präsidenten Hamid Karsai zur Gefahr geworden. Zu machtgierig, zu unzuverlässig ist er für die Getreuen des Staatsoberhauptes. Einer, der sein »Fähnchen in den Wind hängt, der ihm gerade am stärksten bläst«, ist er für westliche Diplomaten und UNO-Mitarbeiter.

Geboren wurde Dostum 1954 in Khowja Dokoh, unweit der Stadt Sheberghan im Nordwesten Afghanistans. Ab 1970 verdiente er sein Geld als »Kommissar für politische Angelegenheiten« in der staatlichen Gasraffinerie Sheberghans. Drei Jahre später übernahm der frühere Premier Mohammed Daoud Khan in einem weitestgehend unblutigen Putsch die Macht von König Mohammad Zahir Schah. Eine seiner ersten Maßnahmen: Daoud ordnete an, in den staatlichen Öl- und Gasraffinerien des Landes Betriebskampfgruppen zu bilden, die »die Revolution verteidigten«. Dostums Aufstieg begann.

Der Mann mit dem mächtigen Schnauzbart baute eine zunächst etwa fünfzig Mann starke Kampfgruppe auf, die er vor allem in seinem Heimatdorf Khowja Dokoh rekrutierte. Zunächst sollte die Truppe nur das Gaswerk in Sheberghan sichern. Kurze Zeit später patrouillierten die Infanteristen Dostums schon in der ganzen Region. Bis Mitte der achtziger Jahre baute Dostum seine Machtposition mit Hilfe der ihm treu ergebenen Milizionäre systematisch aus. 1986 hatte er 200 Männer, zwei Jahre später 20 000 unter seinem privaten Kommando.

Offiziell empfing Dostum seine Befehle vom afghanischen Verteidigungsministerium und damit nach dem russischen Einmarsch 1979 von der Roten Armee. In Wirklichkeit war auch dank sowjetischer Ausrüstungs- und Ausbildungshilfe die größte Privatarmee am Hindukusch entstanden, die Dostum zunehmend auf eigene Kosten ausrüstete, trainierte und gegen die Mudschaheddin einsetzte.

Seine Miliz wurde offiziell als Regiment 734 in die afghanische Armee eingegliedert. Sie hatte vor allem eine Aufgabe: Dostum sollte den sowjetischen Streitkräften den Rücken frei halten. Seine Befehle dazu empfing er nur vom damaligen afghanischen Präsidenten Mohammed Nadschibullah. Der Auftrag: Der Usbeken-General sollte die von den USA unterstützten Widerstandskämpfer vernichten. Und das nicht nur in der heimatlichen Provinz Dschuzdschan, sondern im ganzen Land. So übernahm er in der Endphase der sowjetischen Besatzungszeit in den späten Achtzigern beispielsweise in der südafghanischen Oasenstadt Kandahar die Drecksarbeit für die Russen: Partisanenjagd, bei der keine Gefangenen gemacht wurden.

1988 besetzten Dostums Kämpfer das südafghanische Kandahar, aus dem sich die von den Mudschaheddin geschlagenen Rotarmisten zurückgezogen hatten. Bereits Mitte der Achtziger hatte Dostum Masar-i-Scharif im Norden Afghanistans eingenommen. Aus dieser Zeit stammen die exzellenten Kontakte Dostums zur türkischen Cosa Nostra, zur Drogenmafia am Bosporus. Denn die 300 000-Einwohner-Stadt ist in mehrfacher Hinsicht von strategischer Bedeutung. Über diese Schlüsselstelle versorgte die Sowjetarmee damals nicht nur ihre Besatzungstruppen – und zog sich im Februar 1989 auch über Masar-i-Scharif aus dem Land zurück. Durch die Stadt verlaufen noch heute die Routen der Drogenschmuggler in den Iran und die Türkei.

1989 tauchte Dostums inzwischen auf 30 000 Kämpfer angewachsene Privatarmee kurzfristig in der Hauptstadt Kabul auf. Der Usbeken-General bastelte an einem Bündnis mit dem charismatischen Mudschaheddin-Kommandeur Ahmad Schah Massoud, gegen den er zuvor gekämpft hatte. Zusammen besetzte das Duo mit seinen Milizen 1992 die afghanische Hauptstadt. Der ausgemachte Gegner: die Kämpfer von Gulbuddin Hekmatyar, die von Pakistan im Kampf gegen die Russen besonders gefördert woren waren. Mit dem wiederum verbündete sich Dostum zwei Jahre später – um gegen Massoud und die Regierung des Präsidenten Burhanuddin Rabbani zu schießen. Gleichzeitig zogen die usbekischen Söldner plündernd und vergewaltigend durch die Ruinen Kabuls. Ihr General Rashid Abdul Dostum soll ihnen als besonders brutales Vorbild vorangegangen sein.

Mitte der neunziger Jahre, als die Taliban ihren Siegeszug aus Kandahar über Afghanistan antraten, paktierte Dostum zusammen mit seinem einstigen Feind Präsident Rabbani gegen die selbst ernannten Gotteskrieger Mullah Omars. Als dessen Taliban 1996 die Hauptstadt und Herat im Westen des Landes eroberten, zwang Omar den Usbeken Dostum, sich in seine als uneinnehmbar geltende Hochburg Masar-i-Scharif zurückzuziehen. Ein Jahr später putschte Dostums Stellvertreter Abdul Malik zusammen mit den Taliban gegen den Usbeken. Der floh daraufhin in die Türkei. Im April 2001 kehrte er zurück – diesmal wieder als Verbündeter Ahmad Schah Massouds. Das Ziel: Dostum sollte gemeinsam mit den beiden Kriegsfürsten Mohammed Fahim und Ismail Khan im Westen Afghanistans eine zweite Front gegen die Taliban aufbauen. Der einstige Politkommissar war zurück – mit Beratern des türkischen Geheimdienstes MIT im Gefolge. Und er suchte nach kompetenten Helfern, um seine nächste Privatarmee auszubilden. Fündig wurde er bei der »Militärischen Beratungsgruppe Dostum«. Kornelius und seine früheren Kameraden aus der Fremdenlegion hatten einen Auftrag, der schon bald in den US-geführten »Krieg gegen den Terror« eingebunden werden sollte.

Vor den Anschlägen in den USA plätscherte der Krieg gegen die Taliban vor sich hin: Man schoss ab und an aufeinander, jagte die eine oder andere Bombe hoch. Die beiden Guerilla-Führer Dostum und Massoud konnten sich nicht darauf einigen, wie sie gemeinsam gegen die Gotteskrieger Mullah Omars vorgehen sollten. Das änderte sich schlagartig, nachdem Massoud am 9. September 2001 durch Al-Qaida-Kämpfer ermordet worden war und zwei Tage später Bin-Laden-Terroristen Flugzeuge ins World-Trade-Center und das Pentagon gesteuert hatten. Die abgestimmte und vereinigte Kriegsführung, die Massoud gegen die Taliban organisieren wollte, managte jetzt das Pentagon.

Am 9. November 2001 hatten Kornelius und seine Kameraden aus der Legion zusammen mit ihren hastig ausgebildeten Usbeken des Generals Dostum die Stadt Masar-i-Scharif den Händen der Taliban entrissen. Unterstützt wurden sie dabei von den »Jungs«, wie der Ex-Legionär die amerikanischen Spezialisten des Operational Detachment Alpha (ODA) 595 nennt. Sie waren am 19. Oktober zur Usbeken-Truppe im Norden Afghanistans gestoßen. »Erst durch die Luftunterstützung der Amerikaner konnte Dostum Masar-i-Scharif fast kampflos von den Taliban erobern«, glaubt Kornelius.

Die 23 Soldaten der legendären »Green Berets«, spezialisiert auf Guerillakriegsführung und Anti-Terror-Kampf, waren heimlich mit speziellen CH-47-Hubschraubern in das Herrschaftsgebiet Dostums geflogen worden. »Die sollten die Verbindung zu den anderen Truppen der Nordallianz herstellen und vor allem amerikanische Luftangriffe anfordern und ins Ziel leiten«, erklärt Kornelius. Der US-Trupp teilte sich: Zwölf Mann eilten nach Süden, um die Taliban im Zentrum des Landes auszukundschaften. Das andere knappe Dutzend der Amerikaner ritt auf Pferden mit Dostum und Kornelius im Gefolge in Richtung Masar-i-Scharif. Jeeps konnten die US-Streitkräfte in der frühen Phase des Afghanistan-Krieges noch nicht einfliegen. Im Tross der amerikanisch-usbekischen Truppe: CIA-Agenten, die darauf spezialisiert sind, aus Gefangenen möglichst schnell brisante Informationen herauszuholen.

Jeglicher Widerstand, der sich der zusammengewürfelten Truppe aus amerikanischen Spezialeinheiten, Usbeken und internationalen Söldnern entgegenstellte, wurde in Grund

und Boden gebombt: Die Amerikaner unter dem Kommando von Hauptmann Mark D. Nutsch forderten Luftnahunterstützung an, sogenannten »close air support« (CAS), sobald die Truppe beschossen wurde. Über Funk riefen die US-Soldaten B-1- und B-52-Bomber zur Hilfe, um auf stadiongroßen Flächen jegliches Leben zu töten. F-14-, -15-, -16- und -18-Jagdbomber feuerten ihre Luft-Boden-Raketen punktgenau in die Felsnischen und Höhlen, in denen sich die radikalen Muslime verschanzt hatten. »Da rührte sich nichts mehr«, kommentiert Kornelius im Erinnerungsrausch an Explosionen, Feuerbälle und verbrannte Taliban.

Im Eiltempo ging es weiter nach Osten: Die Truppe durchbrach die spärlichen, hastig errichteten Verteidigungslinien der Islamisten und jagte die geschlagenen Radikalen nach Osten. »Immer wenn unser Vormarsch ins Stocken geriet, riefen die Jungs ihre Luftwaffe – dann ging es weiter. Da waren immer Flugzeuge in der Luft. So was habe ich selbst bei der Legion nie erlebt.«

In einer Nacht, erzählt Kornelius, stieß seine Einheit überraschend auf eine Taliban-Truppe auf dem Rückzug. Als wäre »ein Wolf in eine Schafherde eingebrochen«, vergleicht der frühere Bundeswehrler das folgende Gemetzel: »Wir sind gar nicht mehr von unseren Pick-ups runter. Mit den MGs haben die Usbeken da reingefeuert, mit den Kalaschnikows, mit Panzerfäusten. Die Talibs hatten keine Chance: Die waren seit Tagen ununterbrochen marschiert. Hatten keine Winterausrüstung, obwohl es schon schweinekalt in den Bergen war. Manche von denen liefen barfuß in ihren Sandalen. Eine geschlagene Truppe – als hättest du sie an die Wand gestellt.« Gefangene werden in dieser Nacht nicht gemacht. Dafür zählt der deutsche Söldner am nächsten Morgen 103 tote Taliban.

Er treibt seine Usbeken weiter nach Osten. Der Blitzkrieg soll verhindern, dass sich die zurückziehenden Taliban in ihrer Hochburg Kundus festsetzen. Dass sie die etwa 90 000 Einwohner beherbergende Stadt zur Festung ausbauen. Und:

Sie wollen vor dem Guerillakommandeur Mohammed Atta, einem Namensvetter des New Yorker Todespiloten, in der Provinzhauptstadt sein. Abdul Rashid Dostum wollte den Ruhm, die Taliban aus dem Norden Afghanistans vertrieben zu haben, mit niemandem teilen. Zumal die Kommandosoldaten des ODA 595 das Finale um Kundus schon begonnen hatten.

In den Wüstendünen um die Stadt versteckt, spähen die amerikanischen Spezialisten nach Zielen. Vier, fünf Elitesoldaten, die in Kanada als Holzfäller durchgegangen wären: Hosen mit aufgenähten Seitentaschen von North Face, rotblau karierte Holzfällerhemden, dichte Bärte, Baseball-Caps oder Pakols auf den Köpfen, die traditionelle Mütze der Paschtunen. Vor sich haben sie laptopgroße Köfferchen und ein kleines Stativ, auf dem ein pizzakartongroßes, mit Drähten bespanntes Kreuz befestigt ist: die Satellitentelefone der Aufklärer.

Sobald zurückweichende Taliban ins Blickfeld des ODA 595 wanken, informieren sie den Oberkommandieren der US-Streitkräfte General Tommy R. Franks im entfernten Tampa in Florida. Sie fordern Luftangriffe an und erklären den Piloten, wo sich die Ziele befinden. Finden die die Panzer der Taliban nicht, markieren die US-Soldaten sie mit einem Laserstrahl. Spezielle Sensoren in den Bomben leiten den Sprengsatz dann genau ins Ziel. Wichtiger aber sind in diesen Stunden des 20. und 21. November 2001 die Telefonate mit Dostum, seinen Söldnerberatern und Usbeken-Milizen. »Die haben uns Beine gemacht, keine Minute Ruhe gelassen«, erzählt Kornelius. Wir sollten einen Belagerungsring um Kundus schließen. Fast metergenau haben die Jungs die Einheiten dirigiert, bis sie an der richtigen Stelle waren.«

Erst kurz nach Mitternacht des 21. November waren die Amerikaner zufrieden. Bis zu diesem Mittwoch hatten sie etwa 9000 Milizionäre Dostums an die Stadt herangeführt – aber auch 5000 Kämpfer des Tadschiken Ustad Mohammed

Atta. Eine Übermacht, der Taliban-Kommandeur Mullah Fazil Muslimyar nur seine zerlumpten, erschöpften Gotteskrieger entgegensetzen konnte. Da auch B-52-Bomber ihre explosive Last über Kundus abluden, bot Muslimyar Dostum und den Amerikanern die Kapitulation an. Der Usbeken-General zitierte ihn nach Qala-i-Janghi – einer alten Kerkerfestung der Briten aus dem 18. Jahrhundert im Osten Masar-i-Scharifs. Der stellvertretende Verteidigungsminister der Taliban bot an, Kundus kampflos zu übergeben.

Dostums Angebot: Zunächst sollten alle 12 000 Gotteskrieger Muslimyars in Kundus entwaffnet und ins 155 Kilometer entfernte Masar-i-Scharif gebracht werden. Eine Reise, die in dem unerschlossenen Land zwei Tage dauerte. Dort sollten die amerikanischen Verhörspezialisten die etwa 9000 paschtunischen Krieger aus Afghanistan und Pakistan herausfiltern, die Talibanführer Muslimyar unter seinem Kommando vereinigt hatte. Diese sollten entweder in ihre Dörfer zurückkehren können oder freies Geleit nach Herat nahe der iranischen Grenze erhalten. Andere Absprachen galten für die bunt zusammengewürfelte Söldnertruppe des Mullahs. Die 3000 Krieger aus Saudi-Arabien und Indonesien, aus England, Tschetschenien, Usbekistan und den USA sollten gefangen genommen und durch die CIA verhört werden. Danach sollte sich entscheiden, was weiter mit ihnen geschehen würde.

Das Ziel der amerikanischen Schlapphüte: Sie vermuteten unter den internationalen Glaubenskriegern etliche, die für Al-Qaida kämpften und von bin Laden nach dem Beginn der amerikanischen Invasion den Taliban zur Verstärkung gesandt worden waren. Der Terror-Boss hatte die Truppe zusammen mit seinem späteren Stellvertreter, dem ägyptischen Arzt Aiman al-Zawahiri, schon 1988 gegründet. Die Kämpfer sollten die Elitetruppe der Mudschaheddin werden, die damals im Begriff waren, die Russen aus Afghanistan zu jagen. Al-Qaida formte sich aus Ärzten, Ingenieuren und Soldaten, die den Heiligen Krieg nach dem Abzug der Sowjets am Leben erhalten sollten. Viele von ihnen waren bereits wegen ihrer konservativen islamischen Weltanschauung in ihren Heimatländern verfolgt worden. Deshalb waren sie es gewohnt, im Verborgenen zu operieren. Später wurden sie in sechs Monaten zu weltweit agierenden Terroristen ausgebildet. Sie wollten die amerikanischen CIA-Agenten dingfest machen.

»Unsere Verhandlungen waren erfolgreich«, tönte Dostum. »Morgen werden wir die Entwaffnung der Taliban vorbereiten, am Samstag werden sie sich ergeben.« Im Osten der Stadt schäumte ein Heerführer der Truppen von Massoud, Mohammed Daoud. Der Tadschiken-General hatte in Eilmärschen einige tausend Kämpfer Massouds an die Stadt Kundus herangeführt. Er führte eigene Verhandlungen mit untergeordneten Taliban-Kommandeuren in seinem Hauptquartier in Taloqan, 60 Kilometer östlich von Kundus. Ohne Erfolg: Daoud machten die Taliban keine verbindlichen Zusagen, dass sie ihm ihre Waffen abgeben würden. Diesen Erfolg heimste Dostum ein: ein Teilerfolg in der wie ein Wettkampf ausgetragenen Rivalität Dostums, Attas und Daouds, wer die prestigeträchtige Taliban-Hochburg Kundus besetzen würde. Die Heerführer sammeln die Namen der von ihnen eroberten Städte wie Schuljungs bunte Klebebildchen.

General Ustad Mohammed Atta erzwang sich am 22. November Zugang zu den Kapitulationsverhandlungen Dostums mit Mullah Fazil Muslimyar in der Festung Qala-i-Janghi. An Kornelius und die Usbeken-Milizen gingen die ersten Befehle, wie und wo die Taliban zu entwaffnen seien: Die Geographen der NATO benannten mit Chahar Darreh einen Ort sechs Kilometer südwestlich von Kundus, an dem die Taliban ihre Waffen übergeben sollten. Vier Kontrollpunkte wurden von Dostums Milizen errichtet. Das entstandene Chaos brachten sie dadurch nicht unter Kontrolle. Kornelius erinnert sich: »Schlimmer als jeder Ameisenhaufen. Die Talibs fuhren mit ihren Panzern, Schützenpanzern, um die schweren Waffen zu übergeben. Andere kamen mit Taxis, Kleinbussen und zu Fuß aus Kundus. Keiner wusste mehr, wer zu wem gehörte. Niemand mehr hatte die Situation unter Kontrolle.«

Mitten in dem Gewusel: der bullige Abdul Rashid Dostum, die Hände tief in den Taschen seines Tarnanzugs vergraben, die Jacke mit dem grauen Pelzkragen lässig geöffnet. Mit tiefer Stimme treibt er seine Milizionäre an: »Schnell, beeilt euch. Bringt die Talibs nach Qala-i-Janghi. Los, macht schon.« Der Usbeke dreht sich wie ein Derwisch im Kreis, hektisch fliegt sein Kopf hin und her. Zumindest er will sich einen Überblick in dem Gewusel verschaffen. »Bringt sie alle in die Festung. Los, macht schon!«

Die Taliban werden auf alles geladen, was an Fahrbarem in Kundus und Umgebung zu finden ist. In zwei alte Festungen bei Masar-i-Scharif lässt Dostum sie bringen, etwa 500 wurden wie geplant nach Qala-i-Janghi verfrachtet. »Vor allem Saudis und Tschetschenen wurden so abtransportiert«, berichtet Kornelius. Die Arme werden den gefangenen Al-Qaida-Verdächtigen kurz über den Ellbogen auf den Rücken gebunden. Die von den ODA-595-Soldaten als weniger gefährlich eingestuften Taliban werden in die Festung Qala-i-Zeini transportiert. »Die Nordallianz konnte gar nicht genügend Transportraum heranschaffen, um die Talibs und Qaidas abzutransportieren. Manche von denen haben hinter Stacheldrahtverhauen drei, vier Nächte in der Wüste auf nackter Erde verbracht«, sagt Kornelius. Lastwagenweise werden Kalaschnikows und Panzerfäuste abtransportiert.

Die US-Soldaten des ODA 595 haben inzwischen Verstärkung bekommen. Denn auch Guerillakommandeur Ustad Mohammed Attas Truppen wurden zwischenzeitlich durch amerikanische Elitesoldaten der Special Forces ergänzt. Das ihm zugeteilte ODA-Team 534 ist im Gefolge des Tadschiken-Generals ebenfalls nach Kundus marschiert. Äußerlich haben diese US-Soldaten nichts mehr mit den sagenumwobenen Green Berets gemein, die diszipliniert, mit kurzem Haarschnitt und sauberen, schwarz-grau-gefleckten Kampfanzügen im amerikanischen Fort Bragg paradieren. Vor Kundus lümmeln sie sich in japanischen Geländewagen und weißen Kleinbussen, die Füße aufs Armaturenbrett gelegt. Ihre Sonnenbrillen haben sie lässig ins lange, ungewaschene Haar oder über den Schirm ihrer Baseballmützen geschoben. Die gebügelten Kampfanzüge sind Outdoorhosen, Fleecejacken und T-Shirts gewichen. Auf einem ist ein Foto aufgedruckt: Maskierte Soldaten in dunklen Overalls stürmen in ein Haus. »Wir machen Hausbesuche – weltweit!«, haben die Elitesoldaten darüberdrucken lassen.

»Die sahen nicht wie Kommandosoldaten aus. Die haben sich feiern lassen von den Milizionären der Warlords«, sagt Kornelius. Bereits am Kapitulationsort vor Kundus prügeln die ersten Krieger Dostums auf die Taliban ein, treten sie. Irgendwann am 28. November sind die Kämpfer von Mullah Fazil Muslimyar dann weggeschafft – die erste Phase der Kapitulation ist beendet.

Eine Kapitulation, die ihre Spuren bei Kornelius hinterlassen hat. Ein Brandzeichen auf seiner Seele. In sich gekehrt ist der frühere Elitesoldat. Es gibt niemanden, mit dem er einfach mal ein Bier trinken geht. Niemand, der mal so vorbeikommt. Kornelius verbringt seine Zeit in seinem Häuschen, das er sich von seinem Sold im Ausland, »in der Sonne«, gekauft hat. Das helle Tageslicht jedoch scheut er: Gardinen schwächen die Sonnenstrahlen ab und machen den Raum schummerig. Aufgehellt nur durch das Flimmern des Fernsehers, der unentwegt dudelt. Das Haus verlässt der ehemalige Söldner nur, um seinen Kühlschrank aufzufüllen. Und selbst darauf verzichtet er oft genug. »Es gibt Tage«, sagt Kornelius, »da lebe ich nur noch in einer anderen Welt.« Tage, an denen er sich nach einem Schuss in einem TV-Krimi auf den Wohnzimmerboden flüchtet und Deckung hinter einem Sessel sucht. Posttraumatische Belastungsstörung nennen Psychiater diese Krankheit, bei der das Gehirn ein belastendes Ereignis nahezu unentwegt in einer Endlosschleife ablaufen lässt. Aus der Dauervorführung in seinem Kopf findet Kornelius kaum noch ins Hier und Jetzt. Als befinde sich sein Geist nicht in seinem Körper, sondern immer noch in Afghanistan.

Dort, wo es nach Schweiß roch. Allein dieser Geruch reicht heute aus, sagt Kornelius mit zitternder Stimme, »und ich bin wieder in Zeini«, jener Festung, in der die Taliban konzentriert werden sollten. Dann hört er sie wieder schlurfen. Und dann werden die Taliban-Krieger im Nebel sichtbar. Die Gotteskrieger stolpern zu den Lastwagen mit den Containern. Sie helfen einander, in die 12,03 Meter langen, 2,35 Meter breiten und 2,38 Meter hohen Blechkisten zu steigen. Bis zu 200 Taliban werden in einem Container zusammengepfercht. Genau hat das niemand gezählt, nur geschätzt. Scheppernd werden die beiden Türen zugeschlagen, verriegelt – als »würde jemand mit einem Nudelholz auf die Hülse einer Granate schlagen«, flüstert Kornelius. Seine Hände hinterlassen dunkle Flecken auf der beigen Hose.

Langsam, stockend, oft nur in Satzfetzen erzählt der deutsche Söldner von den Todeskonvois des Usbeken-Generals Abdul Rashid Dostum: Jeweils sechs bis zwölf Lastwagen bilden einen Geleitzug. Solange noch nicht alle Container zur Abfahrt bereit sind, warten die anderen mit ihrer menschlichen Fracht in der prallen Sonne am Straßenrand in der Wüste. So hatten sunnitische Taliban 1997 Tausende schiitischer Hasaras verdursten und ersticken lassen – und umgekehrt: Ein Jahr zuvor hatten die Hasaras Taliban in Container getrieben, in die Wüste gefahren und für Tage in der Sonne stehen gelassen. Bis sich in den Blechkästen nichts mehr rührte. Von dieser Methode der Massenhinrichtung will Kornelius erst erfahren haben, als sein Vertrag als Söldner bei Abdul Rashid Dostum endete.

Der ordnete an, dass zwischen 7 000 und 8 000 Taliban von Qala-i-Zeini in das Gefängnis seiner Hochburg Sheberghan transportiert wurden. Gesichert durch seine Krieger und einige Leihsoldaten. Kornelius' Konvoi brach am Freitag, den 30. November auf. Bestiegen hatten die Taliban die vier Container bereits am Nachmittag des Vortages. Stundenlang hatten sie ohne frische Luft, Wasser oder Lebensmittel eng zusammengepfercht in ihrem Gefängnis darauf gewartet, dass die Reise endlich losgehen würde. 120 Kilometer über die A 76 genannte Nationalstraße, die in Deutschland streckenweise nicht einmal als Feldweg durchgehen würde. Durch steinige, ausgetrocknete Flussbetten, fortwährend ruckelnd. Bei diesen Bedingungen wären die Konvois gut und gerne 24 Stunden unterwegs.

Meist übertönte das laute Fahrgeräusch die Laute aus den Containern: »Hämmern mit ihren Fäusten gegen die Metallwände – kein Sauerstoff – kein Wasser.« Je mehr sich der Film in Kornelius' Kopf jener Szene in der Wüste zwischen Masar-i-Scharif und Sheberghan nähert, die er vergessen will, desto länger werden seine Pausen beim Erzählen. Kornelius reibt sich die Augen. Zeige- und Mittelfinger pressen gegen die Schläfen, dass die Fingerkuppen sich weiß färben.

Irgendwann bei einer Pause, erzählt er später, habe einer der Usbeken mit seiner Kalaschnikow in einen der Container geschossen. »Ich weiß nicht, ob der einen Befehl dazu hatte oder ob sich da einfach nur die Anspannung der vergangenen Tage und Woche entlud. Fest steht: Der Kerl gehörte nicht zu meinen Männern, ich hatte ihn vorher nie gesehen«, bekräftigt Kornelius. Immer mehr Usbeken seien von den Pick-ups gesprungen und hätten Magazin um Magazin in die Blechbehälter gefeuert. Kornelius' Stimme zittert: »Irgendwann auch geschossen.« Drei Magazine, 90 Schuss habe er abgefeuert, sagt er. In einen blauen Container, von dem der Rost die Farbe absprengt hatte. Und aus dem irgendwann Blut tropfte.

Am Samstagmittag kommt Kornelius' Konvoi am überfüllten Gefängnis in Sheberghan an. Aus den vier Containern werden »100, 150 Tote« gezogen – der deutsche Söldner weiß es nicht genau. Die meisten sind erstickt. Andere wurden von den MG-Salven getroffen und verbluteten.

In Sheberghan ist niemand überrascht. Auch die Soldaten des ODA 595, die am Gefängnistor in ihren Fahrzeugen hockten, waren es nicht. An Container mit toten Taliban haben sich die Gefängniswärter Dostums offenbar schon gewöhnt. Und geben genaue Anweisung, wie in diesem Fall zu verfahren sei: »Die noch lebenden Gefangenen abladen. Mit den Toten wurden wir in die Wüste an einen Ort Dasht-e-Leili geschickt«, berichtet Kornelius.

Dort, eine Viertelstunde südlich von Sheberghan, war bereits alles vorbereitet, um die Spuren der Todeskonvois zu verwischen: Dostum hatte Bagger und Raupen in die Wüste beordert, um Massengräber ausheben zu können. An einer Stelle, an der bereits Taliban und Hasaras ihre ermordeten Opfer verscharrt hatten. Der Usbeken-General hatte eigens eine Miliz-Truppe abgestellt, die die Toten aus den Containern holte und in ein Massengrab warf. Sogar an Plastikhandschuhe, wie Ärzte und Krankenschwestern sie tragen, hatte Dostum gedacht. »Die Zufahrtsstraßen waren abgesperrt, da kamen die Dorfbewohner noch nicht einmal zu Fuß durch«, sagt Kornelius.

Er will nicht bemerkt haben, was andere Augenzeugen später Medizinern der amerikanischen Hilfsorganisation »Ärzte für Menschenrechte« berichten: Entdecken Dostums Milizionäre unter den Leichen in den Containern Überlebende, richten sie diese hin. Die Stimme des Deutschen wird fester, je weiter sich der Film in seinem Kopf von der Erschießungsszene in der Wüste entfernt. Die Hände hält er immer noch vor sein Gesicht gepresst.

Sie werden Kornelius keine Ruhe lassen, die Toten von Dasht-e-Leili. Sie werden wiederkommen: jede Nacht. Immer wenn Kornelius zur Ruhe kommt. Zuerst kommt ihr Schlurfen. Als würden Badelatschen über Fliesen schleifen. Dann werden sie sichtbar. Sie stolpern zu den Lastwagen mit den Containern. Keine glänzenden Augen. Alle mit gebrochenem Blick.

6000 bis 7000 gefangene Taliban sollen von Qala-i-Zeini nach Sheberghan losgeschickt worden sein. 3015 sind im Gefängnis der Stadt angekommen, in der Dostum vom Politkommissar zum General einer Privatarmee aufstieg. Was mit den anderen 2500 bis 3500 geschah, ist bis heute nicht geklärt. Ob sie leben, ob sie starben, ob sie ermordet wurden, wird – wenn überhaupt – nur schwer aufzuklären sein. Augenzeugen des Todeskonvois wurden eingeschüchtert, bedroht, ermordet. Sieben Jahre lang wurde Forensikern der UNO und von Hilfsorganisationen der Zugang nach Dasht-e-Leili verweigert: Die NATO-geführte Afghanistantruppe ISAF konnte den Schutz von Pathologen und Kriminologen nicht garantieren.

Aufarbeitung eines Verbrechens

Was sich in den Wintertagen 2001 in Sheberghan und Dasht-e-Leili zutrug, haben Angehörige von Hilfsorganisationen und Journalisten ein Jahr später rekonstruiert. Mehrere der Rechercheure wurden ermordet. Augenzeugen wurden unter Druck gesetzt, erpresst, gefoltert und getötet. Die ISAF, aber auch die westlichen Regierungen weigerten sich, Druck auf Dostum auszuüben, um eine Untersuchung des Massakers von Dasht-e-Leili durch unabhängige Forensiker zuzulassen. Die ISAF lehnte es mit Blick auf die Sicherheitslage ab, den Tatort so zu sichern, dass Experten der UNO das Verbrechen untersuchen konnten.

Am 12. Dezember 2008 gab UN-Sprecher Dan McNorton in Kabul darüber Auskunft, dass die Spuren des mutmaßlichen Kriegsverbrechens in der nordafghanischen Wüste inzwischen beseitigt wurden: »Wir können bestätigen, dass die Gräber in der Gegend um Dasht-e-Leili geöffnet wurden.« Ein Expertenteam der Vereinten Nationen, das im Spätherbst 2008 in die Wüste vorgelassen wurde, fand drei große, leere Löcher vor. Das amerikanische Außenministerium geht in einem vertraulichen Bericht von 2002 davon aus, dass Dostum etwa 2000 tote Taliban dort in der Wüste hatte verscharren lassen.

Was über das mutmaßliche Massaker bekannt ist, fanden im Jahr 2002 Mediziner der amerikanischen Hilfsorganisation »Ärzte für Menschenrechte – Physicians for Human Rights (PHR)«, Reporter des US-Nachrichtenmagazins *Newsweek* und der irische Fernsehreporter Jamie Doran heraus. Ihre Recherchen bekräftigen, was der deutsche Söldner »Kornelius« aussagt.

Am 16. Januar 2002, etwa sechs Wochen nach der Verbringung der Taliban nach Sheberghan, besuchten die beiden PHR-Rechercheure Jennifer Leaning und John Heffernan das dortige Gefängnis. Die Zustände, die sie dort vorfanden, seien katastrophal gewesen, schreiben sie später in ihrem Bericht. 3000 gefangene Taliban seien auf einem Raum zusammengepfercht gewesen, der für 800 Menschen vorgesehen war. Viele von ihnen krank, verwundet, hungernd. Hellhörig machte die Aktivisten, was die Insassen des Dostum-Kerkers ihnen zuflüsterten: Hunderte von ihnen seien auf dem Weg in dieses Gefängnis in geschlossene Container gesteckt worden, wo sie dann erstickten. Mit zu wenig Sauerstoff, ohne Wasser und unter sengender Sonne, seien sie in stundenlanger Fahrt zum Gefängnis gebracht worden – ein Höllen-Trip, der für viele in den Massengräbern von Dasht-e-Leili endete. Afghanische Hilfskräfte und Beamte bestätigten den Medizinern hinter vorgehaltener Hand die Berichte der Gefangenen.

Das Ärzte-Duo zog William D. Haglund zu Rate. Der forensische Anthropologe hatte für das UNO-Kriegsverbrechertribunal in Den Haag Massengräber in Ruanda, Bosnien, dem Irak und Sri Lanka untersucht. 2002 war er Direktor des Internationalen Forensischen Programms der PHR geworden. In der Wüste von Dasht-e-Leili fand er, was streunende Tiere aus dem Sand gewühlt hatten: Menschenknochen. Ein Schienbein, drei Hüftknochen, Rippen. Schuhe lagen im Sand, Sandalen, Mützen. Die Schnüre von Gebetsketten. Spuren eines Raupenfahrzeugs. Einige der angenagten Knochen waren bleich und alt. An anderen aber fand Haglund noch Gewebe oder Muskelfasern.

Der Amerikaner begann an einer Ecke zu graben. Nach anderthalb Metern stieß er auf menschliche Skelette. Noch verwesend. Die Toten waren eng aneinandergepresst. Haglund hob zur Probe einen etwa fünfeinhalb Meter langen Graben aus. Auf dieser Strecke fand er 15 Leichname. »Es waren relativ frische Leichen. Das Fleisch war noch an den Knochen«, berichtete Haglund den Ärzten für Menschenrechte. Einige der Toten waren an den Händen gefesselt. Drei der Leichname exhumierte er. Die Autopsie ergab: Die Männer waren erstickt. 3000 getötete Taliban vermutet die Hilfsorganisation in den Massengräbern von Dasht-e-Leili.

Die *Newsweek*-Reporter Babak Dehghanpisheh, John Barry und Roy Gutman spürten 2002 in Afghanistan einige Fahrer der Todeslaster auf, die die Gefangenen von Qala-i-Zeini nach Sheberghan transportiert hatten. Einer von ihnen berichtet den *Newsweek*-Reportern: Nach einigen Stunden in der glühenden Sonne hätten die Eingeschlossenen gegen die Wände geklopft und nach Wasser geschrien. »Wir sind Menschen, keine Tiere!«, habe einer der Gefangenen aus dem Innern der Stahlbox gerufen. Der Fahrer versuchte, Löcher in die Wände zu schlagen, bis Soldaten von Dostum ihn daran hinderten. Als die Kämpfer wieder weg waren, legte einer der Gefangenen sein Gesicht an eines der Löcher und fragte den Fahrer: »Bist du ein Moslem?« »Ja«, antwortete er. »Sieh meine Zunge an«, sagte der Eingeschlossene und streckte sie heraus. Sie hatte Risse von der Trockenheit.

Andere Fahrer berichten von ähnlichen Szenen: »Als die Lastwagen schließlich beim Gefängnis Sheberghan eintrafen, waren viele schrecklich ruhig. Mohammed steuerte den Lastwagen, der an zweiter Stelle fuhr, doch als der Container des ersten Fahrzeugs geöffnet wurde, stieg er aus und lief in den Hof des Gefängnisses. Von den etwa 200 Männern, die vor weniger als 24 Stunden in den versiegelten Container geladen worden waren, hatte kein einziger überlebt. Sie öffneten die Türen und die Toten quollen wie Fische heraus«, erinnert sich der Fahrer.

»Am nächsten Tag, dem 30. November, trafen weitere sieben Containerladungen mit Gefangenen ein, und am 1. Dezember nochmals sieben.« Die von den *Newsweek*-Reportern befragten Fahrer berichten, dass die meisten Container Tote enthielten. Teilweise hätten die den Transport begleitenden Milizen unterwegs auf die Blechbehälter geschossen. Nachdem die Überlebenden in Sheberghan aus den Containern getrieben worden seien, sei den Lastwagenfahrern befohlen worden, nach Dasht-e-Leili zu fahren. Dort hätten Usbeken die Leichname aus den Containern gezerrt und in die Massengräber geworfen. Aziz ur Rahman Razek, der Direktor der Afghanischen Organisation für Menschenrechte, gab zu Protokoll: »Ich kann zuverlässig sagen, dass mehr als eintausend Menschen in den Containern gestorben sind.«

Reporter Roy Gutman verfügt über große Erfahrung gerade in der Recherche von Kriegsverbrechen. Er rekonstruierte als einer der ersten Journalisten das Massaker von Srebrenica, bei dem der Serben-General Ratko Mladić mehr als 8000 muslimische Männer und Jugendliche abschlachtete. Gutman sagt: »Die von uns befragten Quellen waren ausgesprochen glaubwürdig. Mit uns zu reden war lebensgefährlich für sie. Einer unserer Informanten wurde ein halbes Jahr nach unseren Recherchen tot in der Wüste gefunden. Er war zuvor gefoltert worden.«

Der irische Fernsehreporter Jamie Doran recherchierte,

dass amerikanische Soldaten der ODA 595 während der Gefangenentransporte das Gefängnis in Sheberghan bewacht und tatenlos zugesehen hätten, wie dreißig bis vierzig gefangene Taliban im Hof von Dostum-Milizionären erschossen wurden. Die Elitesoldaten seien auch in der Wüste bei Dashte-Leili gesehen worden. Das amerikanische Verteidigungsministerium dementiert, dass seine Soldaten in irgendeiner Weise an dem mutmaßlichen Massaker beteiligt waren. Auch weist das Pentagon entschieden zurück, die ODA-595-Kämpfer hätten gefangene Taliban in Sheberghan gefoltert. Ein Augenzeuge schildert in Dorans Dokumentation jedoch, dass er gesehen habe, wie »ein amerikanischer Soldat einem Gefangenen das Genick gebrochen und einem anderen Säure ins Gesicht geschüttet hat«.

In einem Interview mit dem amerikanischen Fernsehmagazin »frontline« bestätigte ein Angehöriger der amerikanischen Eliteeinheit, im Gefängnis in Sheberghan gewesen zu sein. Master Sergeant Paul erzählt: »Was ich erwähnen möchte: Nach dem Fall von Kundus fuhren wir nach Sheberghan. Im dortigen Gefängnis setzte Dostum eine große Anzahl von Taliban und Al-Qaida-Gefangenen fest. Dostum und seine Leute machten den besten Job, den sie machen konnten, um auf diese Leute aufzupassen. Da mag es UN-Mitarbeiter oder Beobachter anderer Organisationen geben, die sagen, die hatten nicht genug Decken oder die hatten nicht genug zu essen oder wo ist das frische Wasser. Aber wenn ich die Jungs gesehen habe, die dort Wache geschoben haben, dann hatte auch keiner von denen eine Decke. Die Häftlinge wurden genauso behandelt wie die Soldaten Dostums. Ich habe keinerlei Grausamkeiten beobachtet, obwohl ich sie hätte bemerken müssen, wenn es welche gegeben hätte. Einige Gefangene sind vielleicht gestorben, weil sie verwundet oder krank waren. Dostums Truppen konnten denen keine medizinische Hilfe leisten, weil sie selbst keine hatten.«

Sein Vorgesetzter, Hauptmann Mark D. Nutsch, ergänzt:

»Hätten wir Verletzungen der Menschenrechte festgestellt, hätte es in unserer Verantwortung gestanden, diese zu verhindern – ohne uns dabei einer zu großen Gefahr auszusetzen. Wenn wir es nicht hätten verhindern können, dann hätten wir es zumindest gemeldet. Wir hätten den Kommandeur der Nordallianz, dem wir jeweils zugewiesen waren, darauf hinweisen müssen, dass wir ihn verlassen würden, wenn er Menschenrechtsverletzungen begeht. Und dann wären wir herausgeholt worden.«

Es ist fraglich, ob sich die amerikanischen Soldaten an dem möglichen Massaker beteiligt haben. Kornelius versichert: »Im Gefängnis von Sheberghan haben die amerikanischen Soldaten die Gefangenen nicht angefasst. Da waren einige CIA-Agenten, die Taliban verhört haben. Nach allem was ich gehört habe, waren die an 130, 150 Talibs dran. Was mit denen passiert ist, weiß ich nicht. In der Wüste war kein einziger Amerikaner, das habe ich überprüft und überprüft und überprüft. Ich habe keinen einzigen unter Dostums Männern gefunden, der einen der ODA-Jungs da gesehen hat.«

Abdul Rashid Dostum wiederum leugnet nicht, dass es Tote unter den gefangenen Taliban gegeben habe: »Meine Männer haben die Container begleitet, damit die Gefangenen nicht fliehen konnten. Einige Taliban waren verwundet. Es gab vielleicht zehn oder fünfzehn Container, in denen jeweils möglicherweise zehn, fünfzehn, zwanzig oder dreißig Gefangene starben. Sagen wir alles in allem 190 Tote. Wir haben 3000 bis 4000 Männer in diesem Krieg verloren. Also, 190 Gestorbene während des Transportes sind nun wirklich nicht so viele.«

Eine Zahl, die die deutsche Bundesregierung unterbietet. »Welche Informationen liegen der Bundesregierung bis heute über die Misshandlung und Ermordung von Gefangenen im November 2001 in der Nähe von Kundus vor?«, wollten die Abgeordneten Hans-Christian Ströbele, Winfried Nachtwei und Monika Lazar von den Grünen in der kleinen Anfrage 16/3944 am 1. Dezember 2006 wissen. Nur 14 Tage später hatten sie die Antwort auf dem Schreibtisch: »Die Bundesregierung verfügt über keine eigenen Erkenntnisse über mögliche Misshandlungen oder Ermordung von Gefangenen im November 2001 in der Nähe von Kundus. Nach Aussage der Vereinten Nationen kann es jedoch als gesichert angesehen werden, dass im Zuge der Kriegshandlungen vom November 2001, als Truppen der Nordallianz Stadt und Provinz Kundus eroberten, ca. 6 000 Gefangene von Kundus nach Masar-i-Scharif verbracht wurden. Von diesen Gefangenen sollen ca. 170 den Tod gefunden haben. In zwei in den Jahren 2002/2003 von den Vereinten Nationen wie auch von der Nichtregierungsorganisation ›Physicians for Human Rights‹ untersuchten Massengräbern in der Region Masar-i-Scharif wurden die sterblichen Überreste von Männern gefunden, welche dem Anschein nach in zeitlichem Zusammenhang mit den Kampfhandlungen vom November 2001 verstarben. Aus den Gräbern wurden sieben Leichen zur Durchführung von Autopsien entnommen. Von Forensikern wurden als Todesursachen Tod durch Ersticken oder durch Krankheit festgestellt. Spuren äußerer Gewalteinwirkung konnten bei keiner dieser Leichen gefunden werden. Zu den Todesumständen gibt es widersprüchliche Zeugenaussagen.« Damit war der Fall für die deutsche Bundesregierung zu den Akten gelegt.

Deutsche Staatsanwälte sind bislang nicht darauf vorbereitet, Kriegsverbrechen wie das von Dasht-e-Leili aufzuklären. Gefechte, Minen, getarnte Tatorte, verwischte Spuren, getötete und eingeschüchterte Zeugen, das sind nur einige der Probleme, die Ermittler erwarten, wenn sie Kriegsverbrechen aufklären wollen. Eine Suche nach der Nadel im Heuhaufen. Vor allem, weil die Spurensuche in einem Kriegsgebiet auch noch in der bürokratischen Atmosphäre eines deutschen Gerichtes Bestand haben muss. Hier müssen sie den am grünen

Tisch ausgetüftelten Einwänden und Entlastungsangriffen findiger Verteidiger standhalten.

Ein nahezu unmögliches Unterfangen, besonders bei der Kategorie von Leihmilitärs, die der UNO-Sonderbauftragte für das Söldnerwesen, der Russe Alexander Nikitin, »illegale Söldner« nennt. Sie werden von Regierungen und Konzernen angeheuert, wenn es keine Spuren geben soll, wer für einen Krieg, für Tote und Verletzte, für Vergewaltigte und Beraubte verantwortlich ist. Gerade dann werden Schattenkrieger angemietet, die in Spezialeinheiten, in den Fremdenlegionen Frankreichs und Spaniens, in den Eliteverbänden der britischen Armee gelernt haben, im Verborgenen zu kämpfen. Söldner, die keine Zeugen dafür brauchen können, dass sie irgendwo in der Welt auftauchten, um Ölfelder zu erobern, Diamantenfelder zu besetzen, Staatsstreiche zu unterstützen oder Drogenlabore zu verteidigen. Männer wie Kornelius wollen so schnell wie möglich so viel Geld wie möglich verdienen. Dafür erledigen sie die Jobs, die Soldaten oder »legale Söldner« nicht erledigen wollen oder können, weil es die sie beauftragenden Regierungen in Misskredit bringt und deren Image schadet. Einsätze wie die im irakischen Foltergefängnis Abu Ghraib. Einsätze, für die Soldaten zumindest halbherzig belangt werden, wenn Informationen über sie an die Öffentlichkeit gelangen. Besonders dann, wenn die Operationen blutig werden könnten.

In diesen Fällen die persönliche Schuld eines Kriegsverbrechers zu beweisen »erfordert Spezialisten. Staatsanwälte, die sich in einen Fall verbeißen. Fahnder, die nach den wenigen Beweisen suchen, die die Täter bei der systematischen Vernichtung von Beweisen übersehen haben. Ermittler, die trotz ständiger Rückschläge nicht aufgeben und fest daran glauben, ein solches Verbrechen unter widrigsten Umständen aufklären und vor kritischen Richtern beweisen zu können«, sagt die frühere Chefanklägerin des Kriegsverbrechertribunals in Den Haag, Carla del Ponte.

Das ist in Deutschland schwer zu realisieren. Zwar sind deutsche Staatsanwälte zuständig, wenn ein Deutscher im Irak oder in Afghanistan einen Menschen verletzt oder getötet haben könnte. Oft genug aber fehlt es außer an den Möglichkeiten, in einem Kriegsgebiet Spuren sichern und Zeugen befragen zu können, auch am dafür notwendigen Fachwissen. Ein Grund, warum der parlamentarische Geschäftsführer der FDP-Bundestagsfraktion, Jörg van Essen, seit Jahren eine sogenannte Schwerpunktstaatsanwaltschaft fordert, die mögliche Straftaten von Soldaten der Bundeswehr im Ausland untersucht. »Kompetenz muss gebündelt, Ressourcen geschönt werden«, sagt der ehemalige Oberstaatsanwalt und verweist auf die Erfolge beispielsweise der Schwerpunktstaatsanwaltschaften zur Korruption. Überall dort, wo die Ermittler für Filz und Bestechung in Deutschland zusammengezogen wurden und sich ausnahmslos nur noch mit solchen Fällen beschäftigten, stiegen die Anklagen ebenso an wie die Verurteilungen.

Normale Staatsanwaltschaften, sagt Bernhard Gertz, Ex-Vorsitzender des Bundeswehrverbandes, seien auf »solche Verfahren wie in Afghanistan doch gar nicht vorbereitet«. Die könnten die Situation eines Soldaten überhaupt nicht beurteilen, »der in einem gepanzerten Fahrzeug mit einer Nachtsichtbrille auf dem Kopf das Feuer eröffnet«. »Eine zentrale Zuständigkeit« wäre sinnvoll, sagt der Wehrbeauftragte des Bundestages Reinhold Robbe (SPD), weil sich dann »ein Staatsanwalt entsprechende Fachkompetenz erwerben könnte«. Der CDU-Wehrexperte Bernd Siebert verspricht sich von der Zentralisierung eine »Beschleunigung der Verfahren«. Und auch Verteidigungsminister Franz-Josef Jung regte bei seiner für Justiz zuständigen Kabinettskollegin Brigitte Zypries (SPD) die »Zentralisierung von Zuständigkeiten« an. Aus gutem Grund: Als ein deutscher Oberfeldwebel im August 2008 in Kundus an einem Kontrollpunkt eine Frau und zwei Kinder erschoss, untersuchten seine Kameraden von der Militärpolizei den Vorfall. Sie erstellten die einzigen Ermittlungsakten, nach denen die Staatsanwaltschaft Frankfurt an der Oder den Vorfall bewerten sollte. Gerade bei Gegnern des Bundeswehreinsatzes in Afghanistan wird vor diesem Hintergrund der Vorwurf der Vetternwirtschaft, der manipulierten und unterschlagenen Beweise laut.

Dem könnte nach Vorstellung des Liberalen Jörg van Essen mit einer Schwerpunktstaatsanwaltschaft in Potsdam entgegengetreten werden. Dort ist das Einsatzführungskommando der Bundeswehr stationiert, das die weltweiten Missionen der Streitkräfte plant, befiehlt und koordiniert. Ginge es nach FDPler Max Stadler, würden sich die Staatsanwälte dort auch gleich auf mögliche Straftaten deutscher Söldner in ihren Einsätzen spezialisieren. Für den früheren Richter Stadler steht außer Frage, »dass es auch bei Strafverfolgungsbehörden eine gewisse Spezialisierung geben muss. Eine Konzentration des Wissens um bestimmte Vorgänge, damit Ermittler auch einordnen können, was strafrechtlich relevant ist und was nicht. Insofern stehe ich dem Gedanken einer Schwerpunktstaatsanwaltschaft durchaus aufgeschlossen gegenüber. Die Tätigkeit von privaten Sicherheitsfirmen ist ja nicht per se rechtswidrig. Aber dort, wo diese Unternehmen eingesetzt werden, gibt es Situationen, in denen es eben auch zu Straftaten kommen kann.«

Zu Kriegsverbrechen wie dem des Massakers von Dasht-e-Leili. Auftraggeber für derartige Söldneroperationen wie die ausführenden privaten Militärfirmen kalkulieren bereits ein, dass mögliche Kriegsverbrechen verborgen bleiben. »Das schlägt sich im Preis nieder: Je mehr Blut fließen kann, desto teurer wird es für den Auftraggeber«, beschreibt ein britischer Ex-Offizier das Geschäft, das auch sein auf Kampfeinsätze spezialisierter privater Arbeitgeber macht. »Für uns ist in solchen Fällen wichtig: Ist der Auftraggeber in der Politik so gut vernetzt, dass er Untersuchungen zu solchen ›schwarzen Operationen‹ verhindern oder zumindest verzögern kann.«

Deutschland ist nicht darauf vorbereitet, dass seine früheren Soldaten und Polizisten zunehmend auch an solchen privat abgewickelten Militäroperationen teilnehmen. Es fehlen die Gesetze, die Straftaten von Söldnern besonders unter Strafe stellen. Es fehlen Staatsanwaltschaften, die darauf spezialisiert sind, solche Straftaten zu untersuchen, Beweise in Kriegsgebieten zu sammeln und die Täter anzuklagen. Aber vor allem fehlt das politische Bewusstsein in Deutschland, dass deutsche Söldner zu einem festen Bestandteil in allen Bereichen des privaten, internationalen Militärgeschäfts geworden sind.

Deutsche Söldner im Dienste Allahs

Leben und sterben für den Heiligen Krieg

Erschießen möchte er sie. Einen nach dem anderen. Abknallen, wie streunende Hunde. Männer. Frauen. Kinder. Alle Ungläubigen, die dieses Unheil in die Welt bringen. Auf der anderen Seite der Grenze, in Afghanistan, wo seine Heimat ist: 75 Kilometer Luftlinie sind es nur bis drüben, in seinen Weiler bei Jalalabad. Unweit der Schwarzen Berge, von Tora Bora, wo sich Osama bin Laden versteckt haben soll, bevor er nach Pakistan floh. Drüben in Afghanistan, wo jeden Tag Muslime erschossen werden. Mit Bomben will er die Täter zerfetzen. Rache nehmen. An denen aus dem Westen. An deren Soldaten. Und ihren Entwicklungshelfern. Denen, die den Heiligen Koran beschmutzen. Die den Propheten verunglimpfen. Den Allmächtigen beleidigen. Mit Daumen und Zeigefinger kneift Ibrahim in den Flaum an seiner Oberlippe: »Nie werde ich denen verzeihen, nie werde ich vergessen, was sie meinen Brüdern antun.«

Ibrahim spricht wie jemand, der weiß, dass sein Leben zu Ende ist. Auch wenn es gerade erst angefangen hat. Seine Stimme ist kräftig – wie die eines jungen Mannes, der den Stimmbruch gerade hinter sich hat. Seine Augen sind glasig. Seine rechte Hand zwickt in die linke, bis sich die bronzene Haut weiß verfärbt. Er sitzt auf einem Hügel, hinter ihm die ausgebrannten Ruinen eines pakistanischen Weilers, das Resultat eines amerikanischen Luftangriffs. Vor ihm ein Panoramablick auf Afghanistan: schneebedeckte Gipfel, tiefe Schluchten. Das Blaugrau der Felsen wird ab und an von einem schwarzen Schatten unterbrochen. Das sind Höhlen. Aus der einen oder anderen kringeln sich dünne Rauchfahnen. Blauer Himmel, weiße Wölkchen. Sonnenschein. Ibrahim ist berauscht von einem einzigen Gedanken: zu töten. Grinsend sagt er: »Das kann ich gut, sehr gut!«

Auch wenn ihm das nicht anzusehen ist. Die Kurta, das kragenlose Hemd der Afghanen, Pakistani und Inder, schlottert um seinen dünnen Oberkörper. Seine Arme schlackern um die Hüften. Seine schmutzigen Füße stecken in braunen Plastiksandalen. Der Pakol, die traditionelle flache Mütze der Paschtunen, rutscht ihm in die Stirn, wenn Ibrahim die Berge hinaufstolpert. Feingliedrige Finger hat er, wie ein Pianist. Keine, die eine Kalaschnikow halten. Oder eine Panzerfaust abfeuern. Man glaubt kaum, dass er in Afghanistan eine umgeschnallte Sprengladung zünden könnte.

Schießen, sprengen, töten hat Ibrahim aber bei den Taliban gelernt. Er ist ein islamistischer Söldner. Wie die jungen Männer, die auf den verwackelten Videos islamistischer Websites im Internet zu sehen sind. Den Aufständischen am Hindukusch ist es nicht nur gelungen, die meisten ihrer Kämpfer bei der NATO-Invasion im Herbst 2001 über die Grenze nach Pakistan in Sicherheit zu bringen. Sie haben sich nicht nur neu organisiert und bewaffnet. Sie haben sich in den südlichen Provinzen Afghanistans und nicht nur dort wieder festgesetzt und treiben mit den NATO-geführten Truppen ein blutiges Katz-und-Maus-Spiel. Sie haben nicht nur die Infrastruktur reaktiviert, die sie zwei Jahrzehnte zuvor brauchten, um die Russen aus Afghanistan zu vertreiben. Auch jetzt schleifen sie wieder Rekruten für den Dschihad, für den Heiligen Krieg. In Pakistan und in Afghanistan, im Irak und auf dem Balkan.

Auf dem wird fleißig für den antiwestlichen Kampf trainiert. Für einige westliche Geheimdienstler ist der Balkan zum neuen, elitären Trainingsgelände für islamistische Terror-Lehrlinge geworden – gerade für solche aus Westeuropa.

»In Bosnien sind die NATO-Truppen viel zu früh reduziert worden: Das Land ist alles andere als stabilisiert, der islamistische Extremismus auf dem Balkan wächst schleichend, aber stetig. Unmittelbar vor der Haustür Westeuropas«, benennt eine hoher Offizier der Stabilisierungstruppen der Europäischen Union (EUFOR) in Bosnien-Herzegowina die Gründe für die Entwicklung. 2098 Soldaten sind noch in dem Land stationiert, das von 1993 bis 1995 im Krieg versank, unter ihnen 135 Deutsche.

Zu wenig, um die unübersichtlichen Berge und Schluchten wirkungsvoll zu kontrollieren – wie sich im Frühjahr 2008 zeigte: Da entdeckten bosnische Anti-Terror-Einheiten im unwegsamen Gebirge um Jablanica im Süden der Hauptstadt Sarajevo gleich ein gutes Dutzend Waffenverstecke, randvoll gefüllt mit allem, was zum Training, aber auch zum Einsatz der Terror-Gesellen gebraucht wird. In einem geheimen NATO-Dossier führt die Allianz im Dezember 2008 gleich acht mögliche Camps auf, in denen im gleichen Jahr das Terrorhandwerk gelehrt worden sein soll. Metergenau sind Berge, Seen und Weiler angegeben, wo die Dschihad-Azubis schießen und sprengen ebenso lernten wie die Mixturen von Sprengstoffen und die Kommunikation über tote Briefkästen. Die bosnische Polizei hat Hinweise darauf, dass die ersten fertig ausgebildeten Gotteskrieger damit beginnen, Selbstmordanschläge vorzubereiten. Der bosnische Journalist Esad Hecimović, seit Kriegsende auf Recherchen zum Thema Mudschaheddin in seinem Heimatland spezialisiert, weiß: »Sie haben alles, um sich in die Luft zu sprengen. Ob und wann sie es tun, hängt lediglich von den Befehlen ihrer Führer ab.«

Einer, der das Sagen hat, ist Nezim »Muderris« Halilović. Ein volles, rundes Gesicht mit gütigen, braunen Augen hat er. In die tiefschwarzen Haare seines Bartes haben sich einige weiße Strähnchen gemischt. Wäre die gestutzte Kinnpracht des 1965 Geborenen weiß, er könnte den perfekten Weihnachtsmann mimen. So gibt er den Scharfmacher in der größten Moschee Südosteuropas. Die König-Fahd-Moschee wurde unmittelbar nach Kriegsende vom saudischen Hochkommissar im Sarajevoer Stadtteil Alipašino Polje in Auftrag gegeben, unweit der Häuser, in denen 1984 die Sportler während der Olympischen Winterspiele wohnten. Die Kommission ist eine humanitäre Hilfsorganisation, an deren Spitze ein Diplomat stand. Sie hat mehr für Bosnien gespendet als alle anderen, die auszogen, um den fragilen Frieden in Bosnien zu stabilisieren. Und das schon seit 1993, als der Westen noch grübelte, ob und unter welchen Umständen er sich überhaupt in den Bürgerkrieg einmischen sollte. Mit großen Summen bauten die Saudis Moscheen auf, gründeten Koranschulen und reparierten zerstörte Wohnungen in Sarajevo, als die Waffen nach 1425 Tagen Belagerung schwiegen.

Kaum waren die ersten Truppenkontingente unter Führung des westlichen Verteidigungsbündnisses in Bosnien einmarschiert, fuhren die saudischen Hilfskonvois in alle Gebiete, in denen lediglich Muslime vermutet wurden. Alle Spenden für das bosnische Engagement stammten aus den Schatullen und Kollekten der Dynastie Al-Saud in Riad. 700 Millionen Dollar, so schätzt die frühere Chefredakteurin der liberalen Tageszeitung *Oslobodjene*, Senka Kurtević, haben die Ölscheichs allein zwischen 1995 und 2005 nach Bosnien gepumpt, um ihre Glaubensbrüder zu unterstützen. Die Fahd-Moschee ist ihr Geschenk an die bosnischen Muslime, die sie als Opfer der Christen sehen – auch wenn Serben und Kroaten bei ihren mörderischen Vertreibungsfeldzügen zur Aufteilung Bosniens alles andere als christlich handelten. Das prunkvolle Gotteshaus ist zu einem Anlaufpunkt für alle geworden, die sich in Europa mit den radikalen Formen des Islam beschäftigen.

Ein festungsgroßer Kuppelbau mit runden Zwillingstürmen. Über dem schmiedeeisernen Tor weisen goldene Lettern auf den Finanzier des Prachtbaus hin: König Fahd Bin Abd al-Aziz al-Saud. Grauer Marmor, so weit das Auge sieht. Goldene Kristalllüster in den Gebetsräumen. Die Ölmultis setzten auf Prunk, um die in drei Brügerkriegsjahren gemarterten Seelen für die wahre Lehre Allahs zu gewinnen. Und das gilt nicht nur für die Außenansicht. Die Moschee beherbergt auf ihrem Gelände alles, was operativ benötigt wird, um die wahhabitische Heilslehre zu verbreiten. Dazu gehören eine Koranschule, eine islamische Bibliothek, ein Sprachlabor und ein Sporthalle – die einzige im Stadtviertel. Die Scheiben der Seitengebäude sind verspiegelt. Auf ihnen spiegeln sich gedrängelt die Silhouetten der auch 14 Jahre nach Kriegsende immer noch von Granatlöchern und Geschossgarben gezeichneten Wohnblocks in der Umgebung. Auf dem Markt der fliegenden Händler vor dem Gotteshaus kleiden Wahhabiten ihre Frauen mit der »Bula« ein, der bosnischen Art der Frauenverhüllung, die nur das Gesicht frei lässt. Im Winter 2008 hat aber auch die aus Afghanistan bekannte »Burka« ihren Weg auf die Kleiderbügel unter den Zeltdächern des Marktes gefunden. Auf dem verscherbeln Kaufleute mit brustlangem Bart DVDs mit den Hetzpredigten salafistischer Mullahs ebenso wie Videos von Gotteskriegern, die in Tschetschenien und dem Irak, in Afghanistan und Palästina die Ungläubigen das Fürchten lehren.

Mittendrin in diesem Schmelztiegel agiert Nezim Halilović, Kampfname »Muderris«: Zögling der Gazi-Husrev-Beg-Koranschule, der schon 1531 gegründeten muslimischen Hochschule. Student der Al-Azhar-Universität in Kairo. Kommandeur der 4. Muslimischen Brigade, dem »Muderris«-Verband. Während des Krieges reichte Halilovićs Bart bis zu seinem Brustbein. Er trug wie seine Kämpfer aus vielen arabischen Staaten schwarze Uniform, einen schwarzen Turban und eine eckige Brille, wie sie Heinz Erhardt in den Siebzigern aufsetzte. Am Gürtel steckte ein unterarmlanger Dolch in einer mit Koransuren bestickten Scheide. Zum Gebet ließ

Halilović seine auch von Osama bin Laden finanzierten Krieger in Reih und Glied hinter sich antreten.

Heute trägt der Mullah gern schwarze Anzüge und Krawatten, die mit einem Clip am Hemd befestigt werden. Der Mittvierziger argumentiert rhetorisch geschickt, wenn es um seinen Glauben geht. Dann jongliert er mit Begriffen wie »Wahhabiten«, »Salafisten«, »Sunniten« und »Schiiten«, nutzt gnadenlos aus, wenn seine Gesprächspartner in Sachen Islam und Koran nicht fest im Sattel sitzen: »Wie will das christliche Abendland uns verstehen, einen konservativ geprägten Islam verstehen, wenn es nicht einmal die Grundzüge unseres Glaubens versteht?«, fragt er dann und fixiert sein Gegenüber schweigend mit sein Augen. Dann erklärt er die Welt, in der seine Art, den Islam zu leben, ganz harmlos ist: »Ihr im Westen seid irritiert, dass jetzt viele Muslime in Bosnien zu ihrem Glauben zurückfinden und nicht mehr wie früher an der Moschee vorbei in die Bars gehen, um dort Alkohol zu trinken und Schweinefleisch zu essen.«

Als wäre es so einfach: Gleichgültig, wo auf der Welt und aus welchem Grund Muslime in einer Auseinandersetzung mit dem Westen zu Tode kommen: Halilović will Rache. Freitag nachmittags predigt er dann vor bis zu 4000 Gläubigen im einst weltoffenen Sarajevo den Heiligen Krieg: gegen Israel, weil es fortwährend Palästina angreife, gegen die Russen, weil sie Tschetschenien attackierten, gegen den Westen, weil der nun mal dekandent sei und an der Seite der USA kämpfe, gegen die Amerikaner, weil die den Irak und Afghanistan besetzten und die Verkörperung des leibhaftigen Teufels überhaupt seien. Seine Saat fällt auf fruchtbaren Boden in einem Land, auf dem vier Jahre lang gemetzelt wurde, ohne dass es den Westen sonderlich interessierte. Einem Land, das 100 000 Kriegstote beklagte, 80 Prozent von ihnen Muslime – »im Herzen Europas«, wie Halilović alljährlich am 15. Juli betont. An den Tagen, an denen in Bosnien die Menschen der mindestens 8500 Toten gedenken, die die serbische Soldateska des Ratko Mladić 1995 im Silberbergbaustädtchen Srebrenica abschlachtete.

Das Trauma von Srebrenica sitzt tief in der bosnischen Gesellschaft. Und Halilović nutzt es: Sein Name taucht immer wieder dann auf, wenn es auf dem Balkan um Ausbildungslager für den terroristischen Nachwuchs geht. Seine Spezialität: Die Ausbildung nichtarabischer Terrorlehrlinge mit westlichen Lebensläufen, sogenannter »weißer Muslime«. Und die will er vor allem in Westeuropa rekrutieren. Denn, so sagt ein in Deutschland geschulter bosnischer Staatsschützer, »solche Männer können in jede europäische Stadt geschickt werden, ohne aufzufallen. Die perfekten Terroristen für dieses Schlachtfeld. Und hier werden sie ausgebildet. Vor der Haustür. Nicht ohne Grund mutmaßten die deutschen Sicherheitsbehörden, Eric Breininger halte sich in Bosnien auf.« Im September 2008 vermuteten deutsche Sicherheitsbehörden, der zum Islam konvertierte Saarländer habe die Ausbildungslager in Pakistan verlassen, sich auf den Rückweg nach Deutschland gemacht und einen Zwischenstopp in Bosnien-Herzegowina eingelegt.

Wo Breininger herkam, war die Dichte an Terrorcamps um einiges höher: Mindestens 157 Ausbildungslager wollen amerikanische Geheimdienste im pakistanisch-afghanischen Grenzgebiet lokalisiert haben. Die sogenannte Nordwest-Grenzprovinz Pakistans ist fest in der Hand der Extremisten und Mullahs. Gestützt und geschützt durch den pakistanischen Geheimdienst. Auch die Regierung von Ex-Präsident Pervez Musharraf hat lokale Friedensabkommen mit jenen geschlossen, die der Westen nur unter dem Begriff Taliban kennt. Sein Nachfolger Asif Ali Zardari änderte daran nichts. Deshalb können schwer bewaffnete Aufständische in den Regionen Mohmand, Bajour, Malakand, Orakzai und Swat nach Belieben Straßensperren errichten. Mit Ruten auf die blanken Sohlen von Drogenhändlern eindreschen, angeblich ehebrechende Frauen steinigen oder Männer, die sich rasieren, an Straßenlaternen aufknüpfen – um der Scharia, dem islamischen Recht, Achtung zu verschaffen. Schwarz beturbante, sonnenbebrillte Krieger greifen die Lebensader der internationalen Afghanistan-Schutztruppe ISAF an, den strategisch wichtigen Khyber-Pass in der gleichnamigen Region in Wasiristan – in der sich irgendwo, da sind sich westliche Geheimdienstler sicher, auch Osama bin Laden versteckt hält.

Hier im Nordwesten Pakistans jagen die Ausbilder des Terrors Teenager durch brennende Reifen, drücken ihnen Sturmgewehre und Panzerfäuste in die Hand, scheuchen sie unter Stacheldrahtverhaue, pauken ihnen den Koran ein. Hier filmen sie fürs Internet, wie achtjährigen Steppkes beigebracht wird, Sprengstoffgürtel umzuschnallen und sich mit einer Koransure auf den Lippen in die Luft zu sprengen – »Allah akbar« – »Gott ist größer«. Der Nordwesten Pakistans ist zum Bergcamp für islamistische Abenteurer, Kämpfer und Selbstmordattentäter geworden, zum terroristischen Grundausbildungslager.

Was aus ihm wird, sei ihm gleichgültig, sagt Ibrahim. »Egal, wenn ich getötet werde. Ich habe nichts zu verlieren – nur das Paradies zu gewinnen.« Denn er habe nichts, wofür es sich zu leben lohne. Keine Vergangenheit, keine Gegenwart, nur eine vielversprechende Zukunft. Mit einem verlässlichen Sold, solange er lebt: Zwischen 25 und 40 Dollar am Tag zahlen die Taliban ihren Kriegern, die mit einer Kalaschnikow auf die Ungläubigen in Afghanistan feuern. Der Schuss aus einer Panzerfaust ist den selbst ernannten Gotteskriegern bis zu 55 Dollar täglich wert. Gemessen an den Verdienstmöglichkeiten in Afghanistan und Pakistan sind das Reichtümer: 40 Dollar sind das Maximum, was ein Afghane monatlich nach Hause bringt.

Zumal die Mullahs der Taliban ein verheißungsvolles All-inclusive-Paket geschnürt haben: Für den Einsatz beim Dschihad entlohnen sie ihre privaten Kämpfer nicht nur mit irdischen Gütern. Im Sold inbegriffen ist im Todesfall der Einzug ins Paradies – so zumindest versichert dies Taliban-Chef Mullah Omar. Wer unter der grünen Fahne des Islam anheuert, kämpft nicht nur für Geld, wie es Benny im Irak tut. Auch wenn Terrorfürst Osama bin Laden bezahlte Agenten aussandte, um mit Hunderten von Dollars Freiwillige für den Kampf der Afghanen gegen die Russen zu verpflichten – in Zeiten des globalen Dschihad zählt für islamische Söldner ideeller Sold mindestens genauso viel wie materieller. Mullah Omar beruft sich dafür auf des Allmächtigen eigenen Propheten Mohammed. Der schrieb in der An-Nisa, der 4. Sure des Koran, in die 74. Zeile: »Lasst also für Allahs Sache diejenigen kämpfen, die das irdische Leben um den Preis des jenseitigen Lebens verkaufen. Und wer für Allahs Sache kämpft, alsdann getötet wird oder siegt, dem werden Wir einen gewaltigen Lohn geben.«

Glückseligkeit verspricht der Prophet auch in der At-Tauba genannten 9. Sure, Zeile 111: »Allah hat von den Gläubigen ihr Leben und ihr Gut für das Paradies erkauft: Sie kämpfen für Allahs Sache, sie töten und werden getötet; eine Verheißung – bindend für Ihn – in der Thora und im Evangelium und im Koran. Und wer hält seine Verheißung getreuer als Allah? So freut euch eures Handels, den ihr mit Ihm abgeschlossen habt; denn dies ist wahrlich die große Glückseligkeit.«

Allahs Söldner können sich des himmlischen Paradieses sicher sein, in dem es ohne jeden Zweifel auch Jungfrauen gibt. Dass aber gleich 72, 77 oder gar 99 Jungfern auf sie warten, davon hat der Prophet nichts in den Koran geschrieben. Zumindest was die Anzahl angeht, bleiben die selbstmordbereiten Leihkrieger so lange im Ungewissen, bis sie sich ins Paradies gesprengt haben.

Der Fall Eric Breininger

Ins Paradies werden alle Nationalitäten einberufen, versichert Ibrahim: »auch Deutsche«. Im Januar 2009 wurden deutsche Sicherheitsbehörden durch eine Botschaft von Glaubenssöldnern von Rhein und Donau, Elbe und Oder alarmiert: Sie hatten einen Dreißig-Minuten-Streifen mit dem Titel »Frohe Botschaft aus Afghanistan« ins Internet gestellt. In dem fordert ein gewisser Abu Abdullah zwar mit verzerrter Stimme, doch auch mit erkennbarem niederrheinischem Dialekt seine »Geschwister« in Deutschland auf, gleich mit der ganzen Familie in den Dschihad zu ziehen. »Bringt eure Frauen und Kinder mit!« Denen offeriert er »Wohnsiedlungen weit weg von der Front. Krankenhäuser, Ärzte, Apotheken. Und Schulen, in denen unsere Kinder den Islam nicht nur betrachten lernen, sondern vor allem leben und lieben lernen.«

Die Macher des Filmes lassen keinen Zweifel aufkommen, was sie darunter verstehen: Kinder toben auf einem Schulhof herum. Einziges Spielzeug: ein schweres Maschinengewehr russischer Bauart auf einem dreibeinigen Stativ. Ein vielleicht sechs Jahre altes Mädchen in brauner Kurta und mit weißem Kopftuch schwenkt die Waffe herum, ermuntert von älteren Kindern. »Kommt allesamt und lebt den Dschihad mit der gesamten Familie«, wirbt Abu Abdullah.

Ein Kampfgefährte Abdullahs, Abu Adam, hockt inmitten einer Gruppe schwer bewaffneter, grimmig dreinschauender Gotteskrieger. Eine blau-weiße Kufije, einen Palästinenserschal, um Kopf, Gesicht und Hals geschlungen, die Augen hinter einer Sonnenbrille versteckt. Wie breite Hosenträger wirkt das übergeworfene Gestell, an dem die Magazine für ein Kalaschnikow-Sturmgewehr hängen. In bestem Deutsch kraftmeiert Abu Adam: »Diese Mudschaheddin tun alles für Allah und seinen Gesandten. Bei Gott, ich sage es noch mal, sie tun alles für Allah und seinen Gesandten.« Denen, die sich dem Heiligen Krieg gegen die Ungläubigen angeschlossen haben, wünscht er »ein gutes Geschäft«.

»In den vergangenen Jahren war Deutschland mit im Blick von Terrororganisationen, jetzt sind wir deutlich im Fadenkreuz«, bewertete ein Sprecher des Innenministeriums die Internet-Offerten der Gotteskrieger. Inzwischen gebe es bei der Anwerbung möglicher Terroristen im World Wide Web immer mehr Videos mit deutschen Untertiteln und in deutscher Sprache. Experten des Bundeskriminalamtes (BKA) werten Stunden neuen Filmmaterials aus. Al-Qaida forciere deutlich, auch deutsche Extremisten gezielt zum Schritt hin zum Terror zu bewegen.

BKA-Chef Jörg Ziercke mahnt unermüdlich davor, die Internetfilmchen auf die leichte Schulter zu nehmen. Er hat Hinweise darauf, dass die Superhirne des Terrors ihre den Westen betreffenden Strategien verändern. Der oberste deutsche Fahnder glaubt, »dass man Europäer ganz gezielt sucht, um solche dann auch in Deutschland oder sonst in Europa für solche Anschläge einzusetzen. Die Absicht von Al-Qaida ist klar: Junge Menschen aus den Ländern zu gewinnen, wo dann Anschläge begangen werden sollen.« Schon im Frühjahr 2008 warnte Top-Polizist Ziercke vor Selbstmordanschlägen junger muslimischer Extremisten aus Deutschland. Mehrere Dutzend von ihnen, so entdeckten Fahnder seines Amtes, haben das Terrorhandwerk in Ausbildungslagern am Hindukusch erlernt. Ziercke mahnte: »Diejenigen, die eine Ausbildung in den Lagern erfahren haben, sind dafür prädestiniert – und wenn gleichzeitig eine tiefe islamistische Schulung vorliegt, ist es vorstellbar.«

Am 3. März 2008 sprengte sich der in Deutschland aufgewachsene Türke Cüneyt Ciftci in der ostafghanischen Provinz Khost in die Luft, riss zwei amerikanische Soldaten und zwei Afghanen mit in den Tod. Der 28 Jahre alte Selbstmordattentäter wurde in Freising bei München geboren und lebte zuletzt im fränkischen Ansbach. Die deutsche Staatsbürgerschaft hatte er nie beantragt, obwohl sie ihm zugestanden hätte. Im April 2007 kündigte der verheiratete Vater zweier Kinder seinen gut bezahlten Job bei Bosch, meldete sich korrekt bei den deutschen Behörden ab und reiste über die Türkei und Syrien in den Nordwesten Pakistans.

Fortan nannte er sich Saad Ebu Furkan und ließ sich für das Selbstmordattentat ausbilden. BKA-Chef Ziercke war alarmiert: »Wir haben jetzt den ersten Selbstmordattentäter, der in Deutschland aufgewachsen ist und eine solche Tat im Ausland begangen hat. Man muss davon ausgehen, dass so etwas auch bei uns passieren könnte – obwohl es derzeit keine konkreten Hinweise dafür gibt.« In Rückkehrern aus den pakistanischen Trainingscamps sieht Ziercke eine »reale Bedrohung für die Sicherheit in Deutschland«. Mindestens eine Hand voll aus Deutschland stammender junger Männer vermuten Zierckes Ermittler noch in Ausbildungscamps in den paschtunischen Stammesgebieten zwischen Pakistan und Afghanistan.

Einer von ihnen, mutmaßten deutsche Fahnder, soll sich im Herbst 2008 auf den Weg zurück nach Deutschland gemacht haben: der Saarländer Eric Breininger. Auch wenn die Ermittler schon nach wenigen Wochen entwarnten, suchen sie nach wie vor in der Öffentlichkeit nach dem Zwanzigjährigen. Seit dem 25. September 2008 hängt das Bild des jungen Mannes an Flughäfen und Bahnhöfen, in Polizeistationen und Einwohnermeldeämtern. Breininger rangiert auf dem Fahndungslisten-Spitzenplatz der deutschen Sicherheitsbehörden: »Die abgebildete Person wird dringend verdächtigt, Mitglied einer terroristischen Vereinigung zu sein, und wird mit Haftbefehl gesucht.« Auf dem Poster haben die Fahnder das Wort Terrorismus rot unterstrichen. Das Foto zeigt einen unauffälligen jungen Mann: gestylte Kurzhaarfrisur, pausbackiges Gesicht, Flaum an der Oberlippe und am Kinn. Der Blick eines Fünfjährigen, der gerade mit dem Fuß aufstampft und trotzig ruft: »Doch, so ist es!«

Über Tausende von Kilometern weit haben sich deutsche Fahnder und Geheimdienstler an die Fersen Breiningers geheftet, sind seiner Fährte über Ägypten nach Pakistan gefolgt. Bis in ein Ausbildungslager im Grenzgebiet Pakistans. Hier haben sie seine Spur zumindest offiziell verloren. Er soll in den Bergen Wasiristans gewesen sein, wo Camps der Al-Qaida vermutet werden. Die Hügel, vor denen sich Breininger irgendwo am Hindukusch filmen und dann den Film auf islamistische Internetseiten stellen ließ, diese Hügel, Büsche und Felsen können überall in der Region sein.

Die Clips zeigen einen anderen jungen Mann als die Fahndungsplakate: Der bockige Pausbäckige hat seinen Babyspeck verloren. In seinen ersten Auftritten auf der Digitalbühne hat Breininger eine Kufije um den Kopf gewickelt, seine Hände halten das Kalaschnikow-Sturmgewehr wie ein Rekrut in der ersten Woche seiner Grundausbildung. So wie Kinder, die beim Cowboy-und-Indianer-Spiel mit Stöcken aufeinander zielen und »Peng« rufen. Ende 2008 dann scheint aus dem Kind mit Abenteuerdrang ein Kämpfer geworden zu sein. Das Gewehr hält er geübt lässig, so wie Veteranen es tun. Seine Schulter wird vom Rückstoß nicht zurückgerissen, als er Salve um Salve in die Hügel feuert. Eric Breininger heißt jetzt »Abdul Gahfar el Almani« – »der Diener des Allvergebenden aus Deutschland«. Er trägt einen gefleckten Kampfanzug und Turban und predigt den Krieg gegen die Ungläubigen. In wenigen Monaten ist aus dem Landesauswahl-Fußballer aus dem saarländischen Hinterland ein Söldner Allahs und des Propheten geworden.

Ein überheblicher dazu. In einem eingeübten Interview auf der türkischsprachigen Website der usbekischen Terrororganisation Islamische Dschihad Union (IJU) fragt ihn ein vermummter Kampfgefährte: »Das Bundeskriminalamt fahndet nach Ihnen. Was sagen Sie dazu?« Breininger keck: »Dass die nach mir suchen, macht mir, ehrlich gesagt, keine Sorgen.«

Für ihren Internetauftritt haben die Islamisten tief in die Propagandakiste der Abteilung »markig« gegriffen – Überschrift: »Zeit für den Heldentod«. Den sagten deutsche Sicherheitsbehörden für Eric Breininger erst in Afghanistan voraus und zeichnen ein düsteres Szenario: Mit ein paar Kilo Sprengstoff am Leib könnte er sich in die Luft sprengen, möglichst nah bei deutschen Soldaten oder zivilen Helfern im Norden Afghanistans. Womöglich nur um ein paar Minuten verzögert im Internet übertragen. Die übliche suizidale Inszenierung, die Frauen, Männer und Kinder für den Heiligen Krieg gewinnen soll. Das Meisterstück Eric Breiningers, des vom Christentum zum Islam konvertierten Twens, für den finalen Internetauftritt digital festgehalten: die letzte Verneigung nach Mekka, eine letzte Sure aus dem Heiligen Koran. Ein Schwenk über den umgeschnallten Sprengstoffgürtel oder über das mit Dynamit vollgestopfte Auto. Vielleicht noch eine prahlerische Phrasendrescherei. Dann bereitet arabisches Tschingderassabum mit gottesfürchtigem Gesang den Höhepunkt des Selbstmordthrillers vor: den Feuerball – aus mehreren Perspektiven gefilmt, mindest einmal in Zeitlupe wiederholt. Unterlegt mit demütigem »Allahu akbar« – Gott sei seiner Seele gnädig.

Allahs Söldner erwartet ein kurzes Leben. Der junge Saarländer konvertierte erst im Februar 2007 zum Islam. Verfassungsschützer, Polizisten und Journalisten haben versucht, den Weg des Terror-Lehrlings nachzuzeichnen: Breininger wird am 3. August 1987 in Neunkirchen geboren. Der berühmteste, wenn auch gerne verschwiegene Sohn der Kleinstadt ist Erich Honecker. 48 530 Einwohner haben die Stadtverwalter am 31. Dezember 2007 gezählt. 18 Kilometer sind es von Neunkirchen nach Saarbrücken, 43 nach Kaiserslautern. Breiningers Eltern trennen sich früh, der Sohn lebt mit Mutter und Schwester in einer beschaulichen Gegend. Da, wo die Stadt ländlich wird, sich Hügelketten in die Landschaft wellen und Rehe aus den Wäldern kommen, um an

Gartenzäunen zu äsen. Ein durchschnittlicher Schüler sei er gewesen, notieren die Ermittler. Und auch sonst hatte er eine Kindheit, wie sie Millionen deutscher Mädchen und Jungen verbringen.

Mit sechs kickt er mit den Jungs auf der Straße, mit neun schnürt er seine Fußballschuhe für den Traditionsklub Borussia Neunkirchen. Gute Spielübersicht, gute Technik, erinnern sich seine Jugendtrainer. Breininger zieht zeitweilig das Leibchen des Saarländischen Fußballverbandes an und streift bei der Borussia auch mal die Binde des Mannschaftskapitäns über den linken Oberarm. Einen bleibenden Eindruck hinterlässt er nicht: Kaum einer seiner Mitspieler erinnert sich heute an mehr, als dass der »Eric wie die meisten war«. Deshalb schindet er sich vielleicht immer seltener beim Training, schließlich erscheint er gar nicht mehr. Stattdessen hängt er ab, wie Jugendliche das nennen: Faulenzt mit der Clique auf dem Bolzplatz. Ab und zu ein bisschen Inline-Skating.

Ein »aufgeweckter und lebensfroher Junge« sei ihr Bruder gewesen, sagt die acht Jahre ältere Anke. Einer, der immer Freunde oder seine Clique um sich hatte. Aber auch einer, der leicht zu beeinflussen gewesen sei. Breininger hört Hiphop. Deshalb trug er auch lange Basketball-Shirts, Kapuzenpullover und weite Hosen. »Die hingen bis hier«, erinnern sich seine Kumpels von früher und zeigen dort auf ihre Oberschenkel, wo Po in Bein übergeht. Breininger spielt Dart, bräunt sich auf der Sonnenbank, stemmt im Fitnessstudio Gewichte und raucht. Manchmal auch Joints. Und presst Zwanzig-Cent-Münzen so flach, dass er sie in Zigarettenautomaten werfen und Kippen ziehen kann. Er wird erwischt, ein Jugendrichter brummt ihm 60 Stunden Sozialdienst in einem Altersheim auf. Für die Polizei in Neunkirchen war er ein »Straßenköter, der umherstreunt«.

Weil er die Mittlere Reife nicht schafft, wechselt Breininger auf die Berufsschule in Neunkirchen. An der Handels-

schule will er den Abschluss erwerben. Denn, sagt seine
Schwester, er träumte von einem guten Einkommen und
einem eigenen Häuschen. Immer in Geldnot jobbt der inzwischen 17 Jahre alte Teenager bei einem privaten Paketdienst.
Irgendwann im Dezember 2006 spricht der radikale Muslim Anis P. den protestantisch getauften Breininger auf das
Silberkreuz an, das er um den Hals trägt. Seine Ex-Freundin
Eva sagt: »Der hat schon direkt gemerkt, dass Eric schwach
ist.« Breininger hat mit Religion wenig zu schaffen. Wenn er
überhaupt einen Gottesdienst besucht hat, dann um ihn zu
stören. Er begehrt erfolgreich auf, um seine Konfirmation zu
verhindern. Anis P. schwadroniert und missioniert – ein paar
Tage später wirft Eric Breininger das Kreuz von einer Brücke aus in das Flüsschen Blies.

Der junge Saarländer besorgt sich eine deutsche Ausgabe
des Koran. Erst lässt er seine Umwelt noch an seiner Wissbegierde in Sachen Islam teilhaben. Der neue Glaube, schwärmt
er, gebe ihm Halt. Kurze Zeit später versiegt sein Redefluss.
Staatsschützer glauben, dass Anis wohl schon in einem frühen Stadium seiner Bekanntschaft mit Breininger ihn mit
einer Gruppe Neunkircher muslimischer Extremisten bekannt machte. In der Gruppe lernt er auch den deutschen militanten Konvertiten Daniel Schneider kennen. Der spätere
mutmaßliche Terrorist aus der sogenannten Sauerlandgruppe
hatte seine Lehrjahre als Terror-Azubi in Pakistan absolviert
und war in den südwestlichen Zipfel Deutschlands zurückgekehrt. Aus Daniel Schneider war in Pakistan Abdullah geworden.

Die Fahnder des BKA sind sicher, dass Schneider Auszubildende für die Lager der Terrororganisation Islamische Dschihad Union (IJU) anwarb. Staatsschützer observierten den
Mann. Zu dem zwei Jahre älteren Schneider baute Breininger eine innige Beziehung auf. Eine Rekrutierung und Missionierung im Sauseschritt: Vier bis sechs Wochen nachdem
Anis P. den protestantischen Handelsschüler Breininger auf

sein Kreuz angesprochen hatte, tritt der im Januar 2007 zum Islam über.

Im Kreis seiner neuen Freunde spricht er auf Arabisch die Schahada, das Glaubensbekenntnis der Muslime: »La ilaha illa allah« – »es gibt keinen Gott außer Gott« und »Muhammadun rasulu allah« – »Mohammed ist sein Prophet«. Dann liest Breininger die erste Sure des Korans, die Al-Fatiha: »Im Namen Allahs, des Allerbarmers, des Barmherzigen. Alles Lob gebührt Allah, dem Herrn der Welten, dem Allerbarmer, dem Barmherzigen, dem Herrscher am Tage des Gerichts! Dir allein dienen wir, und Dich allein bitten wir um Hilfe. Führe uns den geraden Weg, den Weg derer, denen du Gnade erwiesen hast, nicht den Weg derer, die Deinen Zorn erregt haben, und nicht den Weg der Irregehenden.«

Eric Breininger selbst wählt als muslimischen Namen »Abdul Gahfar el Almani« – »der Diener des Allvergebenden aus Deutschland«. Nach seinem Selbstverständnis gehört er jetzt zu einem Team, das von der Wahrheit des Allmächtigen erleuchtet ist. Breininger kapselt sich ab. Lernt Arabisch, hört auf, seine schwarzen Haare zu gelen. Keine Zigaretten mehr, kein Schweinefleisch, kein Alkohol. Er verkauft seinen Computer, seinen CD-Player, die Spielekonsole. Irgendwann schaltet er auch den Fernseher nicht mehr ein. Zeitung hat er ohnehin nicht gelesen. »Medien verbreiten sowieso nur Lügen«, soll er gesagt haben.

Breininger scheucht auch seinen geliebten Hund fort. Der Speichel des Tieres könnte seine Kleidung verunreinigen, sagt er, dann müsse er sich erst wieder waschen, um beten zu können. Fünfmal am Tag kniet der Diener des Allvergebenden jetzt nieder und verneigt sich in Richtung Mekka. Den Gebetsraum in Neunkirchen besucht er nur manchmal. Wichtiger ist für das Duo Breininger-Schneider die Umar-Moschee der »Islamischen Begegnungsgemeinschaft« in einem Hinterhof im Saarbrücker Vorort Dudweiler. In der früheren Backstube in der Petrusstraße 32 haben vor allem Araber

1992 einen Gebets- und Gemeinschaftsraum eingerichtet. Die Eternit-Vertäfelung bröckelt, dreckige Fenster, ein heruntergekommener Hausflur. Eric Breininger trägt das Buch »Arabisch für neue Muslime« ständig bei sich. Eine rasante Veränderung. Für die Islamexperten der Inlandsgeheimdienste »eine Konversion im Zeitraffer«. Ein junger Mann auf der Suche nach Identität und dem Sinn des Lebens ist fündig geworden.

In die Petrusstraße bringt Breininger am 6. März 2007 seine Freundin Eva. 17 Jahre alt ist die Auszubildende aus dem Nachbarort Marpingen. Durch den Flur gelangt das junge Paar in die Hinterhofmoschee – vor der Tür muss die junge Frau ihre dunklen Haare mit einem Kopftuch verhüllen. Ein Imam traut die beiden. Die in arabischer Schrift verfasste Heiratsurkunde können die Teenager nicht lesen. Sicher ist aber, dass sich Breininger darin verpflichtet, »die Zahl der Muslime zu erhöhen« und ein Brautgeld zu zahlen: 60 Euro sofort, 40 Euro später. Eine Hochzeitsfeier steigt – mit seinen muslimischen Freunden, ohne Braut. Der teilt der frisch getraute Ehemann später mit, er werde sich noch eine andere Frau suchen.

Eric »wollte eigentlich, dass ich mich im Hintergrund halte, so gut wie gar nicht aus dem Haus gehe. Damit mich halt auch keiner sieht«, beschreibt Eva im ARD-Politmagazin »Panorama« Breiningers Vorstellungen vom Ehealltag. Sie trennt sich von ihm. Und er schmeißt noch ein paar Wochen vor seinen Abschlussprüfungen im Juni 2007 die Handelsschule. Im Internet verhökert der Neu-Muslim die Einrichtung seines Zimmers. Sein Bett, einen Buchständer für den Koran und die Heiratsurkunde behält er.

Als Breininger sagt, er wolle ins Ausland gehen, um Arabisch zu lernen, versucht Anke Breininger mit ihrem Bruder zu reden. Wie er in einem fremden Land über die Runden kommen wolle? »Meinst du, Allah zahlt dir dein Zimmer?« Breininger traktiert seine Schwester mit Tritten und Schlägen. Verflucht sie und die Familie: »Der Islam ist die einzige und wahre Religion.« Seiner Großmutter erzählt der Terror-Anwärter, dass Osama bin Laden »hier auf Erden noch viel zu regeln hat«. Die alte Frau wirft ihm vor: »Du bist auf dem Weg, ein Terrorist zu werden.« Der wahre Terrorist sei US-Präsident George W. Bush, entgegnet der Enkel – »und ihr Deutschen seid genauso«. »Aber du bist doch selbst ein Deutscher«, erwidert seine Oma. Nein, sei er nicht: »Die Deutschen sind Ungläubige.«

Wohl aus dieser Überzeugung heraus distanziert sich Breininger von seinen Landsleuten. Er zieht zu Daniel Schneider. Die beiden wohnen in der Petrusstraße, im zweiten Stock des sanierungsbedürftigen Vorderhauses, in dessen Hinterhof sich die Umar-Moschee befindet. Schneider ist eng mit Jan S. verbandelt. Der Spät-Aussiedler aus Kasachstan ist ebenfalls zum Islam konvertiert. Jan S. gehört zur Gruppe um den radikalen jordanischen Medizinstudenten und späteren Doktor Hasan al-Urduni. Dieser scharte Mitte der neunziger Jahre in Homburg an der Saar junge Muslime um sich und indoktrinierte sie. Mit dem »Doktor«, sagen Verfassungsschützer im Saarbrücker Innenministerium, sei das Saarland zum Hort islamistischer Gefährder, also potenzieller Terroristen, geworden.

Schneider und Breininger leben ein konspiratives Leben – trotzdem registrieren die Staatsschützer nahezu alles, was das Duo tut: Sie bemerken die Feuer, in die das Duo und seine Besucher CDs werfen. Sie sehen die Schatten, die bis in die frühen Morgenstunden hinter den Vorhängen wuseln. Sie kennen die E-Mails, die Schneider und Breininger aus Internetcafés verschicken. In einer abgefangenen Mail lesen Fahnder des BKA, Schneider werde seinen »Jungen in den Kindergarten« schicken. Für die Ermittler ein Code: Schneider schickt Breininger in ein Ausbildungslager am Hindukusch, »Kindergarten« ist für die Auswerter der Sicherheitsbehörden die Chiffre für die dschihadistische Grundausbildung.

Einige Tage später bucht Breininger im First Reisebüro im ersten Obergeschoss des Saar-Centers in Neunkirchen einen Billigflug nach Ägypten. 180 Euro blättert er für das Ticket nach Hurghada auf den Tresen. In der letzten Augustwoche 2007 fliegt Breininger an den Nil.

Eine Woche später, am Dienstag, den 4. September, stürmen Elitepolizisten der GSG 9 im sauerländischen Medebach-Oberschledorn ein Ferienhaus. Sie heben ein Terror-Trio aus, das – so der Vorwurf der Bundesanwaltschaft – an Autobomben herumgebastelt hat. Von »einer realen Gefahr« wird Generalbundesanwältin Monika Harms später sprechen. Hervorgerufen durch Breiningers Förderer Daniel Schneider und die beiden militanten Islamisten Fritz Gelowicz aus Ulm und den Türken Adem Yilmaz aus Langen. Die sogenannte Sauerland-Zelle, so der Vorwurf der Bundesanwaltschaft, wollte Bomben bauen, um diese vor Kneipen, Diskotheken und Flughäfen in Frankfurt am Main, Ramstein, Dortmund, Köln, Düsseldorf, Stuttgart und München zu zünden. In Hannover hatte die Gruppe zwölf Fässer mit Chemikalien bestellt, um daraus Sprengsätze zu basteln. Die Fässer hatten die Fahnder bereits vor der spektakulären Festnahme ausgetauscht – gegen Fässer, die mit harmlosen Stoffen gefüllt waren.

Während im Sauerland die GSG 9 Daniel Schneider festnahm, drückte Breininger in Kairo die Schulbank. Im Südosten der Metropole will der Saarländer Arabisch pauken und den Koran studieren. Er taucht in Madinat Nasr, der Stadt des Sieges, auf. Der Name des Viertels erinnert an den Sieg ägyptischer Truppen über die israelische Armee im Oktober 1973 auf dem Sinai während des Jom-Kippur-Krieges.

In Madinat Nasr geht das fruchtbare Nildelta in die trockene Wüste über, in deren Sand Stadtplaner Betonhochhäuser gestampft haben. Viele Europäer, viele junge Menschen leben hier am Rande der ägyptischen Metropole. Sie machen die Siedlung zu einem blühenden Stadtteil mit Supermärkten, Kinos und einem Stadion. Mit Preisen, die mit denen in Deutschland zu vergleichen sind und die nur die »Westler« auf die Ladentresen zählen können. Nur die Lebensmittel auf den Märkten sind billiger als hierzulande.

Die 800 Euro, mit denen Breininger ins Abenteuer Islamstudium gezogen ist, sind schnell aufgebraucht. Freunden hatte er vor dem Flug in die ägyptische Hauptstadt vorgeschwärmt, »das wird da unten für mich bezahlt und organisiert«. Geschenkt wurde ihm nichts – und auch die Imame wollen für Koranstunden und Arabischunterricht Geld sehen. Zunächst versichert er in einer E-Mail ins Saarland, »mit 130 Euro im Monat kommst du über die Runden«. Nach 13 Tagen Ägypten setzt sich eine neue Erkenntnis durch: Seine Schwester soll Kohle besorgen, mailt er. Und Bafög solle Anke für ihren Bruder beantragen. Die muss erst einmal rätseln, was Breininger meint, als er »barvoek« schreibt. Weil sein eigener Wohnblock keine Adresse habe, solle sie das Eric noch zustehende Kindergeld an die Adresse Projekt 27, Haus 8, Nummer 2401, Achter Bezirk, Madinat Nasr, Kairo, schicken. Dort wohnten gute Freunde von ihm. Die »Panorama«-Reporterin Christine Adelhart fand unter dieser Anschrift einen Marokkaner, der sich Abu Hafsa nannte. Er habe in Köln-Bildstöckchen gelebt und helfe gerne Deutschen.

Weit bringt es Abdul Gahfar el Almani alias Breininger nicht mit seinen Studien in der Privatschule für Arabisch und Islamstudien im Erdgeschoss eines Mietshauses in der Mustafa-Uthman-Straße. »Er hat auf dem Niveau Null, dem untersten Niveau, studiert«, versichert Direktor Asim Shauqi. Vokabeln und Suren paukt der Konvertit aus dem Saarland allerdings nicht mehr allein. Irgendwann im Oktober hat er Verstärkung aus der Heimat bekommen. Houssain al-Mallah, ein Libanese aus Neunkirchen, ist ebenfalls nach Kairo gereist.

Ins Gästebuch einer Website schreibt Houssain al-Mallah: »Liebe Freunde. Wir sind hier in Madinat Nasr und lernen eifrig und fleissig den Koran und manches mehr. Bis bald.

Auch viele Gruesse von Eric, er wird bald zu euch zurueckkehren! Bitte noch etwas Geduld!!« Wenig später, so rekonstruieren die Fahnder des BKA, fliegen die beiden über Dubai in den Iran. Von dort aus schlagen sie sich nach Pakistan durch. In der ersten Aprilwoche wird das Duo noch einmal in der Taliban-Hochburg Peschawar an der Grenze zu Afghanistan geortet. Dann verlieren sich die Spuren Breiningers und al-Mallahs in den Bergen des Hindukusch.

Im Mai drischt Breininger zum ersten Mal seine Phrasen in Videobotschaften. Inzwischen glauben die Fahnder, dass Breininger in Pakistan eine Waffen- und Sprengstoffausbildung erhalten hat. Auch Kampferfahrung dürfte der Saarländer inzwischen gesammelt haben. Nachrichtendienstler wollen erkannt haben, dass der Diener des Allverzeihenden aus Deutschland an Überfällen auf die ISAF-Truppe im Süden Afghanistans beteiligt war.

Der Rekrutierung für den Dschihad ist die zweifelhafte Jungfern-Offerte bestimmt nicht abträglich. Jungfrauen, so wissen es vor allem christliche Journalisten, warteten im Paradies auf die Krieger, die im Kampf für den Islam gefallen seien. So stehe es, wissen die Reporter, im Koran geschrieben. Anscheinend in verschiedenen Versionen und Übersetzungen: Denn die Anzahl der Jungfrauen reicht von 72 bis 775. Mohammad Razavi Rad, Direktor des Hamburger Instituts für Human- und Islamwissenschaften, irritieren solche Aussagen: »Eine Stelle, die solche Verheißungen verspricht, habe ich selbst nach 30 Jahren Forschung über den Koran nicht gefunden.«

Breiningers Geschichte zeigt aber, welche Gründe junge Deutsche oder in Deutschland aufgewachsene Männer noch haben, sich den Gotteskriegern anzuschließen – Beeinflussbarkeit und Labilität sind zwei todsichere Kriterien. Zunehmend, berichtet das Bundesamt für Verfassungsschutz in Köln, wenden sich in Deutschland aufgewachsene Männer dem militanten Islamismus zu. Die Nachrichtendienstler orten Dutzende solcher Terror-Lehrlinge auf dem Weg in die Camps im Nordwesten Pakistans. Oder registrieren, dass die Azubis dort bereits Gewehr und Panzerfaust schultern. Die Verfassungsschützer warnen: Tendenz steigend. BKA-Chef Jörg Ziercke beunruhigt an den jungen Männern vor allem die »Gleichgültigkeit gegenüber dem Tod«. Dass sich Muslime aus arabischen Ländern, aus Israel und Palästina, aus Nord- und Ostafrika in die Luft sprengen, daran hat sich die deutsche Öffentlichkeit gewöhnt. Dass dies künftig auch Deutsche und in Deutschland Aufgewachsene tun, muss erst noch den Weg ins deutsche, ins westliche Bewusstsein finden.

Wie aus westlichen Jugendlichen radikale Krieger werden

»Hausgemachten Terrorismus« – »homegrown terrorism« nennen zwei Analysten der New Yorker Polizei diese Erscheinung, bei der aus scheinbar normalen Teenagern wild um sich schießende und Bomben werfende Söldner des Islam werden. Mitchell Silber und Arvin Bhatt haben die elf Terroranschläge und versuchten Attentate in Europa, Kanada, Australien und den USA untersucht, die nach dem 11. September 2001 von Islamisten verübt wurden. Das Ziel der beiden Wissenschaftler: Eine Antwort darauf zu finden, warum und wie im reichen Westen aufgewachsene Jugendliche zu islamistischen Kampfmaschinen werden.

Die beiden Kriminologen haben sich für ihre Studie *Radicalization in the West: The Homegrown Threat*, also »Radikalisierung im Westen: Die hausgemachte Bedrohung«, in London umgeschaut, wo sich am 7. Juli 2005 vier junge Männer binnen kurzer Zeit während des Berufsverkehrs in die Luft sprengten. 56 Menschen wurden getötet, mehr als 700 verletzt. Die sogenannten »Rucksackbomber« kamen aus pakistanisch- und jamaikanisch-stämmigen Familien.

Außerdem nahmen Mitchell und Bhatt den Anschlag von Madrid unter die Lupe: Während des Berufsverkehrs explodierten in der spanischen Hauptstadt am 11. März 2004 in einer Serie von Bombenanschlägen elf Sprengsätze in Vorortzügen. 191 Menschen wurden getötet, 2051 verletzt. Spezialisten der spanischen Polizei gelang es, drei weitere Bomben kontrolliert zu sprengen: Sie waren so platziert und eingestellt, dass sie genau dann detoniert wären, wenn die Rettungsarbeiten ihren Höhepunkt erreicht hätten.

Als dritten Anschlag in Europa untersuchten die beiden US-Polizisten den Mord an dem niederländischen Regisseur Theo van Gogh. Mohammed Bouyeri, ein in Amsterdam aufgewachsener Sohn marokkanischer Einwanderer, richtete den Islamkritiker am 2. November 2004 im Osten der niederländischen Hauptstadt förmlich hin. Acht Mal feuerte er aus einer kroatischen HS-2000-Pistole auf den Filmemacher. Dann schnitt der Islamist van Goghs Trenchcoat auf und stach ihm ein Messer in die Brust. Kurz nach dem Mord wurde Bouyeri festgenommen, nachdem er sich noch eine Schießerei mit der Polizei geliefert hatte. Die Fahnder recherchierten, dass der damals 26 Jahre alte Mann einer islamistischen Gruppe von 19 Niederländern sowohl nordafrikanischer als auch niederländischer Abstimmung angehörte. Die meisten von ihnen lebten in Den Haag, dem Sitz des obersten, Hofstad genannten Gericht des Landes. Deshalb nannte der Inlandsgeheimdienst AIVD sie das »Hofstad-Netzwerk«.

Gerade bei den drei europäischen Anschlägen sind sich die Kriminologen sicher: Die gottesfürchtigen Leihkrieger trieb die Lehre des Salafismus in den Kampf für das himmlische Paradies. Diese besagt, dass nur der Prophet Mohammed und dessen Gefährten den wahren Islam repräsentieren. Alles, was von dieser vermeintlich reinen Lehre abweicht, ist für Salafisten ein Verbrechen an der religiösen Wahrheit und muss entfernt werden. Diese Ideologie beeinflusse die Entwicklung der in europäischen Ländern geborenen und aufgewachsenen jungen Menschen sehr, sie »bestimmt ihre Einstellungen und Beweggründe und ist das Fundament ihres Handelns«, da sind sich Silber und Bhatt sicher.

Die zwei Polizisten beschreiben vier Phasen, in denen sich harmlose Teenies schrittweise in mordende Privatkämpfer des Islam verwandeln: In der ersten Phase werden besonders anfällige, unsichere und leicht beeinflussbare Jugendliche aufgewiegelt. »Vor-Radikalisierung« nennt das Autorenduo diesen Prozess. Der sei eine Bestandsaufnahme der individuellen Welt künftiger Terroristen und Gotteskrieger, eine Analyse »ihrer Abstammung, ihres Lebensstils, ihrer Religion und ihrer Erziehung, bevor sie in die Tretmühle der Radikalisierung geraten«, sagt Mitchell Silber. Es sind Lebensläufe junger Menschen, wie sie millionenfach in Europa zu finden sind. Mit einem gemeinsamen Nenner, der bei allen Jugendlichen zu finden ist, die von einer radikalen Idee des Islam verführt werden: Sie sind Suchende – auf der Suche nach einer Identität und dem Sinn ihres Lebens.

Zu der Zeit, als ein radikaler Muslim ihn ansprach, verscherbelte einer der mutmaßlichen Logistikchefs der Madrider Anschläge, Jamal Ahmidan, die Designerdroge Ecstasy und Hasch. Seine Freizeit verbrachte der Jugendliche mit seinen spanischen Kumpels und bauchfrei gekleideten Freundinnen in Tattoo- und Piercing-Studios, in Pubs und Billardcafés. Eric Breininger spielte Fußball, lief manchmal Inline-Skates, und auch er war auf der Suche – vor allem nach Bestätigung –, als ihn Anis P. auf sein Schmuckkreuz ansprach. Jason Walters, einer der Köpfe der Hofstad-Gruppe, Sohn eines US-Soldaten und einer Niederländerin, spielte auch Fußball und war ebenfalls auf der Suche nach einem Sinn in seinem Leben, als er mit 16 Jahren zum Islam konvertierte. Ganz normale Leben, wie sie Millionen von Teenagern in Europa führen. Pubertäre Jungs für die einen, Kanonenfutter des Allmächtigen für die anderen.

Weit oben auf der Rekrutierungsliste der Islamisten: Männer zwischen 15 und 35 Jahren. Auch Frauen werden rekrutiert, aber vor allem als Helferinnen. Sie transportieren Botschaften, Chemikalien und Waffen oder mieten Wohnungen an, so Silber und Bhatt. Absolventen von Handelsschulen oder technischer Ausbildungsberufe sind gefragt. Gymnasien sollen sie besuchen, aber möglichst noch keine Universität. Aus der Mittelschicht soll der künftige Heilige Krieger stammen. Ein wenig kriminelle Erfahrung schadet der Karriere von Allahs Privatkriegern nicht. Und vor allem: Unauffällig müssen die neuen Rekruten sein, die in den pakistanisch-afghanischen Terrorcamps in Crashkursen fit fürs dschihadistische Söldnerhandwerk gemacht werden.

Einmal ausgewählt, beginnt die zweite Phase der dschihadistischen Lehrjahre: die Identifikation mit der Heilslehre. In diesem Stadium sollen islamistische Scharfmacher das Vertrauen junger Menschen so weit gewinnen, dass diese beginnen, sich für ihre radikale Version des Islam zu interessieren. Die Terror-Azubis werden gezielt ausgesucht: Die Verführer sind auf der Suche nach Muslimen wie Christen, die »unzufrieden mit ihrem Leben oder der Politik ihres Heimat- oder Gastlandes sind«, so Silber und Bhatt. Der Frust kann viele Ursachen haben. Die vergebliche Suche nach einem Ausbildungsplatz, Arbeitslosigkeit, gefühlte oder wirkliche Diskriminierung, eine beendete Jugendliebe – Allahs Jäger nach verlorenen Seelen haben eine Reihe von Kriterien, nach denen sie die künftigen Gotteskrieger aussuchen.

Systematisch beginnen sie, ihre Opfer mit einem neuen Freundeskreis zu umgeben, ihnen andere Orte zu empfehlen, an denen sie ihre Freizeit verbringen können. »Cafés, Bibliotheken, Restaurants, Studentenkneipen, Bolzplätze, Moscheen, an denen verunsicherte Jugendliche ihre neuen islamistischen Freunde ungestört treffen«, zählt New Yorks Polizeipräsident Raymond Kelly auf. Und ergänzt eine Reihe von Indizien, die Eltern, Verwandte und Freunde darauf hinweisen könnten, dass sich ihre Kinder, Enkel, Nichten, Neffen oder Gefährten verändern und einer radikalen, militanten Auslegung des Islam folgen: Sie hören auf zu rauchen und Alkohol zu trinken. Sie geben Hobbys und lieb gewonnene Gewohnheiten auf. Die Jugendlichen beginnen, sich im arabischen Stil zu kleiden: Sie tragen weit geschnittene, kragenlose Hemden, Pluderhosen und Gebetskappen. Jungen und Männer lassen sich einen Bart wachsen. Neue Freunde werden nicht mehr zu Hause vorgestellt. Diskussionen in freundschaftlicher oder familiärer Runde nehmen einen kompromisslosen, radikalen, aggressiven Ton an. Die jungen Menschen sind weniger zu Hause.

Im Gegensatz dazu fühlen sie sich in ihrem neuen Freundeskreis Gleichgesinnter immer wohler. Hier erfahren sie das, was ihnen zu Hause nicht mehr gegeben wird oder was sie nie kennengelernt haben: Sie erfahren Bestätigung und tanken Selbstvertrauen. Das Ziel der salafistischen Menschenfänger in dieser Phase der dschihadistischen Seelenmassage: Die Jugendlichen empfinden Attentate als ein legitimes und wirksames Mittel, ihren frustrierenden Alltag und ihre Erlebniswelt zu verändern, ist Mitchell Silber überzeugt. Und sie fühlen sich als Teil einer machtvollen Gemeinschaft: von der islamischen Lehre gerade so viel angehaucht, dass sie zum verblendeten Rambo taugen.

Ihnen wird eingepaukt, was der Guru der salafistischen Ideologie seinen Jüngern aufträgt. Der ägyptische Journalist Sayyib Qutb gilt als einer der bedeutendsten Denker des Islam im 20. Jahrhundert. Besonders sein Buch *Meilensteine* prägt heute noch die meisten militanten Muslimgruppen. Qutb glaubte daran, dass der Islam vom Westen angegriffen werde. Er unterteilte die Welt in eine muslimische und eine nichtmuslimische Hälfte. Qutb wurde im Zusammenhang mit einem versuchten Anschlag auf den ägyptischen Staatspräsidenten Gamal Abdel Nasser zum Tode verurteilt und 1966 hingerichtet. Er glaubte das unzertrennbare göttliche

Recht durch die Demokratie untergraben und herausgefordert. Deshalb predigte er Angriffe und Anschläge auf demokratische Staaten, um diese zu vernichten und dann aus ihnen reine islamische Gesellschaften zu formen.

Abgesehen von Vorbildern wie Sayyib Qutb spielt das Internet eine immer größere Rolle in der ersten Begegnung mit einem radikalen Islam. Etwa 5000 Websites, auf denen zum Heiligen Krieg aufgerufen wird, kennt der EU-Antiterror-Koordinator Gilles de Kerchove. Filme und Fotos von Gräueltaten finden sich dort zu Tausenden. Jugendliche klicken sie an. Sie brennen die Filmchen von Gefechten, Selbstmordanschlägen, Enthauptungen und schlachterprobten Kämpfern auf CDs und geben sie in der Schule weiter. In geschlossenen Chats kommunizieren junge Islamisten oder die, die es noch werden wollen, miteinander.

Das Internet sei sowohl Kommunikationsmittel zwischen den einzelnen Terrorzellen als auch »virtuelles Ausbildungslager«, klagt Generalbundesanwältin Monika Harms. Es sei ein »Heimwerkermarkt des Do-it-yourself-Dschihadismus, in dem virtuelle Dschihadisten reale Kämpfer hervorbringen«. Immer mehr junge Leute unterlägen der islamistischen Propaganda. Dabei handele es sich nicht nur um Personen mit Migrationshintergrund, sondern auch um Deutsche. »Um Bombenbau und Tarnung zu trainieren, müssen potenzielle Täter keine Ausbildungscamps mehr besuchen«, pflichtet ihr BKA-Chef Jörg Ziercke bei. Angeworben und ausgebildet würde ebenso über das Internet: »Wir sprechen mittlerweile von Fernuniversitäten des Terrorismus.«

Oder sie intensivieren in der Phase der »Identitätssuche« den direkten Kontakt zu ihren neuen Vertrauenspersonen. Eric Breininger warf sein Kreuz fort und ging nicht mehr zum Fußballtraining. Der Saarländer distanzierte sich von seinen Freunden, trat zum Islam über und zog zu seinem Freund Daniel Schneider in die Umar-Moschee in Dudweiler. Auch Jason Walters aus der niederländischen »Hofstad-Gruppe«

gab seine alten Gewohnheiten auf. Stattdessen besuchte er regelmäßig die als salafistisches Gotteshaus geltende El-Tawheed-Moschee in der Amsterdamer Jan Hanzenstraat 114. Hier, zwischen den Arbeiterhäusern des alten West-Amsterdam, pries der Imam Selbstmordattentäter, lobte Osama bin Laden als »vorbildlichen Muslim« und warb für den Heiligen Krieg. Am Ende des Freitagsgebets verscherbelte der Prediger Heftchen, in denen Muslime aufgefordert werden, Homosexuelle zu töten. Kurze Zeit später flog Walters wie Eric Breininger in ein pakistanisches Ausbildungslager.

Dort werden die Nachwuchsterroristen in der dritten Phase, der »Indoktrination«, wie Silber und Bhatt diese nennen, auf ihrem Weg zum »reinen Islam« einer intensiven Gehirnwäsche unterzogen. In diesem Stadium würden die islamistischen Söldnerlehrlinge »schrittweise ein intensiveres Verhältnis zum Glauben entwickeln, vollkommen die salafistische Ideologie und ihre Schlussfolgerungen übernehmen – ohne danach zu fragen, dass dabei Erwartungen und Ansprüche existieren, die Aktionen erfordern, um den Salafismus zu unterstützen und nach vorne zu bringen. Diese Aktion ist der Heilige Krieg«, erklären die Kriminologen.

Mit anderen Worten: Ist die Gehirnwäsche der salafistischen Verführer beendet, fragt der dann fertig ausgebildete Dschihad-Geselle nur mehr danach, wie er die Ideologie unterstützen, ihr dienen kann: indem er in den Heiligen Krieg für den Islam zieht. Religiöse Überzeugung mischt der Dschihadist mit politischer Weltanschauung. So wird Gewalt gegen die Kafir, die Ungläubigen, geboren, die Allah als alleinigen Gott, die Prophetie Mohammeds und den Koran als Offenbarung Allahs leugnen. Auch wenn, wie Bhatt betont, vielen »Gotteskriegern der Koran und die Lehren des Islam mangelhaft vertraut oder sogar unbekannt sind«. Eine Erkenntnis, die auch auf traurige, abartige Weise durch das amerikanische Gefangenenlager Guantánamo auf Kuba erhärtet wird: Viele der dort inhaftierten und gefolterten Muslime setzten sich erst hier intensiv mit dem Islam auseinander. Hier brachten sich die Gefangenen Arabisch bei, um den Koran in seiner Muttersprache lesen zu können. Und hier begannen etliche erst, sich mit den Ideen der Taliban und Al-Qaidas zu identifizieren.

Kein Wunder, dass die Gotteskrieger – Taliban, die Anhänger Hekmaytars, aber auch von Bin Ladens Al-Qaida – in Pakistan und Afghanistan inzwischen entlassene Guantánamo-Häftlinge in radikalisierende Koranschulen schleppen. Schulen, die jene traditionsreichen Madrassen in Verruf bringen, die seit Jahrhunderten muslimische Bildungsstätten und Universitäten sind und nie einen Terroristen hervorbrachten. Sie sind ein Mix aus Betsälen, Klassenzimmern, Bibliotheken, Internat und Moschee, in denen außer Religion auch Medizin, Geographie, Mathematik oder Philosophie gelehrt wird. Die von den Taliban instrumentalisierten Ex-Häftlinge berichten in den Glaubensinternaten von ihrem Alltag im amerikanischen Foltergefängnis. Nach jedem Vortrag, freut sich ein pakistanischer Imam, »schließen sich zwanzig, dreißig gottesfürchtige Männer dem Dschihad an«.

Und auch in Europa funktioniert die Indoktrinierung nahezu perfekt: Eric Breininger heiratete seine Freundin nach islamischem Ritus in der Umar-Moschee im saarländischen Dudweiler. Dann flog er nach Ägypten, um seine Kenntnisse über die arabische Sprache und den Islam zu vertiefen. Der Kleinkriminelle Jamal Ahmidan wurde in Marokko 2001 für zweieinhalb Jahre ins Gefängnis gesteckt. Salafistische Mitgefangene wuschen sein Gehirn so intensiv, dass er als überzeugter Islamist entlassen wurde. Er ließ sich einen Bart wachsen, trank keinen Alkohol mehr und stoppte seinen Drogenkonsum. Rauschgift verkaufte er fortan nur noch an Ungläubige – seine ersten Gefechte im Heiligen Krieg. In diesen Krieg, den Dschihad, schicken die Terrorfürsten ihre Söldnergesellen nach Silbers und Bhatts Überzeugung in der abschließenden vierten Phase. Oft begleitet von einer Ausbildung in den pakistanischen Militärlagern. Dieses Training im Nordwesten ist für den Publizisten und Terrorismus-Experten Berndt Georg Thamm »der kürzeste Weg, um in die Champions League der Dschihadisten zu gelangen. Der Nachwuchs wird in Crashkursen zu universell einsetzbaren Terroristen ausgebildet.«

Eric Breininger umklammert seine Kalaschnikow und prahlt per Video, er kämpfe nun in Afghanistan gegen die westlichen Besatzer. Sicherheitsexperten glauben dies. Jason Walters lieferte sich nach seiner Rückkehr aus dem pakistanischen Terrorlager am 10. November 2004 in Den Haag ein 14-stündiges Scharmützel mit der Polizei. Zum Finale bewarf er die Spezialkräfte mit Handgranaten. Nach seiner Festnahme entdeckten die Ermittler eine Todesliste, auf der sich auch die Namen von zwei niederländischen Abgeordneten fanden. Bevor er in den Dschihad zog und den Filmemacher Theo van Gogh erschoss, schrieb Mohammed Bouyeri als Abschiedsbrief das Gedicht

»In Blut getaucht:
Das sind meine letzten Worte,
von Kugeln begleitet,
getauft in Blut,
so wie ich es gehofft habe.
Ich lasse eine Botschaft zurück:
Für Euch, die Krieger:
Der Baum der Tawheed wartet auf Euch.
Sehnsucht nach Blut,
gebt nur den Preis an
und Allah öffnet Euch den Weg.
Er öffnet Euch seinen Garten
statt der irdischen Vernichtung.
Meinen Feinden habe ich auch etwas zu sagen:
Ihr werdet sicher sterben,
wo auch immer ihr auf dieser Welt geht.
Der Tod wartet auf Euch,

Ihr werdet gejagt von den Rittern des Todes,
die die Straßen rot färben.
Für die Heuchler habe ich ein letztes Wort:
Wünscht euch euren Tod oder haltet den Mund – sitzt!
Liebe Brüder und Schwestern: Mein Ende ist nahe.
Aber das ist sicher nicht das Ende der Geschichte.«

Derart poetisch, aber auch waffentechnisch bestens vorbereitet, marschierte Bouyeri in den Heiligen Krieg auf Amsterdams Straßen. Detailliert hatte er mit seinen Unterstützern aus dem »Hofstad-Netzwerk« den Weg van Goghs zu seinem Arbeitsplatz ausgekundschaftet. Nachdem er ihn an der Kreuzung Linnaeusstraat und Tweede Oosterparkstraat erschossen und erstochen hatte, spießte er mit einem zweiten Messer seinen Abschiedsbrief und eine fünfseitige Warnung gegen westliche Regierungen, Juden und Ayaan Hirsi Ali in die Brust van Goghs. Hirsi Ali ist eine niederländische Schriftstellerin, Feministin und Politikerin somalischer Herkunft. In dem Kurzfilm »Submission« – »Unterwerfung« setzt sie Muslima in Szene, die von ihren Männern misshandelt werden. Den Körper der Frauen hatte Hirsi Ali mit Koransuren beschrieben. Darauf erhielt sie Morddrohungen radikaler Muslime. Seitdem lebt die Frau unter Polizeischutz.

Aus gutem Grund: In ihrem Fanatismus sind die Islamisten während ihres Kreuzzugs gegen die Ungläubigen kaum noch zu bremsen. Und Hassprediger erteilen ihnen dazu Absolution. So las die Polizei mit, als Jason Walters aus dem Hofstad-Netzwerk sich in einem Internet-Chat mit einem Freund den blutigen Freibrief besorgte. Walter hatte sich einen für solche Chats notwendigen Tarnnamen zugelegt: »Mujaheed« – »der Gotteskrieger«. Mit »Jabbar« im Text der E-Mail ist Jilles Lambertus Henricus van de Ven gemeint, ein niederländischer Konvertit, der sich Abdul-Jabbar van den Ven nennt. Er wurde 1977 in Hertogenbosch geboren, fünfzig Kilometer von der deutschen Grenze entfernt. Seinen Lebensunterhalt verdient er heute als wandernder Hassprediger in den Niederlanden – und auch in Deutschland.

Mujaheed: »*Du musst zu Jabbar gehen*«
Galas03: »*Ich werde ihn heute nach dem Unterricht sehen.*«
Mujaheed: »*Geh und frag ihn, ob es hier erlaubt ist, die Ungläubigen zu schlachten und/oder ihr Eigentum zu stehlen.*«
Galas03: »*Er sagt dazu: Siehe, das ist der Weg: Die Regierung, die Ministerien, die Polizei, usw. – ihr Blut und ihr Eigentum ist rein* (im Original halal), *weil sie dem Islam den offenen Krieg erklärt haben. Aber bevor Du irgendetwas tust, musst Du zweimal darüber nachdenken, was mit der islamischen Gemeinschaft passiert.*«
Mujaheed: »*Ok – Allah sei mit Dir. Das ist das notwendige Attest* (im Original Fatwa). *Jetzt kann ich jeden Polizisten, Minister, Soldaten, Offizier usw. abschlachten. Und sie ausrauben.*«

Eine Fatwa ist ein islamisches Rechtsgutachten, das ein Mufti genannter Rechtsgelehrter zu einem bestimmten Thema verfasst. Halal – rein – sind im Islam alle Dinge und Taten, die nach islamischem Recht erlaubt oder zulässig sind. Für Silber und Bhatt zwei entscheidende Kriterien, damit die islamistischen Söldner in den Heiligen Krieg ziehen können. Segnet eine Fatwa den Mord an Ungläubigen ab, nennt sie also halal, bekommt der Kämpfer nicht nur eine finanzielle Unterstützung von islamistischen Organisationen, ihn erwartet auch das Paradies. »Geistige Verstärkung« nennen die Kriminologen diesen Prozess, in dem sich Dschihadisten besonders im Internet spirituellen Beistand sichern, eigene Abschiedsvideos postieren und den Tod als Gotteskrieger glorifizieren.

Wo die Terror-Azubis die Schulbank drücken

Ibrahim, der paschtunische Kämpfer, ist kampfbereit. Für das, was er Freiheit nennt, und gegen die Kreuzfahrer. Für das, was er Gerechtigkeit nennt, und gegen die Besatzer aus dem Westen, die seit 2002 Afghanistan mit ihren Truppen befrieden wollen. Für einen islamischen Staat, in dem die Scharia herrscht. Und gegen die demokratischen Ideen, die andere für seine Heimat vorgesehen hätten. Und ein wenig lockt ihn auch der Sold, den die islamistischen Kriegsfürsten ihm in die Hand zahlen. Ihm, der die Schmach nicht mehr ertragen will, dass in seiner Heimat Frauen über die Straße gehen können, ohne sich zu verschleiern. Wo Brüder und Schwestern im Glauben nach Pakistan flüchten müssen, um die reine Lehre zu leben.

Und besonders will Ibrahim Rache für seine Familie. Für die, die bei einem amerikanischen Luftangriff getötet worden sein sollen. Einem Bombenabwurf im Herbst 2007, von dem das Oberkommando der amerikanischen Streitkräfte in Afghanistan und die NATO-geführte Truppe am Hindukusch nichts wissen wollen. Und von dem auch Menschenrechtsorganisationen nichts bekannt ist. Scheinbar niemand weiß von alliierten Luftangriffen in der Gegend um Shahi Kowt in der Nähe des ostafghanischen Jalalabad. Trotzdem versichert Ibrahim: Er habe seine Mutter und seine Schwester beerdigt. »In den Bomben der Ungläubigen starb meine Familie. Starben meine Freunde. Und mein Herz«, sagt Ibrahim. Seinen Heimatweiler im Osten Afghanistans nennt er »Tatort«, als sei dort ein Verbrechen geschehen, das keiner aufklären, keiner untersuchen wolle.

Es wird Abend in den Bergen Pakistans. Die Sonne kriecht langsam hinter die Berge. Ein blutroter Feuerball. In genau so einem Moment zücken Touristen ihre Fotoapparate, um ihn fürs Leben festzuhalten: Der Augenblick, in dem die Nacht an den Tag stößt. Für Ibrahim sind es die schönsten

Minuten des Tages. Mit glänzenden Augen und fast schon melancholisch drischt er eine Phrase, die ihm als Flüchtlingskind in einer Madrasa eingebläut wurde: »In so einem Rot wird Afghanistan reingewaschen.«

»Afghanistan wird durch das rote Blut der aufgehenden Sonne reingewaschen«, davon ist auch Abdullah Wazir überzeugt, bei dem Ibrahim von 2002 bis 2004 den Koran studierte. Irgendwo zwischen Sakhakot und Takht-i-Bahi schmiegt sich eine Gruppe von Gehöften in die Berge des nordwestlichen Pakistan. Vor der Hofeinfahrt mit dem blauen Stahltor schultern zwei Bärtige ihre Kalaschnikows wie Jugendliche in Europa ihre Taschen auf dem Schulweg. »Das sind Veteranen des Krieges gegen die Russen, drüben in Afghanistan«, versichert Abdullah Wazir. Auf der Eckzinne der Lehmburg hält ein weiterer Posten Wache. Die Sonne spiegelt sich in den Pfützen der Hujra, dem weitläufigen Innenhof. Abdullah Wazir schlägt die rechte Hand zwei, drei Mal auf sein Herz. Um nach dem letzten Pochen in einer fließenden Bewegung mit dem ausgestreckten Arm einem Halbkreis zu beschreiben: »Willkommen in meiner Madrasa!«

Wazirs Koranschule besteht aus mehreren Gebäuden, die auf dem weitläufigen und verwinkelten Grundstück verstreut sind. Immer wenn genügend Spenden zusammengekommen seien, lächelt Wazir, baue er die Schule ein wenig weiter aus. In einem Rohbau haben sich Abfall, Bauschutt und Baumaterial zu einem Hügel aufgetürmt. Wie Waben sind Gästezimmer, Schlafsäle und weitere Klassenzimmer an das Hauptgebäude angepappt worden. Siebzig Studenten sollen hier leben, zwei Hände voll kommen aus dem Ausland: einer aus Indien, zwei aus Sri Lanka, ein Holländer ist da, ein Usbeke, vier aus Somalia, ein Nigerianer und einer aus den USA. Könnte auch Eric Breininger in einer solchen Schule einen Platz finden, um die 6000 Suren des Korans auswendig zu lernen? Könnte in so einer Madrasa Daniel Schneider Arabisch gepaukt haben? Kostenloser Unterricht für Pakistanis und Afghanen, Unterkunft und Verpflegung inklusive. Ausländer aus dem Westen zahlen 50 Dollar pro Monat. Die Westler, die bei Abdullah Wazir die Schulbank drücken, hätten aber alle »pakistanische oder afghanische Väter«, betont er.

Deutsche Fahnder werden stutzig, wenn sie bemerken, dass jemand für Wochen nach Pakistan reist. Der Journalist Hans Leyendecker fand heraus, dass in den Computern des deutschen Anti-Terror-Zentrums in Berlin-Treptow die Namen von etwa 300 deutschen Islamisten gespeichert sind. Sie sollen, so bewerteten es Spezialisten des Bundesnachrichtendienstes, des Verfassungsschutzes und des Bundeskriminalamtes, zum harten Kern der radikal-islamischen Szene in Deutschland gehören. Mehr als zwei Drittel von ihnen sollen zeitweise in pakistanischen oder afghanischen Koranschulen gewesen sein.

Dort, so glauben die deutschen Ermittler, reichten Mullahs und Lehrer verschiedener Gruppen die Schüler an radikale Madrassen weiter. Vor allem die Predigervereinigung »Tabligh-i-Jamaat« – »die Gemeinschaft für Verkündigung und Mission« –, die »Jaish-e-Mohammed« – »die Armee Mohammeds« – und die »Sipah-e-Sahaba« – »die Soldaten der Gefährten Mohammeds« – sollen als eine Art Durchlauferhitzer für dschihadwillige Leihmilitärs aus der ganzen Welt dienen. Die unabhängige International Crisis Group (ICG), Denkfabrik mit Brüsseler Hauptsitz, die weltweit Risikopotenziale analysiert, hat in Pakistan 12 000 Madrassen gezählt. In jeder zehnten davon, glauben westliche Geheimdienste, würden militante Ideen propagiert. Die gleichen Untersuchungen betonen aber auch, dass die meisten Koranschulen moderate Weltanschauungen predigen. Pakistanische Medien berichteten 2008, dass etwa 1,7 Millionen Schüler vom Staat nicht kontrollierte muslimische Lehranstalten besuchen.

Vor der Madrasa irgendwo zwischen Sakhakot und Takht-i-Bahi stehen dutzende Sandalen in einem grob zusammengezimmerten Holzregal und auf dem grauen Betonboden vor der Türe. »Assalam Alaikum«, grüßt der langbärtige Hausmeister, »Friede sei mir dir!« »Wa Aleikum Asalam«, brummt Direktor Abdullah Wazir – »Und mit dir sei der Friede!«. Stühle gibt es nicht in den kargen Klassenzimmern. Eine mit goldenen Fäden auf schwarzen Samt gestickte Koransure ziert die Stirnseite. Darunter thront der Maulana, der Lehrer, auf einem dicken Kissen. Die Wände sind bis auf Hüfthöhe hellgrün angepinselt. Hellblaue und grüne Teppiche verströmen den Geruch von altem Fußschweiß.

Auf dem Boden hocken die Schüler. Kniehohe, abgeschrägte Holztischchen vor sich, auf denen der Koran abgelegt ist. Die Schüler sollen das Heilige Buch nicht in den Händen halten oder auf den Boden legen. Monoton wiegen sich die ABC-Schützen des Allmächtigen hin und her, lernen den Koran stundenlang auswendig. Die jüngsten sind fünf, sechs Jahre alt, die ältesten etwa 16. Sie rezitieren das Wort Gottes auf Arabisch. Zweieinhalb Jahre dauert das Auswendiglernen in den Koranschulen für die Kinder. Wer den gesamten Koran auf Arabisch auswendig gelernt hat, darf sich »Hafiz-e-Koran« nennen, »Bewahrer des Korans«. Tagsüber begleitet das Rattern von Stromaggregaten die eintönigen Sprechgesänge.

Morgens um sieben beginnt für alle der Unterricht – selbst für die Erstklässler. Nichts anderes als einförmiges Vortragen. Sure um Sure, Buchstabe um Buchstabe. In Arabisch, der Sprache des Koran. Einer Sprache, die sie nicht verstehen. Kleine, verschlafene Augen, zerwuschelte Haare. Eilig haben sie nach dem Aufwachen zwei Hände voll Linsen in sich hineingelöffelt, ein halbes Fladenbrot in sich hineingestopft und den zigmal durchgekauten Brei mit einem Becher Wasser heruntergespült. Dann beginnt das, was in den Koranschulen Pakistans lernen genannt wird. 15 Stunden lang, bis abends um zehn. Zwei Stunden Mittagsschlaf gestehen die Mullahs ihren kleinsten Zöglingen zu. Eine kurze Spielpause am Nachmittag. Zweimal werden die Kinder noch eilig Mahlzeiten hinunterschlingen. Fünfmal werden sie gebetet haben, wenn sie sich abends auf die dünnen Bastmatten legen und in ihre Wolldecken wickeln. Jungs, die besonders eifrig die Suren rezitieren, dürfen zum Sonnenuntergang gegen acht Uhr für zwei Stunden »weltlichen Unterricht« genießen. Mathe, Geographie, Englisch. Bei einem Lehrer, der unentwegt an den Rädchen seines Hörgeräts dreht. Der monströse Apparat würde jedem Technikmuseum zur Ehre gereichen. »That is my spoon – das ist mei Löffel«, nuschelt der Greis in seinen Bart. »Tha is mei spo«, rezitieren die Jungs schläfrig. Englischunterricht in der Madrasa ist wie Koranunterricht ohne Wippen.

In dem Zimmer zwischen den Zweitklässlern und dem Gebetsraum hat Abdullah Wazir ein Sprachlabor eingerichtet, das seinen Platz genauso gut in einem deutschen Gymnasium haben könnte. »Meine ausländischen Schüler gehen in ihre Heimat zurück, da sollen sie auch in ihrer Muttersprache gefördert werden«, sagt er. Eine Spende von einer saudischen Hilfsorganisation seien die vier, fünf Arbeitsplätze für Sprachbegabte, beteuert Wazir hastig. Wer immer das High-Tech-Zimmer nutzt, Ibrahim hat es in den zweieinhalb Jahren nie betreten und auch niemanden kennengelernt, der dort lernte.

Bei den Erstklässlern zieht einer der Lehrer einem Jungen die Ohren lang. Mit dem Rohrstock schlägt er auf den Kopf und Rücken des wimmernden Kleinen. »Das Schaf«, meldet der Pädagoge stramm seinem Schulleiter, »ist eingeschlafen.« Der Kopf des Kindes ist einfach auf das Lesepult gefallen. Gleich zu Anfang der 9. Sure, der At-Tauba: »Und wenn die heiligen Monate abgelaufen sind, dann tötet die Götzendiener, wo immer ihr sie findet, und ergreift sie und belagert sie und lauert ihnen aus jedem Hinterhalt auf. Wenn sie aber bereuen und das Gebet verrichten und die Zakah entrichten, dann gebt ihnen den Weg frei. Wahrlich, Allah ist allvergebend, barmherzig; und wenn einer der Götzendiener bei dir Schutz sucht, dann gewähre ihm Schutz, bis er Allahs Worte vernehmen kann; hierauf lasse ihn den Ort seiner Sicherheit erreichen. Dies soll so sein, weil sie ein unwissendes Volk sind.«

Ausgerechnet bei diesem Abschnitt war der Bengel eingeschlafen. Für Abdullah Wazir gehört Strafe zur Erziehung gottesfürchtiger Männer dazu. Auch für den ehemaligen Schüler Ibrahim gehört die Dresche zum Koran wie Wasser in den Tee. Und gerecht sind die Prügel allemal, weil auch der Prophet gelitten hat: »Schläge haben noch keinem geschadet. Wenn einer nicht ordentlich lernt, muss der Lehrer ihn eben ein bisschen schlagen.« Das Zittern in seiner Stimme kann er nicht verbergen.

Eigentlich ist Maulana Abdullah Wazir ein ruhiger, in sich gekehrter Lehrer. Seinen Bart hat er rot gefärbt, einen gelbschwarzen Turban um den Kopf gewickelt und eine dicke, braune Hornbrille auf der Nase. Koranunterricht steht auf dem Lehrplan des vierten Schuljahrs. Wazir fordert seine Schüler auf, einen Abschnitt auf Arabisch vorzutragen. Persönlich liefert er die Übersetzung in der pakistanischen Staatssprache Urdu nach. Dann interpretiert er die Sure. Keiner der Schüler hakt nach. Dabei stehen jedem Zweiten die Fragen ins Gesicht geschrieben. Die aber, sagt Wazir, seien »auch nicht vorgesehen: Die Schüler sollen den Koran lieben lernen, nicht verstehen. Zu verstehen ist Aufgabe der Maulana.« Wer sich so oder Mullah nennen will, muss acht Jahre lang die Schulbank drücken. Ein Aufbaustudium von zwei Jahren macht ihn zum Mufti, zum islamischen Rechtsgelehrten.

»Allah ist größer,
ich bezeuge, dass es keinen Gott gibt außer Allah,
ich bezeuge, dass Mohammed der Gesandte Allahs ist.
Eilt zum Gebet,
eilt zur Seligkeit,
eilt zur besten Handlung!
Allah ist größer!
Es gibt keinen Gott außer Allah!«

Der Vorbeter ruft zum Gebet. Schulter an Schulter reihen sich die Schüler im Gebetsraum der Schule auf. Sie verbeugen sich, werfen sich nieder auf den roten, gemusterten Teppich, wieder und wieder. Einzig die Anzahl der Kniefälle und Verbeugungen ist von Gebet zu Gebet unterschiedlich. Es ist genau vorgeschrieben, welche Worte zu sprechen sind, während sich die Teenager verbeugen, sich niederwerfen oder hinknien. Haben sie mit Stirn und Nase den Boden berührt, sich wieder aufgerichtet und auf ihre Fersen gesetzt, müssen die Zehen ihres rechten Fußes nach vorne, in Richtung Mekka, zeigen. In jeder der drei Gebetsreihen achtet einer der Mullahs darauf, dass der rechte große Zeh zur Stirnseite des Gebetsraumes, also nach Südwesten ausgerichtet ist: »Der Prophet hat es auch so gemacht.« Mehr Erklärung gibt es nicht. Machen, nicht fragen ist ein eherner Grundsatz der Madrassen.

Beim Essen nach dem Gebet gibt es Politik à la Wazir. Eine islamische Regierung müsste in Pakistan her, meint er – und in Afghanistan am besten gleich mit. So, wie es da drüben früher noch war, vor acht Jahren, als die Scharia, das islamische Recht, am Hindukusch noch für Gerechtigkeit sorgte. Als der Koranschüler Mullah Omar und seine Taliban den Menschen mit Knüppeln und Ruten den Islam einbläuten. Heute, sagt Maulana Abdullah Wazir, »sind die Regierungen auf beiden Seiten der Grenze Lakaien des Westens. Was unterscheidet denn schon Karsai von Bush? Und uns in Pakistan von Europa? Nichts mehr. Der Name des Allmächtigen und der seines Propheten wird mit Füßen getreten.« Mit einer kruden Verschwörungstheorie zum 11. September setzt er nach: Warum, fragt er, »sind an diesem Tag die 4000 Juden nicht im World Trade Center erschienen, die dort eigentlich arbeiteten? Ich sage es euch: Weil sie wussten, dass die Flugzeuge reinfliegen. Die Juden haben das selbst gemacht, damit die Amerikaner gegen den Heiligen Islam und uns Krieg führen.«

Nicht alle Koranschulen Pakistans sind Brutstätten des

Dschihad. Aber selbst die Madrassen, die nicht offen zu Gewalt auffordern, fördern die Ideologien, die dem Heiligen Krieg die religiöse Rechtfertigung bieten. In den vergangenen zwanzig Jahren sind die muslimischen Studienplätze wie Pilze nach einem Herbstregen aus dem Boden geschossen. Die International Crisis Group analysiert, dass vor allem in den sogenannten Deobandi-Madrassen zur Gewalt aufgerufen wird. Der Name leitet sich vom Ort Deoband im Norden Indiens ab. Diese speziellen Koranschulen stehen für eine strenge und klassische Auslegung eines sunnitisch-hanafitischen Islam. Sie erkennen nur den Islam als einzige Religion an. Ziel der Anhänger ist es, die gesamte Welt zum islamischen Glauben zu missionieren. Es gibt keinerlei Recht, an dem ursprünglichen Koran herumzudeuten. Seit 1866 ist die Dar ul-Ulum Deoband die einflussreichste islamische Hochschule des indischen Subkontinents, die einen besonders »reinen« Islam vertritt.

Während des Krieges der Mudschaheddin gegen die Rote Armee in Afghanistan waren es vor allem die Deobandi-Madrassen, die von den USA und dem pakistanischen Geheimdienst ISI großzügig gefördert wurden. Mitte der achtziger Jahre gab es etwa 170 afghanische Milizen, die gegen die Sowjets kämpften. Um Ordnung in dieses Chaos zu bringen, bestimmte der ISI sechs größere Gruppen der Mudschaheddin dazu, Hilfeleistungen, aber auch Waffenlieferungen annehmen zu dürfen. Gleichgültig, ob Flüchtlinge eine Schüssel Reis oder Gotteskrieger eine amerikanische Luftabwehr-Rakete bekommen wollten, sie mussten sich einer dieser sechs Gruppen anschließen, um Nahrung, Waffen oder Munition zu bekommen. Bald schon bildete sich eine siebte Gruppe, die der ISI duldete und unterstützte: Die Ittihad-e-Islami (Islamische Union) wurde mit privaten Geldern Osama bin Ladens und seiner geistigen Brüder ausgestattet. Die sieben Mudschaheddin-Fraktionen wurden von der CIA scherzhaft als die »Sieben Zwerge« bezeichnet.

Bis heute hält der ISI seine Hand schützend und auch helfend über die Taliban und ihre Verbündeten im nordwestlichen Pakistan: Mal sind es Informationen über bevorstehende Razzien, die von den Staatsagenten an die Mullahs weitergegeben werden. Dann wieder werden Informationen über Truppenbewegungen pakistanischer Sicherheitskräfte weitergegeben, die gegen die Taliban ins Feld ziehen. Man kennt sich, man hilft sich. Zwar beteuert die pakistanische Regierung gegenüber den USA ihre uneingeschränkte Solidarität. Die jedoch läuft spätestens da aus dem Ruder, wo alte Geheimdienstkader auf Taliban treffen: Wer einst zusammen gegen die Russen kämpfte, richtet heute sein Gewehr nicht aufeinander.

Die Führungsspitze der Taliban um Mullah Omar hat an Deobandi-Madrassen in Pakistan studiert. Mit 4000 Koranschulen dominiert diese Islamauslegung heute das religiöse Bildungssystem Pakistans. Im März 2007 veröffentlichte die International Crisis Group einen Bericht über Madrassen in Karatschi. Die pakistanische Hauptstadt sei ein Zentrum des »gewalttätigen Extremismus«, heißt es darin, und die Madrassen seien seine Brutstätten. Besonderes Augenmerk legt die Studie auf die Binori Town Madrasa. Seit dem Heiligen Krieg gegen die Russen im benachbarten Afghanistan habe sie die Führung im dschihadistischen Milieu Karatschis übernommen.

Mit unzähligen Glöckchen geschmückte, bunt angemalte Laster fahren an der Koranschule der südpakistanischen Hafenstadt vorbei nach Norden. Die Binori Town Madrasa soll eine der radikalsten am Hindukusch sein. Ein Zentralverteiler für Allahs Söldner, wo auch immer sie herkommen mögen, sagen westliche Geheimdienstler. Und pakistanische Politiker, wenn sie Besuch aus dem Weißen Haus in Washington oder der Londoner Downing Street bekommen.

Mitten in einer Wohngegend, die in Deutschland als Reihenhaussiedlung durchgehen würde, soll die geistige Programmierung für den Dschihad erfolgen: Der Heilige Krieg trifft auf den Mittelstand. Ein rotes Minarett überragt die Schule. Daneben reiht sich Händler an Händler: Stoffgeschäfte, Buchläden, Restaurants, Obststände und Saftläden, die sich in den Pausen mit Schülern füllen. Der Eingang zur Binori Town liegt in einer Seitenstraße. Seit in den vergangenen Jahren vier Lehrer der Schule erschossen wurden, mussten gewisse Vorsichtsmaßnahmen getroffen werden, zuckt Rektor Abd al-Razaq Sikander entschuldigend die Schultern.

Er ist der Nachfolger von Nizamuddin Schamzai. Dem legendären Mufti, der Mullah Omar, den Gründer der Taliban, unter seine Fittiche nahm. »Unter den Taliban haben sich die Menschen in Afghanistan sicher gefühlt«, sagt Mufti Abd al-Razaq Sikander. Der etwa sechzigjährige Herr im weißen Hurta-Gewand und mit hennarot gefärbtem Bart wirkt wie ein in unzähligen Seminaren geschulter Verkäufer, der an den Staubsauger glaubt, den er gerade verkauft. »Die Afghanen waren zwar keine Anhänger der Taliban. Aber ihr Land war ein sicheres. Heute herrscht auf der anderen Seite der Grenze Chaos. Das sollte niemand besser verstehen können als die Deutschen. Als Deutschland gegen den Rest der Welt kämpfte, schuldigte die ganze Welt das Land an. War das eine gute oder war das eine schlechte Propaganda? Genauso wie einst Deutschland sind heute wir Muslime die Opfer einer falschen Propaganda.« Mit dem Dschihad und erst recht mit Al-Qaida will Abd al-Razaq Sikander nichts zu tun haben. Auch nicht mit Ausländern, die von Madrasa zu Madrasa geschickt werden und dabei immer radikaler für ihre Religion eintreten. Er schicke keine Studenten zu den Taliban, damit sie mit denen kämpften: »Damit haben wir hier nichts zu tun.« Wer dann?

Maulana Sami ul-Haq soll so ein Mufti sein, der aus westlichen Koranstudenten um sich schießende Privatmilitärs im Dienste Allahs macht. Vor den Toren Peschawars, in Akora

Khattak, betreibt er ein lukratives Familienunternehmen: die Madrasa Dar-ul-Uloom-Haqqania. Ein wichtiger Wirtschaftsfaktor in der 100 000-Einwohner-Stadt: Die lebt offiziell vom Tabak, der in der größten Fabrik des Landes verarbeitet wird. Und von den wegen ihrer Glöckchen »Jingle Trucks« genannten Lastwagen, die über die Staubpiste der Nationalstraße 5 von Islamabad bis in die afghanische Hauptstadt brummen. Hinter vorgehaltener Hand lassen Taxifahrer und fliegende Drogenhändler aber keinen Zweifel daran aufkommen, dass Mullah Sami ul-Haq an den Stellschrauben dreht, die darüber entscheiden, ob jemand in der paschtunischen Hochburg lebt oder darbt.

Sämtliche Schlüsselstellungen der großen, verschachtelten Schule sind mit Söhnen, Brüdern und anderen Verwandten von Sami ul-Haq besetzt. Der hat seinen Posten von seinem Vater geerbt, so wie dieser ihn von seinem Vater erbte. Großzügige Spenden vor allem aus Saudi Arabien und Indonesien, aber auch aus den Vereinigten Arabischen Emiraten und dem Jemen fließen in die Schatullen des Clans. Und bis zum Abzug der Russen aus Afghanistan 1989 auch pakistanische und amerikanische Steuern: Die erzkonservativen Koranschüler sollten nach dem Abzug der Roten Armee für die brüchige Achse Washington – Islamabad in Kabul eine pro-pakistanische und anti-iranische Ordnungsmacht installieren.

Das Familienunternehmen ul-Haq macht seinen Umsatz aber auch mit der pakistanischen Variante einer privaten Militärfirma: Ein eigener Sicherheitsdienst schützt Schule, Moschee und jeden, der in der Stadt meint, Schutz zu brauchen. Aus Somalia und China stammende Waffen lässt der tüchtige Geschäfts-Mullah in Hinterhofwerkstätten aufarbeiten, bevor er sie weiterverhökert. Daran wollen und werden die Soldaten in der kleinen Garnison nichts ändern. Wenn sie gemeinsam mit Polizisten zu Razzien in die Madrasa beordert werden, sind die Besuche angekündigt. In

Akora Khattak löffelt man nicht in eines anderen Mannes Suppe.

Und erst recht nicht in die von Sami ul-Haq. Seine ausgeprägten Geheimratsecken hat er unter einer zum Turban gebundenen, graublauen Kufije mit weißen Streifen versteckt. Wache, interessierte Augen schauen durch die Gläser seiner feinen, braunen Hornbrille. Die eigentlich graumelierten Haare seines bis auf die Brust reichenden Bartes hat er schwarz gefärbt. Unentwegt umspielt ein Lächeln seine Lippen. Ein freundlicher Mann, der in Europa als Leih-Opa ein Babysitter-Imperium aufbauen könnte.

In seiner Madrasa Haqqania, so werfen westliche Wissenschaftler und Geheimdienstler dem Sechzigjährigen vor, soll ein Steinzeitislam gelehrt werden. Mullah Omar schloss hier seine Islam-Studien ab. Mehr als die Hälfte der Taliban-Regierung wurde in Akora Khattak geschult. In jener rückwärtsgewandten Variante der Verehrung des Allmächtigen, in dem Männer verdroschen wurden, weil ihr Bart nicht dem Wohlgefallen der Taliban entsprach. In dem Frauen zusammengeschlagen wurden, weil sie allein auf die Straße gingen. Und wer es dann immer noch nicht begriff, den durchsiebten die bärtigen Gotteskrieger mit ihren Kalaschnikows, knüpften sie auf oder steinigten sie. Nach dem Freitagsgebet, im Stadion, unter dem erzwungenen und freiwilligen Jubel der Männer.

Um die fußballplatzgroßen Innenhöfe ziehen sich mit blauweißen Mosaiken geschmückte Arkaden. Im Parterre sind die Klassenzimmer, im ersten Stock die Zimmer der Schüler. Junge Männer zwischen 17 und 25 Jahren reinigen sich auf den roten Marmorstufen der Waschräume für die Gebete. Kleine Pfützen färben den edlen Stein weinrot. Andere Studenten beugen sich über ihre kleinen Holzbänkchen. Das rechte Bein angewinkelt zur Brust gezogen, den linken Fuß unter den rechten Oberschenkel geklemmt. Zeigefinger streichen über den Flaum am Kinn, gedankenverloren, mit träumendem Blick. Selbst in den Pausen meditieren die Teenager über den Koran, bevor sie wieder islamisches Recht pauken oder Suren rezitieren – und den politischen Einsichten ihres Maulana Sami ul-Haq lauschen dürfen: »Ich habe keine Ahnung, warum die USA die Taliban erst unterstützten und dann anfingen, sie zu bekämpfen. Aber eines weiß ich sicher: Dass die Taliban immer die Unterstützung der afghanischen Bevölkerung genossen. Als sie an die Macht gelangten, hatte Afghanistan zwanzig Jahre Bürgerkrieg hinter sich. Sie waren es, die dem Land Frieden brachten! Sie haben sogar den Drogenhandel unter Kontrolle gebracht. Sie sollten für den Friedensnobelpreis vorgeschlagen werden! Aber stattdessen bekämpft der Westen sie jetzt.«

Maulana ul-Haq leistet seinen Beitrag, damit den Taliban der menschliche Nachschub nicht ausgeht, den er gegen den Feind aus dem Westen verheizt. Die Augen der sonst scheuen Schüler leuchten auf, wenn in der Haqqania vom Dschihad gesprochen wir. Taliban-Chef Mullah Omar ist ein Vorbild für sie. »Jeder Muslim hat die Pflicht zum Dschihad«, wird den Studenten gepredigt. »Wenn wir unterdrückt werden, wenn der Heilige Koran mit Füßen getreten wird, dann müssen wir zurückschlagen.« Die Mitschüler nicken gelehrig. Ihre kleinen Zimmer teilen sie sich zu acht. Außer dünnen Strohmatten und zwei Wolldecken gibt es nur einen Teekocher und einen rostigen Ofen. »Wohlstand verstellt den Blick auf den Barmherzigen«, sagt ein Lehrer und spielt gedankenverlorenen mir seinem Nokia-Mobiltelefon.

Ein solches dürfte geklingelt haben, bevor 2005 pakistanische Sicherheitskräfte das Areal der Koranschule stürmten. Nach den Anschlägen von London erklärte der damalige pakistanische Präsident Pervez Musharraf werbeträchtig den »Gotteskriegern den Heiligen Krieg«. So sollte der Kampf gegen die Extremisten im eigenen Land aufgenommen werden, den er seit Jahren der Anti-Terror-Koalition unter amerikanischer Führung versprach. Genug der Lippenbekenntnisse, der Westen sollte etwas zu sehen bekommen für das Geld, das er in Milliardenhöhe für den Krieg gegen Osama bin Laden & Co nach Islamabad gepumpt hatte.

Drei der vier Engländer, die sich in der Londoner U-Bahn in die Luft sprengten, sollen vor ihren Selbstmorden pakistanische Madrassen besucht haben. Jetzt sollten die Wurzeln des internationalen Terrors endgültig durchschlagen werden. Musharraf war sich sicher: »Jetzt bin ich stark.« Drei Koranschüler führten seine Polizisten aus der Haqqani – und verließen die Madrasa unverrichteter Dinge. Die Mullahs hatten Musharraf einmal vor Augen geführt, dass er ihre Macht nicht brechen konnte. Im Gegenteil: Auch die Nachfolger des einstigen Generals Musharraf arrangieren sich mit den islamischen Schriftgelehrten. Am 15. Februar 2009 unterschrieb die von Islamabad in der nordwestlichen Provinz eingesetzte Regierung einen Vertrag mit den Maulanas, dass die Scharia, das konservative islamische Rechtssystem, im Swat-Tal eingerichtet wird. Ein Sieg für die Mullahs – und den ihnen nahestehenden Taliban. Sie räumen der pakistanischen Zentralregierung eine begrenzte Waffenruhe ein. Dafür gestattet die Regierung von Präsident Asif Ali Zardari den extremistischen Geistlichen künftig, für die etwa 1,3 Millionen Einwohner des 5340 Quadratkilometer großen Tales Recht zu sprechen. Die Scharia für einen Landstrich von der Größe des Saarlandes. Hier gilt jetzt das brutale Recht eines steinzeitlichen Islam – und das der Madrassen in diesem Teil Pakistans.

Fahnder von Scotland Yard in London fanden heraus, dass das englische Selbstmordtrio der Londoner Anschläge ziemlich orientierungslos durch Pakistan gezogen war, statt sich in Madrassen den Heiligen Krieg predigen zu lassen und vom Einzug ins Paradies zu träumen. Ein Verhalten, wie es Mitarbeiter des Bundesnachrichtendienstes auch bei dem Bremer Türken Murat Kurnaz feststellten, als sie seinen Aufenthalt in Pakistan 2001 rekonstruierten. Kurnaz sagt, er habe dort den Koran besser verstehen und studieren wollen. Er wurde von einheimischen Sicherheitskräften festgenommen und später der US-Armee in Afghanistan übergeben. Als »feindlicher Kämpfer« eingestuft, inhaftierten ihn die USA viereinhalb Jahre lang in Guantánamo. Dort vernahmen ihn auch zwei Mitarbeiter des BND sowie ein Beamter des Kölner Bundesamtes für Verfassungsschutz.

Und Folgendes gab der BND-Agent K. R. dem sogenannten BND-Untersuchungsausschuss des Deutschen Bundestages am 1. Februar 2007 zu Protokoll: »Wir wussten bereits durch den Vorlauf, dass Herr Kurnaz über bestimmte Kontakte verfügt in dem Bereich der sogenannten Jamaat al-Tabligh, einer Organisation, über die wir selber schon doch, wie ich glaube, recht fundierte Hintergrundkenntnisse hatten. Das heißt also, dass uns vor allen Dingen interessierte: Wie läuft es denn eigentlich mit Kurnaz ab? Welche Beziehungen nimmt er auf? Wird er – wie wir es von verschiedenen Bereichen kennen – sehr konkret, über eine ganz bestimmte Schiene nach Pakistan reingeschleust? Wenn das der Fall gewesen wäre, dann wäre es zumindest für uns ein Indiz dafür gewesen, dass der Kontakt von Kurnaz zu dieser Organisation ein deutlich anderer gewesen wäre, als er sich so darstellte. So wie Kurnaz wirklich – ich möchte schon fast sagen – durch Pakistan hindurchgestolpert ist, wäre das vor dem Hintergrund der Kenntnisse, die wir über Personen hatten, die in der Tat dem gefährlichen Bereich zuzurechnen sind, ein völlig untypisches und – ich möchte fast, wenn man in diesen terroristischen Kreisen überhaupt davon sprechen kann, sagen – völlig unprofessionelles Auftreten gewesen.« Der Weg in die Terrorcamps, so behaupten es ja die deutschen Sicherheitsbehörden, führe über die Madrassen. Die Londoner Attentäter, aber auch die deutschen Islamisten Kurnaz, Breininger und Harrach belegen jedoch, dass die Koranschulen allenfalls Anlaufstellen sind, die in die Camps weitervermitteln.

Britische und deutsche Ermittlungsergebnisse, die der

Haqqani-Chef genüsslich aufsaugt. »Wir haben eine gute, starke Position«, kontert Sami ul-Haq. »Präsident Bush hat die gesamte islamische Welt aufgeweckt. Dafür sind wir ihm dankbar. Unsere Aufgabe ist es, islamische Ideologie zu verbreiten. Wir bieten kostenlose Ausbildung, freie Kleider, freie Bücher, sogar freie Unterkunft. Wir sind die Einzigen, die den Armen eine Ausbildung und damit eine Zukunft bieten.« Er macht eine Pause, und professionell weicht das Lächeln aus seinem Gesicht, bevor er weiterspricht: »Die Menschen hier sind verzweifelt. Sie haben die alten Verhältnisse satt, mit den säkularen Parteien und der Armee, der Polizei. Es gibt so viel Korruption. Pakistan hat begonnen, die Muslime aus aller Welt im eigenen Land zu bekämpfen, und tut, was der Westen will. Deshalb warten jetzt alle auf islamische Antworten – und wir können mithelfen, sie zu geben. Nur unser islamisches System bietet Gerechtigkeit.«

Dass allerdings westliche Islamisten wie Eric Breininger und Daniel Schneider die frohe Botschaft ul-Haqs in die Welt tragen werden, daran glaubt der Hardliner mit dem Aussehen eines Kuschel-Mullahs nicht. »Wer gegen die Ungläubigen kämpfen will, will dies sofort tun. Er will Rache für die sterbenden Kinder und zerfetzten Frauen, die die Israelis in Palästina mit ihren Bomben überschütten. Er will Rache für die Tränen der Männer, deren Familien in Afghanistan von den Kreuzfahrern massakriert wurden. Wer so etwas gesehen hat, wer so etwas erlebt hat, der will keine acht oder zehn Jahre den Koran studieren. Der will handeln, der will sofort kämpfen, der will ein Gewehr«, sagt der bärtige Alte.

Und er scheint recht zu haben: In den Madrassen werden keine technischen Kenntnisse vermittelt, die zum Bombenbau unerlässlich sind. Wer in der Haqqani oder der Binori Town Madrasa studiert, will predigen, darauf achten, dass der rechte große Zeh zur richtigen Zeit nach Mekka zeigt oder der Bart in der richtigen Länge auf die Brust fällt. Vielleicht taugt jemand zum Selbstmordattentäter, der nach drei

Jahren Grundschule mit stupidem Auswendiglernen eine Koranschule verlässt. Wer eine Madrasa aber nach acht, zehn Jahren verlässt, der will auf hohem religiös-juristischem Niveau darüber diskutieren, wann einem Dieb die Hand abzuhacken und wann er zu steinigen ist. Wer die Haqqani erfolgreich abschließt, der verlegt sich aufs Scharfmachen, auf den Kampf mit Worten. Der hat es nicht nötig, selbst zur Kalaschnikow oder zum Sprengstoffgürtel zu greifen.

Und noch ein Grund spricht dagegen, dass die frommen Schützlinge der Maulana mit Sturmgewehr und Granatwerfer in der Hand gegen die Ungläubigen ins Feld ziehen. Ist jemand ein Hafiz, einer, der den Koran auswendig gelernt hat, wird Allah ihn nach muslimischer Überzeugung am Tag des Jüngsten Gerichtes auffordern, das Heilige Buch vorzutragen. Für jede zitierte Sure steigt er im Himmel eine Stufe höher. Wer den Koran aufsagen kann, verneigt sich am Ende nur eine Stufe unter dem Propheten Mohammed vor dem Allmächtigen. Seinen Eltern setzen die Engel des Barmherzigen Kronen auf, die heller als die Sonne scheinen. Eine Verheißung, die ein erfolgreicher Koranstudent nach zehn Jahren Pauken nicht leichtfertig auf dem Schlachtfeld aufs Spiel setzt. Sein rhetorisches Geschick wird im Kampf gegen die »Kreuzzügler«, also die Christen, gebraucht. In den pakistanischen Madrassen ausgebildete Mullahs rekrutieren weltweit die Söldner, die die Taliban im Kampf gegen den Westen brauchen. Ihre Waffe ist nicht der Sprengstoffgürtel oder die Panzerfaust: Sie sind zu Spezialisten im Fach »Gehirnwäsche« geworden, Experten darin, labile Menschen in kürzester Zeit für den Kampf unter dem Banner des radikalen Islam zu scharen. In Crashkursen lernen die künftigen Gotteskrieger den Koran kennen. Verstehen müssen sie ihn nicht, wenn sie ihre Kalaschnikows gegen die Soldaten der ISAF in Afghanistan abfeuern, pakistanische Panzer unter Beschuss nehmen oder sich in einer europäischen Stadt in die Luft sprengen.

Wohl auch deshalb will Maulana ul-Haq den frömmelnden Söldnern aus dem Westen, die an die Pforten seiner Haqqani klopfen, nicht einmal die zweieinhalb Jahre islamistischer Grundschule zugestehen. Ganz pragmatisch fragt er: »Wozu sollen die Arabisch lernen?« Auch wenn der Mullah seine Schule gerne ab und an schließt und seine Schützlinge in den Kampf schickt, wenn die Taliban Frischfleisch für den Kampf gegen die Ungläubigen in Afghanistan brauchen. Auch wenn ul-Haq seinen Schülern ein blutiges Praktikum gewährt, bevor sie nach absolviertem Studium weltweit in den Moscheen und Gebetsräumen als Scharfmacher auftauchen, eine Konfrontation auf Zeit mit dem Dschihad: Für Breininger und andere konvertierte Privatmilitärs ist der Schulhof der Madrassen kein Platz. Die Krieger aus dem Westen werden schon aus Propagandagründen mehr als jeder andere an der Front gebraucht, wo immer diese nach dem Willen eines der führenden Terrorfürsten aufgemacht werden soll.

Statt Suren sollen die internationalen Söldner des Islam lernen, wie man eine Kalaschnikow lädt oder eine Panzerfaust abfeuert. Zu viel Wissen um den Koran ist dabei eher hinderlich: Westlich geprägte Muslime übersetzen das Wort »Islam« mit »Frieden« und werden nicht müde, die zahlreichen Stellen im Koran zu zitieren, in denen der Prophet vom Frieden schreibt. Botschaften, die in den Trainingslagern und Luxusjeeps der Taliban des Islamistenführers Gulbuddin Hekmatyar und anderer radikal-muslimischer Söldnerführer nicht ankommen.

Denn Religion spielt für die Terrorplaner allenfalls eine untergeordnete Rolle. Sie brauchen Kämpfer und Attentäter, die eine moderne Ausbildung abgeschlossen haben. Ihnen geben sie ausführliche politische Ziele vor. Osama bin Ladens Attentäter, die die Flugzeuge in das World Trade Center und das Pentagon steuerten, waren exzellent ausgebildete Ingenieure und Studenten der Technischen Universität Hamburg-Harburg. Keiner von ihnen absolvierte das monotone Koranstudium in einer Madrasa. Die meisten Al-Qaida-Leute haben bestenfalls oberflächliche Kenntnisse des Korans oder gar des islamischen Rechts. Im Gegenteil: Aus mehreren Botschaften bin Ladens wird deutlich, dass er die in den Koranschulen ausgebildeten Mullahs verachtet. Zu engstirnig, zu unflexibel, zu fest in ihren Glaubensfragen verankert, um nach zeitgemäßen Interpretationen des Islam in seinem Sinne zu suchen. Um seine brutale Lesart des Islam zu verwirklichen, braucht Terrorkönig bin Laden vom Islam angehauchte Pragmatiker – keine Betbrüder, die sich in endlosen Debatten über die Auslegung von Gesetzestexten ergehen. Vom Islam angehauchte Rambos, die bereit sind, für den Koran zu töten und sich selbst zu töten. Religiös verbrämte Teenager, die sich in die Luft sprengen, ohne den Koran jemals im Original gelesen, geschweige denn verstanden zu haben. Bin-Laden-Jungs, denen der Glaube an den islamistischen »Endsieg« eingetrichtert werden kann.

Der Fall Bekkay Harrach

Bekkay Harrach, der in Deutschland aufgewachsene Marokkaner, jagt deutschen Politikern und Ermittlern seit den Abendstunden des 17. Januar 2009 kalte Schauer über den Rücken. In einem Dreißig-Minuten-Video fuchtelt der Deutsche zunächst mit einer RPG-7-Panzerfaust herum und feuert sie schließlich ab. »Das Rettungspaket für Deutschland« hat der 1977 Geborene seine Botschaft genannt. Um Kopf und Gesicht hat er eine schwarze Kufije gewickelt, ganz so, wie es die Taliban tun. Einen beigen Kampfanzug hat er angezogen und hosenträgerähnliche Gurte über die Schultern gehängt, an denen Soldaten die Tragetaschen für ihre Gewehrmagazine befestigen. »Al-Hafidh Abu Talha« nennt sich der Söldner Allahs. Und wählt damit als Kampf- oder neuen muslimischen Namen den eines der engsten Gefährten des

Propheten Mohammed. Abu Talha gilt als einer der Schreiber der Offenbarung.

Vom deutschen Prophetenfreund nimmt das Bundesamt für Verfassungsschutz an, er sei 2007 ins pakistanisch-afghanische Grenzgebiet aufgebrochen. Mit reichlich Kampferfahrung im Gepäck: 2003 wurde er an der Seite der militanten Hamas-Bewegung im Westjordanland bei einem Zusammenstoß mit der israelischen Armee verletzt. Zweimal kämpfte Harrach im Irak. Es steht noch nicht fest, ob er mit jenem Abu Talha identisch ist, der 2004 eine Gruppe von nicht irakischen Selbstmordattentätern anführte, von der sich einige zunächst in Bagdad, andere später in Falludscha in die Luft sprengten. Die Gruppe wurde aufgelöst, als die Rebellen im Zweistromland über mehr Selbstmordattentäter als Ziele verfügten. Die suizidalen Söldner wurden einfach wieder nach Hause geschickt.

Harrach war 1981 nach Deutschland gekommen und 1997 in Bonn eingebürgert worden. Bevor er sich nach Pakistan absetzte, lebte er im Bonner Stadtteil Bad Godesberg. Von 2002 bis 2004 soll er an der Fachhochschule Remagen Optik und Lasertechnik sowie Wirtschaftsmathematik gebüffelt haben. Warum er 2004 exmatrikuliert wurde, darüber schweigt der Rhein-Ahr-Campus: »Wie in anderen Fällen auch«, sagt eine Sprecherin.

Heute scheint er Al-Qaidas Speerspitze im Kampf gegen Deutschland zu sein. »Mich für Allah in die Luft zu sprengen ist mein Wunsch seit 1993«, schwadroniert Bekkay Harrach in fast akzentfreiem Deutsch. Und sorgt dafür, dass andere es ihm gleichtun. Die deutschen Ermittler sind davon überzeugt, dass Harrach innerhalb des Al-Qaida-Netzwerks damit beschäftigt ist, Anschläge zu planen und zu organisieren. Er soll in der Abteilung »Auswärtige Operationen« aktiv sein – der Sektion, die Attentate plant. Eine Arbeit, auf die der deutsche Söldner im Dienste bin Ladens bestens vorbereitet wurde: Abi Obeida, der inzwischen getötete Planungschef bin Ladens, soll Harrach persönlich in einem der Terrorcamps in Wasiristan ausgebildet haben. Das Nachrichtenmagazin *Der Spiegel* berichtet, Harrach sei in »fast alle größeren Anschlagsplanungen in der Region eingebunden«.

So weit konnte Aleem Nasir die Stufen einer islamistischen Söldnerkarriere nicht emporsteigen. Ihm soll Al-Qaida vorherbestimmt haben, in Deutschland nach geeigneten Rekruten für die Terrororganisation Ausschau zu halten und sie anzuwerben. Der Pakistani mit dem deutschen Pass könnte keine bessere Tarnung haben: Modischer Schnitt für sein graumeliertes Haar, einen gepflegten Bart gleicher Farbe. Die Narben an seiner rechten Hand und am Unterarm, sagt er, habe er sich zugezogen, als er mit Freunden während eines Hochzeitsfests Böller zündete. Folgen eines Unfalls beim Bombenbau, behaupten deutsche Staatsanwälte, die im Februar 2008 den damals 46 Jahre alten Nasir verhaften ließen. Nasirs deutsche Ehefrau Katja sagt wiederum, er verkaufe nur Edelsteine in seinem Laden »Himalaya Minerals« im pfälzischen Germersheim, Im Oberhof 19. Der studierte Maschinenbauer habe auch Aquamarine, Topase, Brookite, Smaragde und Lapislazuli auf Ausstellungen in der Bundesrepublik verkauft. Bei seinen regelmäßigen Reisen nach Pakistan habe er nicht nur Nachschub für seinen Handel eingekauft, sondern gleichzeitig Ferngläser, Nachtsicht- und Funkgeräte, einen Laptop und Geld für Al-Qaida in die Krisenregion geschafft – sagen die Staatsanwälte.

Deutsche Fahnder behaupten, er habe den Bonner Harrach nicht nur rekrutiert, sondern ihm auch ein Empfehlungsschreiben ausgestellt, das dem Deutschen die Türen Al-Qaidas öffnete. Seit 2001 ist Harrach im Visier der deutschen Sicherheitsbehörden. Die versuchen, dem Studenten mit nahezu allen Mitteln auf den Fersen zu bleiben und ihn für die Zusammenarbeit mit den Staatsschützern zu gewinnen. Amüsiert berichtet Harrach in dem Internetfilmchen, wie zwei Beamte des Bundesamtes für Verfassungsschutz versucht hätten, ihn im Maritim-Hotel Bonn auszuhorchen und als Spitzel zu gewinnen. 200 Euro pro Stunde soll ihm einer der Staatsschützer für weitere Treffen geboten haben. Rekonstruieren konnten die Deutschen noch, dass der Bonner über die Türkei in den Iran und dann offenbar in den Nordwesten Pakistans reiste. In der nach einem italienischen Weißwein benannten Operation »Toledana« fanden die Verfassungsschützer auch heraus, dass Harrachs deutsche Ehefrau und sein damals wenige Monate alter Sohn 2008 ebenfalls Deutschland verließen und dem Anschlagsplaner folgten.

Die Deutschen seien »leichtgläubig und naiv«, wenn sie meinten, in Afghanistan »als drittgrößter Truppensteller ungeschoren davonzukommen«, tönt Harrach 2008 in einem Video. Und droht unverhohlen: Die Atombombe der selbst ernannten Gotteskrieger seien ihre Autobomben. »Jeder Muslim kann eine sein, und wenn er heute keine ist, kann er morgen eine sein.« Deutschlands Sicherheit läge in der Hand der Bevölkerung. Deren Unsicherheit wolle man ausnutzen: Was gehe in den Köpfen mancher Bundesbürger vor, die sich vielleicht beim Einkauf fragten, »ob der Schwarzkopf oder der bärtige Blonde« vielleicht ein Bombe bei sich trage. »Solange die Bundeswehr in Afghanistan stationiert ist, steht Deutschland im Fadenkreuz.«

Das Video ist auf den Oktober 2008 datiert. Harrach spricht über damals aktuelle Ereignisse wie die bayrischen Landtagswahlen und das erste Aktionspaket der Bundesregierung gegen die Weltwirtschaftskrise. Das Internetfilmchen ist mit dem Logo von »As-Sahab« gekennzeichnet. Die »As-Sahab Stiftung für Islamische Medienproduktionen« wird von der Terrororganisation Al-Qaida seit 2001 dazu genutzt, ihre Sichtweise in der Welt zu verbreiten. Von »As-Sahab« stammen auch die Videos von Bin Laden und seinem Stellvertreter Aiman al-Sawahiri.

August Hanning, Staatssekretär im Bundesinnenministerium, glaubt, dass Harrach Kontakt zur Al-Qaida-Führungsebene hat: »Wir halten den Mann für hochproblematisch.« Dem früheren Präsidenten des Bundesnachrichtendienstes bereitet Sorgen, dass Harrach sich in Deutschland gut auskennt. Zumal er ausdrücklich die Bundestagswahlen im September 2009 erwähnt. In Madrid hatte die Terrororganisation unmittelbar vor den spanischen Parlamentswahlen 2004 mehrere Bomben in Vorortzügen gesprengt. Das Attentat hatte die Wahlen entscheidend beeinflusst.

Zum ersten Mal richtet Al-Qaida eine Botschaft direkt an Deutschland. Das, sagt Hanning, »hat eine etwas andere Qualität«. Geheimdienstler sagten der Nachrichtenagentur ddp: »Jetzt tickt die Uhr für einen Terroranschlag.« Den sehen die deutschen Ermittler am ehesten dort vorher, wo viele Menschen zusammenkommen: Islamistische Leihmilitärs aus Deutschland oder Westeuropa könnten sich mit einem Sprengstoffgürtel in Fußgängerzonen, U-Bahnen oder Museen unter die Menschen mischen und eine Bombe zünden. Deutsche Terroristen sind – wie auch die Attentäter von Madrid, Amsterdam und London – nicht von ihren Landsleuten zu unterscheiden. »Die bewegen sich wie Fische im Wasser, da kann man gar nichts machen«, urteilt ein Fahnder. Al-Qaida veröffentlichte das Video kurz nach dem Anschlag auf die Deutsche Botschaft in Kabul am 17. Januar 2009.

Dass Deutschland immer stärker ins Visier islamistischer Terrorsöldner rückt, beweist auch ein weiteres Video, das Ende Januar 2009 auftauchte. »Wir werden eine Armee senden mitten in eure Städte, besonders Berlin, Köln und Bremen. Deutschland und vier andere Länder werden ab Februar '09 Probleme kriegen.« – »Die Videobotschaft ist den Sicherheitsbehörden bekannt und wird im Gemeinsamen Internetzentrum (GIZ) ausgewertet«, gab ein Sprecher des Bundesinnenministeriums nüchtern bekannt. Das Bundesamt für Verfassungsschutz und andere staatliche Stellen lassen im bundeseigenen GIZ das Internet nach islamistischen Websites suchen und diese analysieren. »Das Video fügt sich in unsere

Bewertung ein, wonach die dschihadistische Propaganda gegen Deutschland eine neue Qualität erreicht hat.« Die Bundesrepublik werde in solchen Botschaften explizit bedroht, auch in deutscher Sprache und mit deutschen Inhalten.

Der Terrorismus-Experte Guido Steinberg von der Stiftung für Politik und Wissenschaft sieht besonders für die Zeit vor der Bundestagswahl Ende September die Gefahr von Anschlägen. »Man kann davon ausgehen, dass Al-Qaida, wenn sie die Möglichkeiten dazu hat, in den nächsten Monaten deutsche Ziele angreifen wird, um die Wahlen zu beeinflussen, um die Debatte zu Afghanistan zu beeinflussen und damit möglicherweise einen Rückzug deutscher Truppen zu bewirken«, sagt er. Dies sei auch bei den Anschlägen von Madrid 2004 so gewesen.

Sie haben ihre Hausaufgaben gemacht, als alle sie schon totsagten. Als tägliche Todesmeldungen aus dem Irak die Schlagzeilen und das Handeln der Politiker bestimmten, als das Sterben dort den Tod in Afghanistan verschleierte, nahmen die Taliban am Hindukusch sich eine Auszeit. Um das zu tun, was Stabsoffiziere in den Hauptquartieren und Ministerien weltweit tun, wenn eine Schlacht geschlagen ist: »lessons learned?« bezeichnen sie neudeutsch den Denkprozess, der am Ende die Frage beantworten soll: »Was haben wir aus dem Geschehenen gelernt?«

Die Gotteskrieger hatten eine Antwort rasch gefunden: »Schnell und häufig die Presse informieren!« Eine Erkenntnis, die sie rasend schnell in die Tat umsetzten. Viele der bärtigen Kommandeure haben die Telefonnummern ihrer Satellitenhandys an Reporter verteilt. Die Koalitionstruppen lauschen mit – kein Problem, dann kennen sie eben unsere Version der Ereignisse, sagen sich die Talibanführer. Und damit die Version, die sie sowieso Minuten später im Internet nachlesen, hören oder sogar sehen können. Eines haben die Propagandaberater der Taliban gelernt: Es dauert mitunter Stunden, bis sich die Generäle und Obristen in den schwerfälligen Stäben der NATO-Hauptquartiere geeinigt haben, wie sie einen Anschlag auf ihre Truppen am Hindukusch in der Presse dargestellt wissen wollen. Rücksprachen mit den nationalen Verteidigungsministerien müssen abgewartet, Entscheidungen von Ministern und Staatssekretären eingeholt werden. Während auf www.youtube.com bereits die ersten wackligen Filmchen von einem Selbstmordanschlag flimmern, wird in Kabul, Berlin, Washington oder London noch darüber gegrübelt, ob der Anschlag überhaupt zugegeben werden soll.

Von Opferzahlen ganz zu schweigen. Das Berliner Verteidigungsministerium brauchte teilweise Stunden, um zuzugeben, dass deutsche Soldaten Opfer eines Anschlags geworden waren. Fast einen Tag brauchten die Ministeriellen im August 2008, um eine Pressemitteilung zu erstellen, in der bestätigt wurde, dass »bei einem Anschlag auf die Bundeswehr im nordafghanischen Kundus ... am 27. August ein Soldat ums Leben« kam. Drei weitere wurden verletzt. Zu der Zeit kursierten in Internetforen und Nachrichtenagenturen bereits die Zahlen der Taliban. Die wollten acht deutsche Soldaten getötet, zahlreiche weitere verletzt haben. Die Philosophie dieser Übertreibungen: Eine Zahl, die erst einmal in der Welt verbreitet wurde, muss korrigiert werden. Die oftmals maßlos übertriebenen Angaben der Taliban aber hinterlassen Unruhe. Bei den Familien und Freunden der in Afghanistan eingesetzten Soldaten – beispielsweise in Deutschland.

Bei aller Skepsis können Reporter die Informationen der Dschihadisten auch nicht ignorieren. Sie haben in aller Regel auch wahre Bestandteile. (Abgesehen davon, dass auch die Allianz die Realität gewöhnlich auf ihre Weise interpretiert. Besonders dann, wenn bei einem Gefecht Zivilisten verletzt oder getötet wurden, fällt es den Generälen schwer, zuzugeben, dass NATO-Verbände an den Kämpfen beteiligt waren.) Vor diesem Hintergrund sollte durchaus auch ernst genommen werden, was die Pressesprecher der Gotteskrieger im

Nordwesten Pakistans präsentieren: Videos aus den Terrorlagern der Taliban.

Auf den ersten Bildern ist ein weitgehend ausgetrocknetes Flussbett in den Bergen zu sehen. Das sei irgendwo in Pakistan, versichert der Vorführer, der sich Abdul nennt. Zwei, drei Dutzend junger Männer joggen durch das Bild. Einigen sprießen gerade einmal die ersten Haare über der Oberlippe. Die Gruppe erhalte ihren letzten Schliff, dann würde sie nach Afghanistan gehen, um dort gegen die Kreuzfahrer zu kämpfen, erläutert Abdul sachlich.

Während die aufgehende Sonne die Gipfel rötlich färbt, treten die Privatmilitärs des Allmächtigen zum Frühsport an, morgens um vier. Sechs Kilometer hätten die Kämpfer zu laufen, sagt Abdul: in Sandalen, Kalaschnikows oder Panzerfäuste in den Händen. Entlang des Ufers. Wo das Wasser tief genug ist, wird geschwommen. Immer wieder werden die Waffen zerlegt und zusammengesetzt, um Ladehemmungen auch in Stresssituationen und unter Feindfeuer schnell beheben zu können. Manchmal verbinden sich die Männer dafür eigens die Augen – wie in anderen Armeen auch. »Du musst dich schinden, um ein Krieger des Allmächtigen zu werden«, sagt einer mit grimmigem Gesicht in die Kamera.

Taliban-Krieger versichern glaubhaft, dass sie nach Kämpfen in Afghanistan immer wieder in Ausbildungslager gesteckt werden, um sich dort zu erholen und neue Fertigkeiten zu erlernen. Für die Koalition ist es schwierig, diese Camps aus dem Weltall oder mit unbemannten Aufklärungsflugzeugen zu orten. Die Rekruten schlafen in Höhlen oder nahen Weilern, als Zielscheiben für ihre Schießübungen fungieren Feldsteine oder Blechdosen. Die Gruppen dürften kaum mehr als je zwanzig, dreißig Rekruten umfassen. Selten bleiben die kampferfahrenen Ausbilder länger als 48 Stunden mit ihren Zöglingen am selben Ort. Munition, Essen, Waffen bekommen die dschihadistischen Kämpfer in den mehr als vierhundert Versorgungslagern, die die verschiedenen Rebellengruppen in Häusern, Höhlen, Erdlöchern und Weilern entlang der Grenze zu Afghanistan angelegt haben – so glauben westliche Analysten. Zwar startet die pakistanische Armee im Zwei-Wochen-Rhythmus Offensiven gegen das Logistiksystem der Gotteskrieger. Aber viele pakistanische Geheimdienstler, Offiziere und Soldaten sympathisieren mit den Aufständischen. Manche unterstützen sie gar offen.

Die islamistischen Krieger sind an anderer Front für die pakistanische Regierung unentbehrlich. In der Krisenregion Kaschmir beschäftigen sie die indischen Streitkräfte mit Terroranschlägen – ein Vorteil, den die Regierung in Islamabad nicht wirklich aus der Hand geben wird. Offiziell geben die Pressesprecher der pakistanischen Sicherheitskräfte mittlerweile zu, dass Hunderte Jugendliche aus allen Winkeln des Landes solche Camps besuchen und dann in Afghanistan kämpfen. Ja, zischen sie durch die zusammengepressten Lippen, auch Ausländer seien darunter. Aber man kooperiere eng mit den Geheimdiensten der Länder, aus denen diese Männer kommen. Das Verhältnis zum Bundesnachrichtendienst sei ausgezeichnet.

Hadji Namdar nennt sich der Kommandeur, der sein militärisches Trainingscamp in dem Vierzig-Minuten-Video präsentiert wissen will. Abdul zuckt lächelnd mit den Schultern. Er will nicht bestätigen, dass Namdar jener Top-Taliban-Kommandeur gleichen Namens ist, der am Khyber-Pass, am wichtigsten Grenzübergang Pakistans nach Afghanistan, kämpft. Jener Namdar kann jederzeit den Nachschub der ISAF-Truppen in Afghanistan unterbrechen. »Der Westen ist der Hauptfeind des Islam, und es ist unsere heilige Pflicht, gegen ihn zu kämpfen«, drischt ein anderer Teenager seine eingeübte Phrase in die Kamera.

Dann werden Schießübungen gezeigt. Mit Gewehr und Panzerfaust. Mit Pistole. Jeweils zwei Krieger kurven auf Motorrädern umher. Der Sozius richtet sich auf und feuert Magazin um Magazin in die Ruinen, die von einer Hirtenhütte übergeblieben sein mag. In diesem Video sprechen die privaten Militärs der Taliban Paschtu. Reporter der führenden englischsprachigen pakistanischen Tageszeitung *Dawn* präsentieren ihren ausländischen Kollegen aber auch Videos, auf denen die Rekruten ihre Befehle in englischer Sprache erhalten. »Deckung«, »Feuer«, »Sprung auf« – Eric Breininger und Bekkay Harrach werden solche Kommandos inzwischen wohl auch auf Urdu, der Sprache Pakistans, oder Paschtu oder Dari, der offiziellen Sprache Afghanistans, verstehen und brüllen können.

Vor allem, wenn sie nach Kämpfen gegen die westlichen Truppen am Hindukusch wieder zurück ins sichere Pakistan kommen. Vierzig Tage sollen die Missionen gegen die ISAF-Soldaten dauern, dann ist wieder eine Ruhe- und Ausbildungsphase in einem der Camps vorgesehen. Die meisten davon sind unter dem Banner der Tehrik-e-Taliban organisiert, dem Schirm, unter dem sich die meisten militanten Islamistengruppen in Pakistan zusammengeschlossen haben. Ihr Anführer Baitullah Mehsud gilt als der tatsächliche Machthaber Wasiristans, der pakistanischen Bergregion an der Grenze zu Afghanistan. Im Februar 2008 handelte der 36 Jahre alte Kriegsfürst einen Waffenstillstand für Wasiristan mit der pakistanischen Regierung aus. So konnten Ausbildungslager eingerichtet werden, die Terrorlehrlinge ungestört gedrillt und über die Grenze in den Kampf gegen die NATO-geführten Truppen geschickt werden. Der pakistanische Ex-Innenminister Aftab Ahmed Khan Sherpao ist sicher, dass die Mehsud-Gruppe »über ständig sprudelnde Geldquellen verfügt, geschickt in ihrer Propaganda und über die Grenzen Pakistans hinaus aktiv ist«.

Um Mehsuds Terrorlager zu besuchen, braucht es keinen Lebenslauf, keine Fotos, keine Bewerbungsmappe. Der Dschihad sucht seine Söldner selbst. In Internetforen und Cafés. In Moscheen, Begegnungszentren und Kulturhäusern. Überall dort, wo radikal-islamische Phrasen gedroschen werden, sind die Werber des Heiligen Krieges nicht weit. Es können bartlose Studenten mit modischem Kurzhaarschnitt sein wie Mohammed Atta, der in Hamburg zum Kopf der 19 Terroristen wurde, die sich mit entführten Flugzeugen in das New Yorker World Trade Center und das amerikanische Verteidigungsministerium in Washington stürzten.

Oder sie kommen als vertrauenerweckender Arzt daher. So wie Yehia Youssif. Der ägyptische Arzt hatte 1988 am Institut für Medizinische Mikrobiologie und Hygiene der Uni Freiburg begonnen, für seine Doktorarbeit zu forschen. Vier Jahre später erhielt er den Titel mit Auszeichnung. Der frisch promovierte Mediziner und Biologe forschte weiter. Und predigte gleichzeitig drei Stunden entfernt im Multi-Kultur-Haus im bayrischen Neu-Ulm als »Scheich Abu Omar« den Hass. Dort soll er Fritz Gelowicz aus Ulm, den Kopf der im September 2007 festgenommenen Sauerlandgruppe, zum Islam bekehrt und ihm geholfen haben, ein pakistanisches Ausbildungslager zu besuchen. Kurze Zeit bevor die Polizei die beiden deutschen und den türkischen Söldner Allahs abführte, hatte Gelowicz dem *stern*-Reporter Martin Knobbe in die Feder diktiert: »Man geht ins Ausland, um die arabische Sprache zu lernen. Oder weil man in einer islamischen Umgebung leben will. Die zwei Gründe gibt es, ansonsten hat ein Auslandsaufenthalt keine Bedeutung.« Dass er zu diesem Zeitpunkt in Pakistan alles gelernt hatte, was ein islamistischer Söldner über Zünder und Sprengladungen, explosive Mixturen und Anschlagsorte wissen muss, verschweigt Fritz Gelowicz, der sich »Abdullah« – »der Diener Gottes« – nennt.

Volle Haare, ein gepflegter schwarzer Bart, in den sich erste graue Härchen mischen. Glänzend braune Augen. Um die Lippen ein verständnisvolles Lächeln. Der Mann könnte als Sozialarbeiter durchgehen. Oder als Pfarrer. Im Frankfurter Stadtteil Riederwald predigt auch Said Khobaib Sadat den Dschihad: »Bringt die Ungläubigen um. Verscheucht die Amerikaner aus Afghanistan, wenn es sein muss, mit Gewalt.

Wenn sie nicht hören, müssen sie bluten«, hat er nach der Erinnerung eines Besuchers der Moschee gesagt, die gerne von in Deutschland lebenden Afghanen besucht wird. Sadat soll engste Kontakt zum afghanischen Kriegsfürsten Gulbuddin Hekmatyar haben. Seine Anhänger erlangten in den frühen Neunzigern am Hindukusch traurigen Ruhm: Sie fuhren auf Motorrädern an Universitäten vorbei und schütteten unverschleierten Frauen Säure ins Gesicht. Hekmatyar betont, er selbst habe noch keiner Frau Leid angetan.

Die deutschen Staatsschützer führen lange Listen von Moscheen und Kulturzentren, Cafés und Buchläden, in denen nach ihrer Ansicht der Dschihad gepredigt und seine Söldner angeworben werden. Deren finanzielle Verdienstmöglichkeiten sind bei Taliban-Chef Mullah Omar, beim Sunniten Hekmatyar oder bei Baitullah Mehsud im Vergleich zum Söldnerjob bei Blackwater, Halliburton oder dem englischen Privatmilitär Armor Group gering. Ein Söldner in Diensten Allahs streicht monatlich bis zu 2000 Dollar ein. Bei Blackwater braucht er dafür zwei bis vier Tage. Dafür sind die Anforderungen an die künftigen Privatmilitärs geringer: Wer für die Taliban in den Krieg zieht, muss noch kein Gewehr abgefeuert haben.

Und dennoch scheinen die jugendlichen Krieger, die sich unter dem schwarzen Taliban-Banner mit der Inschrift »La ilaha illa allah Muhammadun rasulu allah« – »Es gibt keinen Gott außer Gott, Mohammed ist sein Prophet« versammeln, westliche Privatmilitärs zu inspirieren. Die Mullahs haben in vielen Ländern der Welt Mudschaheddin angeworben, sie trotz Sprachproblemen zu einer Armee geformt. Ihre einzelnen Truppenverbände können – zumindest bedingt – aufeinander abgestimmt operieren. Ihre Spezialität ist die sogenannte Hit-and-run-Taktik – zuschlagen und verschwinden. Genau die Art Kriegsführung, die das beginnende 21. Jahrhundert bisher besonders geprägt hat: Während die westlichen Armeen hochgerüstet in den Hindukusch ziehen, reicht dort ein einzelner, mit einer Panzerfaust bewaffneter Krieger aus, um ganze Aufmärsche zu verzögern oder gar zu verhindern. So haben die Mudschaheddin schon die Russen aus dem Land gejagt. Und bieten den Truppen der NATO-geführten Koalition am Hindukusch im siebten Jahr die Stirn.

»Löst man sich von moralischen Bewertungen und schaut sich die rein militärischen Fakten an, dann ist die Leistung der Taliban beeindruckend: Fast geschlagen aus dem Land gejagt. Neu organisiert. Seit sieben Jahren ständig im Kampf und von Tag zu Tag erstarkend. Da muss man genau hingucken und lernen«, sagt der Analyst eines britischen Privatmilitärs im Gespräch. Blackwater-Boss Erik Prince scheint genau das zu tun und hat Spezialisten nach Afghanistan geschickt, damit sie die Kampfweise der Taliban studieren. Sein Konzern bastelt an einer ganzen Privatarmee, die er inklusive Gewehren, Panzern, Hubschraubern und Haubitzen vermieten wird. Zwischen 7500 und 13 000 Mann soll der Kampfverband einmal stark sein. Cofer Black, Vizepräsident von Blackwater, sieht bereits Dimensionen, bei denen Blackwater zur Konkurrenz des westlichen Verteidigungsbündnisses wird: »Wir haben das Potenzial, Sicherheitsoperationen für einen Bruchteil der Kosten einer Nato-Operation durchzuführen.«

Bedenken gegen solche Pläne wischen die Sicherheitskonzerne mit dem Verweis auf die amerikanische Geschichte zur Seite: »Das ist alles nichts Neues. Auch George Washington hatte Söldner!«, winkt die International Peace Operations Association (IPOA), eine Lobbyorganisation der Branche, ab: Einzige Bedingung für anmietende Staaten oder Unternehmen: Sie dürfen mit den geborgten Söldnern nicht gegen amerikanische Interessen kämpfen. »Sonst«, so witzelt ein den Taliban nahestehender Mullah in Kabul, »könnten wir die ja auch mieten.«

Das Geschäft mit dem Tod

Der Krieg der Söldner – ein Ausblick

Georgien, 15. August 2020: Seit Tagen fließt kein Öl mehr durch die Baku-Tiflis-Ceyhan-Pipeline, durch die der Rohstoff vom Kaspischen ans Mittelmeer gepumpt wird. Aus Südossetien kommend, haben kleine, hochbewegliche und schwer bewaffnete Söldnergruppen nach Süden hin angegriffen. An die 9000 Privatmilitärs, vermutlich vom russischen Energieriesen Gazexport finanziert, schätzen die Schlapphüte der westlichen Welt und notieren diese Zahl für ihre Regierungschefs in geheimen Dossiers. Die Söldnerhaufen haben die Stadt Gori eingenommen, sind entlang des Flusses Kura nach Osten vorgestoßen und stehen jetzt vor der Hauptstadt Tiflis. Ihre Hand liegt an der Kehle des Kaukasusstaates.

Zuvor hatte Georgiens Präsident Michel Salivilli darauf gesetzt, dass sich Geschichte nicht wiederholt. Wie einer seiner Amtsvorgänger im Sommer 2008 hatte auch er darauf vertraut, dass die Beziehungen zu Westeuropa und vor allem zu den USA stark und belastbar sein würden. Er vertraut darauf, dass die Freunde aus dem Westen Truppen schicken würden: Schließlich will er den beiden Staaten, die sich auf dem Boden Georgiens unabhängig erklärt haben und am Tropf Russlands hängen, wieder in die Nation eingliedern: Ossetien im Norden und Abchasien im Nordwesten sollen als Staaten von der Landkarte verschwinden, zumal sie sowieso nur von Russland anerkannt werden. Und die beide – wie Analysten der Weltpolitik in den TV-Shows gefragt und ungefragt berichten – auch von Marionetten des großen Bruders im Kreml regiert werden. Salivilli hatte hoch gepokert. Spezialeinheiten seines Innenministeriums hatten versucht, die Osseten-Hochburg Tskhinvali im Handstreich zu erobern – und waren blutig zurückgeschlagen worden. Verfolgt von den Söldnern Moskaus, die von Gazexport bezahlt werden.

Die westliche Welt diskutiert noch, wie dem blutigen Treiben in der Kaukasusrepublik Einhalt geboten werden kann. Deutschland schließt kategorisch aus, die Bundeswehr ins Krisengebiet zu entsenden. Großbritannien und Frankreich sehen das für ihre Armeen genauso. Die USA fahren schwere diplomatische Geschütze auf – militärisch sind sie allerdings so stark in Afghanistan, Algerien und Marokko engagiert, dass es ihnen kaum möglich ist, Truppen nach Georgien zu entsenden. Rettung verspricht Präsident Salivilli in dieser prekären Situation allein der westliche Energiekonzern Exact Inc. Der Energiegigant schlägt ein Tauschgeschäft vor: Er schickt eine bereits Gewehr bei Fuß stehende Söldnerarmee in die Kaukasusrepublik. Dafür will er im Gegenzug die Rechte an der Baku-Tiflis-Ceyhan-Pipeline haben. Eine sinnvolle Ergänzung zu den Ölförderrechten, die sich Exact Inc. bereits im benachbarten Aserbaidschan gesichert hat. 15 000 Söldner, 250 Panzer, 300 Haubitzen, 25 Kampfhubschrauber, 12 Abfangjäger, 21 Jagdbomber bieten die Ölmanager an. 7500 Leihmilitärs, allesamt frühere Angehörige westlicher Spezialeinheiten, könnten schon binnen der nächsten zwölf Stunden in Georgien landen. Denn die Pläne für diesen Ernstfall hat der für Exact exklusiv arbeitende amerikanische Branchenriese Redmountain seit Jahren in der Schublade liegen. Salvilli greift zu, er hat keine andere Chance. Schon bald werden vor den Toren seiner Hauptstadt Tiflis die zwei Söldner-Armeen aufeinandertreffen.

Die Tinte unter dem Vertrag zwischen Georgien und Exact Inc. ist in Tiflis noch nicht ganz getrocknet, da klingelt in Troisdorf zwischen Köln und Bonn bei der Privaten Militärfirma Securitas Germania das Telefon. Der frühere

GSG-Polizist Volker Talfrau hat nur zehn Autominuten von der Kaserne der Elitetruppe entfernt einen Sicherheitsdienst aufgebaut – mit Beteiligung der Redmountain. In Stuttgart, 33 Kilometer östlich von dem Calwer Standort des Kommandos Spezialkräfte (KSK) entfernt, geht zur gleichen Zeit eine E-Mail im Sicherheitsunternehmen German Protection ein. Geschäftsführer Sven Hasenkamp, ehemaliger Kompaniechef der erlesenen Bundeswehrkrieger, bekommt Instruktionen aus Tiflis. Beide Redmountain-Töchter haben 150 ehemalige Kämpfer der Grenzschutzgruppe 9 der Bundespolizei, des KSK und von Spezialeinsatzkommandos der Polizei als freiberufliche Sicherheitsanbieter unter Vertrag. Zudem sind 750 ehemalige Fallschirmjäger der Bundeswehr bei der German Protection in der Kartei. Die 900 Deutschen werden im Kaukasus dringend gebraucht. In acht Stunden sollen sie auf dem Flughafen Tiflis landen. Ihr Auftrag: Den Airport besetzen und für die in den kommenden Stunden eintreffenden Redmountain-Truppen offenhalten. Zudem sollen frühere Fernspäher der Bundeswehr sich in einer Aufklärungsmission einen ersten Überblick über die für Gazexport kämpfenden Söldner des weißrussischen Sicherheitsriesen Tiger Professional Military Resources verschaffen.

Der russische Energieriese wiederum hat seine Streitmacht mit Hilfe des polnischen Anbieters Rubikon L-4211 aufgestellt. Die Polen werben damit, vor allem frühere deutsche, dänische und österreichische Soldaten unter Vertrag zu haben. Ganze deutsche Besatzungen samt Panzern, Schützenpanzern und Artilleriegeschützen sind so über Russland in den Kaukasus transportiert worden.

Die Mondsichel ist in den vergangenen Tagen immer dünner geworden. Heute verschlucken zudem Wolken den kärglichen Rest Licht, den Mond und Sterne auf die Erde werfen. Stockdunkel ist es. Seinen gepanzerten Stryker-Mannschaftstransporter hat Michael Meier in einer Bodensenke einige hundert Meter südlich von Tiflis in Stellung gebracht. Durch sein Wärmebildgerät beobachtet er die Vororte der georgischen Hauptstadt. Auf seinem Monitor leuchten die Häuser grünlich. Fast weiß registriert Meier dagegen auf seinem Bildschirm eine Katze, die nur ein paar Meter von seinem Panzer entfernt durch das Gras schleicht. Die Nacht ist zum Tag geworden. Der frühere Hauptfeldwebel der Bundeswehr hat seinen Dienst bei den Panzergrenadieren nach zwölf Jahren quittiert und bei der polnischen Sicherheitsfirma Rubikon angeheuert. Für 950 Dollar am Tag, bar alle zehn Tage auf die Hand. Jetzt hält er nach georgischen Soldaten Ausschau. Über Funk hat er erfahren, dass auch eine Söldnerarmee gegen ihn aufmarschieren soll.

Vor acht Wochen hat Karl Krause bei der Securitas Germania in Troisdorf angeheuert. 1350 Dollar bietet die Firma täglich – ein Angebot, das Krause nicht abschlagen konnte. Zumal er zusammen mit seinen früheren Kameraden bei der Germania anheuern konnte. Der ehemalige Kommandofeldwebel und Truppführer der Bundeswehr-Elitetruppe KSK lenkt sein Serval-Spezialfahrzeug aus der Innenstadt von Tiflis hinaus in die Vororte. Langsam bugsiert er seinen leicht gepanzerten Wagen auf den Marktplatz. Der ihm folgende Serval parkt auf der anderen Seite des kleinen Platzes. Vier frühere KSK-Soldaten schleichen sich an den Stadtrand. Der Späher hebt die Faust. Sofort verschwinden die Söldner seines Trupps in Hauseingängen und hinter Mauern. In seinem Nachtsichtglas erkennt Krause etwa 500 Meter entfernt einen Stryker-Transporter. Zeitweise trägt der Wind ein leises, anhaltendes Klackern herüber: Ein Geräusch, das typisch für das Wärmebildgerät des Stryker-Panzers ist.

In dem sitzt Michael Meier. Auf seinem Monitor hat er für ein, zwei Sekunden einen hellen Schatten gesehen. Drüben, in einer Seitengasse am Ortsrand. Vorsichtshalber richtet der Ex-Hauptfeldwebel das digitale Fadenkreuz des schweren Maschinengewehrs auf dem Dach des Mannschaftstransporters auf diese Stelle. Ein Knopfdruck mit dem Joystick genügte – und das MG würde einen tödlichen Kugelhagel abfeuern. »Falls es doch etwas anderes als ein Hund war«, denkt Meier.

Krause hat genug gesehen. Der Stryker dürfte die Aufklärer der angreifenden Gazexport-Söldner an den Stadtrand von Tiflis gebracht haben. Sein Auftrag ist erledigt. »Ausweichen letzter Sammelpunkt«, flüstert er in sein Sprechfunkgerät. Der Rückzug wurde zig Mal geübt und ist Dutzende Male in Afghanistan angewendet worden. Kein Wort ist dafür notwendig. Zwei Schatten zielen mit ihren Gewehren in die Nacht und sichern so den Rückzug der beiden anderen, die in Richtung Marktplatz pirschen. Während Krause durch seine Nachtsichtoptik den Stryker anvisiert, bückt sich vor ihm langsam sein Kamerad Sepp Schmidt und tastet sich langsam rückwärts auf ihn zu.

Auf Michael Meiers Monitor wird es hell. Sehr hell. Die Wärmequelle nimmt die Konturen eines Menschen in gebückter Haltung an. Ein Gewehr wird sichtbar. Meier drückt den Knopf, der das Maschinengewehr abfeuert.

Wie rote Fäden kommen die Geschosse aus dem Bord-MG des Stryker gesaust. Sieben, acht schlagen in den Körper von Sepp Schmidt ein. Reißen ihm das halbe Gesicht weg. Kein Schrei, kein Laut. Nur das Dröhnen der Waffe.

Die helle Figur auf seinem Monitor sinkt zu Boden. Bewegt sich nicht mehr. Zwei, drei Minuten beobachtet Michael Meier die Stelle, an der der Schatten liegt. Zoomt näher heran. Wählt wieder einen größeren Ausschnitt, den er beobachtet. Über Funk meldet er: »Einen feindlichen Schützen vernichtet, vermutlich Aufklärung.«

Deutsche schießen auf Deutsche – was wie ein Horrorszenario aus dem Kalten Krieg klingt, dürfte in zehn, fünfzehn Jahren Realität sein. »Wenn wir den Trend nicht stoppen, dass Staaten fundamentale Sicherheitsaufgaben privatisieren, die ausschließlich dem staatlichen Gewaltmonopol zu-

zuordnen sind, werden wir in kurzer Zeit eine Renaissance von Söldnerheeren erleben, die nur mit denen im Dreißigjährigen Krieg vergleichbar sind«, sieht UN-Sonderbeauftragter Alexander Nikitin voraus.

Die Branche wird es freuen. Sie erwirtschaftete 2006 einen geschätzten Umsatz von mehr als 200 Milliarden Dollar. Zwei Jahre später dürften, so die Einschätzung von Friedensforschern, etwa 300 Milliarden in die Kassen der privaten Sicherheitsanbieter gespült werden – Tendenz steigend, trotz weltweiter Finanz- und Wirtschaftskrise.

In drei Bereichen haben private Militärfirmen Fuß gefasst: Sie kämpfen, sie bilden aus und beraten, und sie versorgen Armeen. Das sind Aufgaben, die sich in Kriegsgebieten nur selten klar voneinander trennen lassen. Ein Söldner, der afghanische Polizisten ausbildet, wird bei einem Überraschungsangriff von Taliban-Kriegern nicht sein Gewehr fallen lassen. Er wird die von ihm trainierten Ordnungshüter gegen die Gotteskrieger ins Gefecht führen. Und keine Firma, die einen Konvoi mit Nachschubgütern für die ISAF-Truppe auf dem Weg von der pakistanischen Hafenstadt Karatschi über den Khyber-Pass nach Kabul begleiten soll, wird sich darauf beschränken, den Geleitzug mit schwer bewaffneten Söldnern zu begleiten. Sie fahren dem Konvoi mit Spähern voraus, halten Ausschau nach Sprengfallen und Hinterhalten. Erkennen sie diese, werden sie bombenlegende Al-Qaida-Krieger und im Hinterhalt liegende Taliban-Truppen bekämpfen.

Militärische Macht, das stärkste Mittel eines Staates, Gewalt auszuüben, über Leben und Tod zu entscheiden, wird für jeden verfügbar, der es sich leisten kann. Zum Beispiel Tony Buckingham. Der britische Geschäftsmann, Inhaber des Ölkonzerns Heritage Oil and Gas und Aufsichtsratmitglied mehrerer amerikanischer Ölfirmen, beauftragte 1993 die Söldnerfirma Executive Outcomes (EO), die Öllager der Region Kefekwena und die Ölstadt Soyo in Nordwestangola von den Guerillas der UNITA zurückzuerobern. Kurze Zeit später bewachten die Söldner die Diamantenmine der Region Canfunfo in der angolanischen Provinz Lunda Norte. Im September desselben Jahres verpflichtete die Regierung Angolas die EO-Leihmilitärs gleich für ein ganzes Jahr. Wohl mehrere tausend Söldner drängten zusammen mit den von ihnen ausgebildeten Einheiten der angolanischen Armee die Rebellen der UNITA zurück. Gleichzeitig besetzten sie sämtliche Erdölfelder und Diamantenminen des afrikanischen Landes. Der Einsatz der EO wurde teilweise von der staatlichen angolanischen Ölfirma Sonangol bezahlt. Buckinghams Ölfirmen erhielten Förderrechte.

Das Beispiel EO macht deutlich: Kriege sind für Manager und Wirtschaftsbosse an jedem Ort, zu jeder Zeit und aus jedem Grund realisierbar geworden. Wer es sich leisten kann, macht seine eigene Politik – vorbei an der Regierung. Dem Passauer FDP-Innenexperten Max Stadler läuft es bei diesem Gedanken kalt den Rücken runter: »Es sind ja Szenarien denkbar, dass der Bundestag oder die Bundesregierung entscheidet, sich aus wohlerwogenen Gründen an einem Konflikt gerade nicht zu beteiligen. Wenn jetzt deutsche private Sicherheitsunternehmen oder auch internationale Sicherheitsunternehmen mit starker deutscher Personalpräsenz gleichwohl dort tätig sind, dann kann dies den Eindruck erwecken, als nehme die deutsche Regierung gewissermaßen eine Außenpolitik am Parlament vorbei augenzwinkernd in Kauf. Weil man zwar als Staat nicht in einem Konfliktgebiet eingreifen will. Aber es sehr wohl geschehen lässt, dass Private das gewissermaßen stellvertretend machen. Ich will das Szenario mal beiseitelassen, dass dies sogar eine Art Neben-Außenpolitik sein könnte, die vielleicht am Parlament vorbei von einer Regierung betrieben würde.«

Am 7. März 2004 stürmten Spezialeinheiten der Armee von Simbabwe eine Boeing 727 auf dem Flugplatz von Harare. An Bord des Fliegers: Eine siebzig Mann starke Söldnertruppe unter dem Kommando des Engländers Simon

Mann. In der Hauptstadt sollten Waffen an Bord genommen werden, die der Haufen ein paar Flugstunden weiter nordwestlich in Äquatorialguinea einsetzen wollte. Der Plan: Mann und seine Truppe sollten für ein europäisches Energiekonsortium den afrikanischen Zwergstaat binnen Stunden erobern und den seit 29 Jahren regierenden Despoten Teodoro Obiang aus dem Amt jagen.

Das Land, kleiner als Brandenburg, hat gerade mal eine halbe Millionen Einwohner – aber es schwimmt in Öl. 410 000 Barrel der schwarzen Flüssigkeit förderte Äquatorialguinea 2008 – und ist damit nach Nigeria und Angola die drittgrößte Produktionsstätte südlich der Sahara. Auf das Öl hatten private Investoren ein Auge geworfen.

Für einen der Söldner endete das Afrika-Abenteuer tödlich. Der Deutsche Gerhard Eugen Merz starb am 17. März 2004 im berüchtigten »Black Beach«-Gefängnis in Malabo; neun Tage nachdem er in Äquatorialguinea im Zusammenhang mit dem Umsturzversuch festgenommen worden war. Auf dem Totenschein notierten die Justizbeamten »zerebrale Malaria mit Komplikationen«. Sein Körper wies jedoch nach Berichten von Amnesty International Spuren von Verletzungen auf, wie sie gewöhnlich durch Folter verursacht werden. Die mit ihm zusammen festgenommenen südafrikanischen Söldner sagten vor Gericht aus, dass Merz zu Tode gefoltert worden sei. Merz fungierte in dem vor allem aus Briten, Franzosen und Südafrikanern zusammengewürfelten Haufen als Logistikoffizier.

Adam Roberts, Journalist des britischen Wirtschaftsmagazins *The Economist,* schreibt in seinem Buch *The Wongo Coup* über die logistischen Details des Umsturzversuchs. Demnach soll die Offenbacher Firma Central Asian Logistic (CAL) in die Umsturzpläne verwickelt gewesen sein. Deren Angestellter Merz habe die für den Putsch benötigten Flugzeuge organisiert: eine Antonov und eine Iljuschin nebst armenischer Crew. Die Maschinen sollten die Söldner logistisch unterstützen. Der südafrikanische Waffenhändler Nick Du Toit sagte aus, die CAL habe 125 000 Dollar für ihre Dienste bekommen.

Dass seine Firma die Flugzeuge gechartert und Merz nach Äquatorialguinea geschickt habe, bestreitet Thomas Rinnert, Chef der Offenbacher Charterfirma, nicht. Nur mit dem Putsch will er nichts zu tun haben. »Diese Flugzeuge sollten Maschinenteile für die Erdölförderung transportieren«, sagt Rinnert der *Frankfurter Rundschau.* »Wir waren nie in illegale Geschäfte verwickelt.«

Auch Sir Mark Thatcher, der Sohn der früheren britischen Premierministerin Margaret Thatcher, war an der Aktion beteiligt. Vor einem Gericht in Kapstadt gab er zu, einen Militärhubschrauber finanziert, aber nicht gewusst zu haben, dass die Maschine für den Staatsstreich in dem afrikanischen Lilliputland verwendet werden sollte. Er sei davon ausgegangen, dass der Helikopter für humanitäre Zwecke und nicht für eine Söldner-Aktion benötigt werde, beteuerte Thatcher vor Gericht. Der Wahlsüdafrikaner gab an, sich mit 275 000 Dollar an der Anmietung des Hubschraubers beteiligt zu haben.

Anders hört sich dagegen an, was Simon Mann, ehemaliger Kommandosoldat der britischen Elitetruppe SAS, zur Belastung des Politikersohnes bei seiner Gerichtsverhandlung 2008 in Malabo vorzubringen hatte. Thatcher sei »nicht nur ein Investor gewesen, er kam vollkommen an Bord und wurde Teil des Führungsteams« für den Putschversuch. Der Plan für den Staatsstreich war bis ins letzte Detail ausgeklügelt: Zuerst wollte Mann mit seinen 75 Söldnern den Flughafen Äquatorialguineas einnehmen. Internationale Flüge sollten gestoppt und alle Telefonleitungen blockiert werden. Dann sollte die Palastgarde Präsident Obiangs getötet, der staatliche Radiosender des Landes besetzt und ein Marionettenpräsident ausgerufen werden. Eine Rolle, die dem aus dem Libanon stammenden Oppositionspolitiker Severo Moto zugedacht war. In zahlreichen Dokumenten hatte Mann den Plan immer weiter konkretisiert. Von seinen Finanziers verlangte er 15 Millionen Dollar für sich selbst. Zudem wollte er Bürger Äquatorialguineas werden und Immunität genießen. So wollte sich Mann für den Fall absichern, dass andere Länder ihn wegen des Putsches belangen sollten. Oder hinter Gitter bringen wollten, weil er Menschen während des Staatsstreichs ermordet hatte.

Zwei Versionen gibt es darüber, warum der Putsch scheiterte. Die eine behauptet, die Regierung in Simbabwe sei anonym gewarnt worden, dass Simon Mann Waffen für den Umsturz in Äquatorialguinea in Harare besorgte. Daraufhin sei das startbereite Flugzeug gestürmt, Mann und seine Truppe festgenommen und verhört worden. In den Befragungen habe sich der anonyme Hinweis bestätigt und Diktator Robert Mugabe habe Malabo gewarnt. Daraufhin seien Merz und die Südafrikaner in Äquatorialguinea verhaftet worden.

Wahrscheinlicher ist jedoch, dass Mann von einem simbabwesischen Waffenhändler verraten wurde, der die Konditionen für seine Schießeisen zu niedrig hielt. In den Verhören – zu denen in dem ostafrikanischen Land naturgemäß mindestens Schläge gehören – hätten die aus Namibia, Angola und Südafrika stammenden Söldner die Putschpläne verraten. Mugabe habe Staatschef Teodoro Obiang Nguema über das Vorhaben Manns informiert.

Zwei abgefangene Briefe, in denen der inhaftierte Simon Mann Freunde in England und Spanien um Hilfe bat, führten die Fahnder auf die Spur von Mark Thatcher. Der wurde im August 2004 in seinem Haus im Kapstadter Nobelstadtteil Constantina verhaftet. Die Staatsanwaltschaft warf ihm nicht nur vor, an dem versuchten Staatsstreich in Äquatorialguinea beteiligt gewesen zu sein. Er habe auch gegen den »Foreign Military Assistance Act« verstoßen, ein Gesetz, nach dem Südafrikaner bestraft werden, die bei privaten Militärfirmen anheuern. Wirken tut es kaum: Südafrikas Söldner gehören zu den begehrtesten auf dem Markt – und den bedienen sie im Irak und in Afghanistan, in zentralafrikanischen Diamantenminen oder auf den Ölfeldern des Kontinents. Thatcher akzeptierte in einem Vergleich mit dem Gericht eine vierjährige Bewährungsstrafe. Er zahlte drei Millionen Rand – mehr als 228 000 Euro. Im Gegenzug für die Geldstrafe konnte er Südafrika verlassen. Richter Abe Motala wies bei der Verkündung des Urteils ausdrücklich darauf hin, dass Thatcher für fünf Jahre ins Gefängnis müsse, wenn er gegen die Bewährungsauflagen verstoße. Daran schließe sich dann seine vierjährige Haftstrafe an, die zur Bewährung ausgesetzt werde.

Männern wie Simon Mann oder Uli ist es gleichgültig, von wem sie angeheuert werden. Entscheidend ist der Preis, den Regierungen, Politiker oder Konzerne bereit sind, für ihre Dienste zu zahlen. Aber: Auch die Söldner, die der UNO-Sonderbeauftragte Alexander Nikitin »legale Söldner« nennt, also Männer und Frauen, die für Blackwater, DynCorp oder die britische Armor Group Diplomaten und Versorgungskonvois schützen oder Stützpunkte und Geschäftshäuser in Kriegs- und Krisengebieten bewachen, auch diesen gemieteten Kriegern ist es oftmals gleichgültig, wer sie anheuert. »Hauptsache, der Kamin raucht«, sagt Frank aus dem Ruhrgebiet, der im Irak Konvois schützt.

Söldner sind Täter. Söldner sind gleichzeitig Opfer. Angeheuert von machthungrigen Politikern und Topmanagern erobern sie Rohstoffminen, Erdölfelder und Raffinerien genauso, wie sie in völkerrechtswidrigen, gar manipulierten Kriegen wie im Irak die Macht der Besatzer zementieren. Viele Kriege, sagt der amerikanische Wissenschaftler Peter Singer im Gespräch, »sind heute nicht mehr ohne Söldner führbar. Der Feldzug im Irak 2003 war nur möglich, weil private Militärfirmen eine zweite Armee in das Land schickten.« Die wirklichen Ursachen für die Kriege – und damit auch die

Gründe für ihren Einsatz – kennen Söldner genauso wenig wie die Öffentlichkeit. Der Thüringer Benny glaubte noch ein Jahr später, dass Saddam Hussein in mobilen Giftmischereien tödliche Chemiewaffen herstellen ließ. So hatte die Regierung Präsident Bushs den Einmarsch ins Zweistromland gerechtfertigt. Sein Außenminister Colin Powell präsentierte dem Sicherheitsrat der Vereinten Nationen sogar Zeichnungen der Gift-Lastwagen und undeutliche Satellitenfotos, die belegen sollten, dass Hussein Kampfgase produzierte. Trotz intensivster Suche durch 1400 Soldaten und Söldner wurden nach der Invasion keine Massenvernichtungswaffen oder ihre Produktionsstätten gefunden. Manchmal, sagt Söldner Benny, »kommst du dir richtig verarscht vor, wenn du hinter die Kulissen schaust«.

Wer entscheidet über Krieg und Frieden?

Die geschilderten Fälle zeigen: Nicht mehr Politiker entscheiden über Krieg und Frieden, sondern Vorstandsvorsitzende und Aufsichtsräte großer Konzerne, Versicherungsunternehmen und Banken. Soldaten werden nicht mehr eingesetzt, um Menschenrechte zu schützen, wie dies in demokratischen Staaten eine ihrer ureigenen Aufgaben ist, sondern kämpfen als Söldner für Umsätze und Rendite, um neue Märkte und billige Ressourcen – ausgebildet mit Steuergeldern. Dann entscheiden Banken- und Firmenchefs über Leben und Sterben – Manager, die nicht einmal ihr eigenes Metier beherrschen, wie die von ihnen ausgelöste Finanz- und Wirtschaftskrise zeigt.

»Kritisch wird es allerdings, wenn es um eine Beteiligung früherer deutscher Soldaten in sensiblen Bereichen geht wie im Irak und in Afghanistan. Das wäre eben ein Beispiel dafür, dass es dem Parlament oder der Bundesregierung möglich sein müsste, bestimmte Krisengebiete zu definieren, in denen nicht ohne weiteres deutsche Privatfirmen oder deutsche Sicherheitsexperten im Sicherheitsbereich tätig werden können, sondern mindestens eine Anzeige-, womöglich sogar eine Genehmigungspflicht statuiert wird«, fordert FDP-Politiker Max Stadler. Kritisch ist das Engagement besonders deshalb, weil es zu Situationen kommen kann, in denen die Bundesregierung entscheidet, sich nicht an einem Krieg zu beteiligen – private Militärfirmen mit angeheuerten deutschen Ex-Soldaten jedoch auf die Schlachtfelder stürmen. Anders ausgedrückt: Während Ex-Kanzler Gerhard Schröder 2003 nein zur amerikanischen Invasion in den Irak sagt, marschieren deutsche Söldner ins Zweistromland.

Von allen globalen Wirtschaftszweigen weisen private Militäranbieter seit Jahren die höchsten Wachstums- und Profitraten auf. Auf der Website von DynCorp können die Shareholder den aktuellen Aktienkurs des Unternehmens verfolgen. Die Verhandlungen um den amerikanischen Truppen- und damit auch Söldnerabzug aus dem Irak im Oktober 2008 ließen den Wert der Firmenpapiere auf 9,95 Dollar sinken. Die Ankündigung Barack Obamas im Wahlkampf, Osama bin Laden jagen und festnehmen zu wollen, brachte die Aktien wieder auf den Normalkurs von 15,63 Dollar. Satte, zweistellige Wachstumsraten vermuten unisono der deutsche Söldnerforscher Rolf Uesseler und der Politologe Albert Stahel von der Universität Zürich.

Der Tod wird börsennotiert – und in Form von Wertpapieren der amerikanischen und britischen Branchenriesen in New York und Tokio, in London und Frankfurt gehandelt. Albert Stahel untersucht seit Jahren das privatmilitärisch-wirtschaftliche Wechselspiel: »Die meisten privaten Militärfirmen sind Teil größerer Konzerne, so von Erdöl- oder Diamantengesellschaften. Eine andere Zahlungsart sind Kredite. Die USA zum Beispiel vergeben Kredite an Afghanistan und den Irak. Über diese Kredite werden private Militärfirmen wie die amerikanischen Firmen DynCorp International oder

Blackwater bezahlt.« So ist beispielsweise der US-Energiekonzern Halliburton nicht nur Zulieferer für die Öl- und Erdgasindustrie, sondern gleichzeitig auch führender Anbieter von allen möglichen Sicherheitsdienstleistungen. Der frühere amerikanische Vizepräsident Dick Cheney führte das Unternehmen von 1995 bis 2000. Dann wechselte er ins Weiße Haus. Halliburton war außer Blackwater das Unternehmen, das die meisten amerikanischen Regierungsaufträge in Afghanistan und im Irak erhielt.

Dabei werden die privaten Militärfirmen nur teilweise direkt von ihren öffentlichen Auftraggebern bezahlt. Die US-Regierung vergibt Kredite an die jungen Regierungen in Afghanistan oder im Irak. Die Darlehen sind zweckgebunden an die Ausbildung von Polizisten oder Soldaten – und die Vergabe dieser Aufträge an bestimmte private Militärfirmen. So erhielten DynCorp, Halliburton und Blackwater Exklusivverträge mit den beiden Staaten, die in keinem Haushaltsbuch der amerikanischen Regierung auftauchen.

Während so US-Söldner die Sicherheitskräfte an den Flüssen Tigris und Kabul trainieren und damit deren Auffassung von einem Rechtsstaat entscheidend prägen, sticheln amerikanische Politiker besonders in Sachen der afghanischen Polizeiausbildung gegen Deutschland. Die Deutschen hatten eigentlich 2002 federführend die Verantwortung für das Training der Schutzmänner am Hindukusch übernommen. 42 Ordnungshüter des Bundes und aus den Ländern entsandte das Berliner Innenministerium im April nach Afghanistan. Zu wenig, um in dem von sowjetischer Besatzung und Bürgerkrieg zerrütteten Land wirkungsvoll Recht und Ordnung herstellen zu können. Entsprechend wetterten amerikanische Sicherheitsexperten gegen Berlin: Anthony Cordesman, ein ehemaliger Spitzenbeamter im Verteidigungs- und Außenministerium und nun Mitglied der einflussreichen amerikanischen Denkfabrik »Center for Strategic and International Studies«, giftete: »Als internationale Führungsnation für Polizeiarbeit ist Deutschland daran gescheitert, eine effektive Polizei aufzubauen, und hat drei Jahre vertan.« Die Lösung für das schleppende Training der afghanischen Schutzleute: Ein achtwöchiger Crashkurs, in dem die Söldner die muslimischen Ordnungshüter fit für den Rechtsstaat machen wollen – auch wenn die größtenteils weder lesen noch schreiben können. Und vor allem bestrebt sind, sich bei einem Monatsgehalt von 80 Dollar die Taschen mit Bestechungsgeldern zu füllen. »Die DynCorp-Jungs machen hier richtig Politik«, stöhnt ein Mitarbeiter des Berliner Außenministeriums.

Dass Söldner Politik an Regierung und Parlament vorbei machen, ist eine Erkenntnis, die, wenn überhaupt, erst seit kurzem von deutschen Politikern wahrgenommen wird. Der CDU-Bundestagsabgeordnete Willy Wimmer sagt: »Wir haben ja gerade in Deutschland die Kontrolle unserer Streitkräfte aus dem Bewusstsein von zwei großen Kriegen im vergangenen Jahrhundert in die Verfassung geschrieben. Es sollte nie mehr von deutschem Boden ein Krieg ausgehen. Wenn ich die Ergebnisse dieser Entwicklung ausblende, habe ich eine Welt, die für einen Krieg vorbereitet wird. Es gibt nach meinem Dafürhalten kein größeres außenpolitisches Risiko als so etwas. Wer die Welt kriegsreif machen will, der kann nur so vorgehen: mit einer auf Söldner abgestützten, privatisierten Außenpolitik. Aus meiner parlamentarischen Erfahrung kann ich nur sagen: In den zurückliegenden Jahren hat sich hier im Bundestag niemand mit der Söldner-Problematik beschäftigt.« Erst im Herbst 2008 wachte die Parlamentarische Versammlung des Europarates aus dem Söldner-Schlaf auf.

Das Gremium beauftragte den SPD-Bundestagsabgeordneten Wolfgang Wodarg damit, die Privatisierung militärischer Macht zu untersuchen. Bereits drei Monate später legte der Flensburger Arzt seinen Report vor: »In dem Maße, wie diese neue Industrie sich bemüht, ihre eigenen Märkte zu entwickeln, tauchen ernste Fragen systemischer und prinzipieller Natur auf. Andererseits sind die meisten großen privaten Militär- und Sicherheitsfirmen als Aktiengesellschaften organisiert oder sind Bestandteile gewinnorientierter Unternehmen. Als solche haben sie Interesse am Ausbruch oder an der Beibehaltung von Konflikten als Mittel zur Sicherung ihres wirtschaftlichen Wachstums. Je mehr sich Konflikte ausweiten, umso profitabler wird der Markt für ihre Dienstleistungen. Andererseits bedeuten die Entstehung und das Austragen von Konflikten für die Staaten eine schwere Belastung für die öffentlichen Haushalte und Ressourcen, was zu einem Interessenkonflikt zwischen dem öffentlichen und dem Privatsektor führt.«

In Deutschland ist dies gleich bei einer ganzen Reihe von Sicherheitskräften der Fall: Ehemalige und aktive Elitepolizisten der GSG 9 und der Spezialeinsatzkommandos (SEK) der Polizei in Nordrhein-Westfalen sowie ein Hauptfeldwebel der Bundeswehr dienten von Dezember 2005 bis Juni 2006 gleich zwei Herren: der Bundesrepublik Deutschland, wie es ihr Eid verlangte, und dem libyschen Diktator Muammar al-Gaddafi, weil es ihrem Geldbeutel nutzte. Gaddafi wollte von den deutschen Ordnungshütern nicht nur seine Polizisten fit für den Kampf gegen Terroristen und Gewaltverbrecher machen lassen. Sorgen machte sich der Staatschef auch um die Sicherheit des Flughafens in Tripolis und der Hafenanlagen seiner Hauptstadt. Gerade erst hatte der frühere Putschist eine außenpolitische Kehrtwende vollzogen, sich davon losgesagt, den internationalen Terrorismus weiter zu finanzieren, und seine Pläne aufgegeben, die Atombombe zu bauen.

Er entschied sich für deutsches Know-how. Das ist nach dem Irakkrieg 2003 in der arabischen Welt besonders hoch begehrt: Deutschland beteiligte sich offiziell nicht an dem Anti-Saddam-Feldzug, seine Sicherheitskräfte gelten dazu weltweit als exzellent ausgebildet. So machte sich im Juni 2005 ein Quintett aus ehemaligen SEKlern, einem Ex-Bundeswehrsoldaten und zwei aktiven Polizeibeamten aus Nordrhein-Westfalen auf den Weg in den Wüstenstaat, um die Lage zu sondieren. Nach vier Wochen wussten sie, wie Gaddafis Sicherheitsexperten in Sachen Anti-Terror-Kampf auf Vordermann zu bringen waren.

Ihr Konzept gefiel dem früheren Putschisten: Er heuerte die deutsche Sicherheitsfirma BDB Protection GmbH im ostfriesischen Wiesmoor zur Umsetzung an. Deren Chef Volker Bergmann schien bestens für den politisch heiklen Job vorbereitet zu sein. Er war selbst lange Jahre Angehöriger der GSG 9 gewesen. Und wurde nach seinem Ausscheiden aus der Spezialeinheit ein gefragter Redner und Gesprächspartner. Im Februar 2004 referierte er während der 3. Berlin-Brandenburgischen Unternehmens- und IT-Sicherheitstage zum Thema »Unternehmenssicherheit – Risikoanalyse einer durch den internationalen Terrorismus sicherheitspolitisch veränderten Welt«. Zu den weiteren Referenten der Veranstaltung gehörten der damalige SPD-Innenminister Otto Schily, Brandenburgs Innenminister Jörg Schönbohm (CDU) und der frühere Grünen-Staatssekretär Rezzo Schlauch.

In einer Polizeikaserne scheuchten mehr als dreißig aktive deutsche Ordnungshüter während ihres Urlaubs, bezahlt von der BDB, Gaddafis künftige Spezialisten umher. 120 libysche Polizisten sollten künftig als Anti-Terror-Einheit kämpfen, dreißig Schlapphüte des Wüstenstaates ebenfalls fit für den Kampf gegen Terroristen und Schwerkriminelle gemacht werden. Für die hatten die deutschen Instruktoren »Taktisches Vorgehen bei Zugriff in Gebäuden« auf den Stundenplan geschrieben. Aber auch, wie Autos selbst bei hohem Tempo zu lenken, zu bremsen und unter Kontrolle zu halten sind. Das Training umfasste nicht nur Kampfsituationen zu Lande, sondern ebenfalls zu Wasser und in der Luft. Wie sich die Schutzmänner aus Hubschraubern abseilen oder von Terroristen besetzte Schiffe entern können, lernten die Libyer von Deutschen.

Die Staatsanwaltschaft Düsseldorf hatte später zu klären, ob ein Polizist aus Nordrhein-Westfalen geheime Ausbildungsvorschriften für das Wüstentraining genutzt hat. Offenbar hatte ein an den Schulungen beteiligter deutscher Ordnungshüter sich seinem deutschen Dienstherrn offenbart und ausgesagt, dass ein Kollege die vertraulichen Anleitungen genutzt hätte. Der derart Beschuldigte bestreitet die Vorwürfe. Doch die Polizei in Nordrhein-Westfalen führt zudem Disziplinarverfahren gegen diesen Beamten sowie gegen sieben weitere: Sie hatten ihre »Nebenbeschäftigung« in der libyschen Wüste nicht von ihren Vorgesetzten genehmigen lassen, wie dies bei Beamten zwingend vorgeschrieben ist. Disziplinarrechtlich nicht zu belangen sind vier ehemalige Angehörige der GSG 9. Die vier seien zwischen 1982 und 1997 auf eigenen Antrag aus dem Beamtenverhältnis ausgeschieden, sagt ein Sprecher des Bundesinnenministeriums. Sollte sich jedoch bei den Ermittlungen in Düsseldorf herausstellen, dass die Ex-Beamten der GSG 9 ihre auch nachwirkend geltende Amtsverschwiegenheit verletzt haben, seien strafrechtliche Schritte möglich.

Dass der Bundesnachrichtendienst (BND) in die Affäre verwickelt gewesen sein soll, entkräfteten die Geheimen im sie überwachenden Parlamentarischen Kontrollgremium des Bundestages. Zwar, so stellte sich heraus, hatte BDB-Chef Bergmann mit dem Dienst-Mitarbeiter der Deutschen Botschaft in Tripolis einmal bei einem Fußballspiel gesprochen. BND-Chef Ernst Uhrlau und sein Vorgänger August Hanning konnten jedoch den parlamentarischen Wächtern glaubhaft versichern, dass ihre Nachrichtendienstler die deutschen Ausbilder nicht unterstützt, geschweige denn mit ihnen zusammengearbeitet hätten. Hans-Peter Uhl, CDU-Kontrolleur der Geheimen, zog einen Schlussstrich: »Es gibt keine Libyen-Affäre. Es gibt keinen Skandal. Die Luft ist raus.«

Undurchsichtig blieb die Rolle eines Hauptfeldwebels der

Bundeswehr. Der Personenschützer von Generalinspekteur Wolfgang Schneiderhan war ebenfalls an der Ausbildung libyscher Sicherheitskräfte beteiligt. Allerdings, beeilte sich das Ministerium zu versichern, der Mann habe »zu keinem Zeitpunkt selbst libysche Sicherheitskräfte ausgebildet, sondern habe die Ausbildung organisiert und vorbereitet«. Gegen den Bundeswehrsoldaten läuft ein Verfahren am Truppendienstgericht in Potsdam.

Der Unteroffizier soll Gesellschafter des Berliner Sicherheitsunternehmens Sicherheitsgruppe Berlin GmbH sein. Im Internet wirbt die Firma damit, »Personenschutz und gepanzerten Limousinenservice (B 6/7) für die libysche Botschaft« gestellt zu haben. Hinzu kommen weitere, nicht näher beschriebene Sicherheitsdienste für die Botschaften Somalias, Äthiopiens, Libyens und Dschibutis. Die Bundeswehr suspendierte ihren Militärpolizisten im April 2006. Kurz zuvor hatte sie erfahren, dass der versucht hatte, Kameraden für den Ausbildungstrip in die Wüste anzuwerben. Die Innenministerien des Bundes und Nordrhein-Westfalens informierten das Verteidigungsministerium allerdings erst am 30. November 2007 über ihre Erkenntnisse in Sachen Gaddafi-Trainingscamp.

Außer den Ehemaligen waren auch mindestens ein Dutzend aktive deutsche Polizisten und Soldaten beteiligt. Für ihre Libyen-Mission nahmen sie Urlaub oder feierten krank und kassierten gutes Geld. Die Ehemaligen bekamen im Monat 4000 Euro auf die Hand, die Aktiven erheblich mehr. Einzelne sollen bis zu 15 000 Euro eingesteckt haben. Insgesamt 1,6 Millionen Euro kassierte Bergmanns Unternehmen BDB Protection. Den Libyern gefiel das deutsche Training offenbar so gut, dass sie noch während der Bergmann'schen Schulungen offiziell in Berlin um Hilfe bei der Ausbildung ihrer Personenschützer baten.

Die Regierung in Tripolis bat Innenminister Wolfgang Schäuble schriftlich, die Deutschen mögen helfen, ihre Bodyguards zu drillen. Der CDU-Minister antwortete im März 2006, dass die Bundesregierung dem Training prinzipiell positiv gewogen sei. Zwei Monate später lagen erste Empfehlungen vor, wie das Training gestaltet werden könnte. Gaddafis Sohn Saif al-Islam besuchte am 13. Juni 2006 Schäubles Staatssekretär August Hanning, um die Not der Wüstensöhne in Sachen Sicherheit nochmals deutlich zu machen. Mit Erfolg: Im Juli brach eine gemeinsame Delegation von Bundesinnenministerium und Bundeskriminalamt (BKA) für drei Tage nach Tripolis auf, um die gewünschte Ausbildung zu besprechen. Das BKA schickte im August nochmals ein Duo in die Wüste, um zusammen mit den libyschen Ordnungshütern einen Plan auszuarbeiten, wo und mit wie vielen Ausbildern die afrikanischen Bodyguards ausgebildet werden sollten.

»Aus technischen Gründen« kam es dann doch nicht zum deutsch-libyschen Wissenstransfer. Den Gaddafi-Polizisten mangelte es an geeigneten Waffen für ihren Job. Die sollten eigentlich aus Deutschland kommen – so hatten sich das Volker Bergmann und das libysche Innenministerium vorgestellt. Schon Ende 2005 hatte der Ex-GSGler im Auftrag des Gaddafi-Ministeriums 140 Pistolen der Firma J. P. Sauer & Sohn GmbH in Eckernförde geordert. Der Bundesnachrichtendienst stoppte den Handel. Und später auch das Auswärtige Amt: Ein Missbrauch der Colts könne nicht ausgeschlossen werden. Das Bundesamt für Wirtschaft und Ausfuhrkontrolle erteilte keine Ausfuhrgenehmigung. Die Deutschen ließen sich von Gaddafi nicht erweichen, der stornierte daraufhin das Training seiner Leibwächter bei den Deutschen. Das übernahmen stattdessen die Franzosen.

Einen bitteren Nachgeschmack hat die Libyen-Affäre für Max Stadler heute noch. Der Liberale sagt: »Hier stellt sich für die Politik die Frage, inwieweit dadurch staatliche Interessen beeinträchtigt werden können, insbesondere außenpolitische Interessen. Denn wir haben ja im Zusammenhang mit der Tätigkeit privater Sicherheitsfirmen in Libyen die Erfahrung gemacht, dass durch solches Handeln eine außenpolitische Linie einer Bundesregierung ja durchaus konterkariert werden kann.«

Der Bericht der Parlamentarischen Versammlung des Europarates zu den privaten Militärfirmen unterstreicht Stadlers Haltung: »Die wachsende Privatisierung der Militär- und Sicherheitsapparate unterminiert die traditionelle Haltung eines Staates als des einzigen Akteurs, dem es erlaubt ist, Gewalt sowohl intern als auch extern anzuwenden. Es stellt eine grundlegende Herausforderung für die modernen Demokratien dar, da das Recht der Gewaltanwendung vom Staat, dem Garanten des öffentlichen Interesses, auf private Akteure verlagert wird, die von unternehmerischen Interessen geleitet werden.«

Für die Parlamentarier steht fest, dass private Sicherheitsanbieter stark kontrolliert werden müssen. Fraglich ist, wie das geschehen soll. Denn, sagt der Schweizer Professor Albert Stahel: »Das ist ein wichtiger Punkt und auch das größte Problem. Leider muss man sagen, dass die Kontrolle heute nur ungenügend durch die Heimatstaaten der Firmen stattfindet. Die privaten Militärfirmen versuchen, sich über Gesamtvereinigungen selbst zu regulieren, aber dies funktioniert nicht immer. Teilweise sind auch die erbrachten Leistungen fragwürdig. Diese Leistungen müssten eigentlich durch die Kunden kontrolliert werden; oft ist der Kunde aber gar nicht in der Lage, die Leistungen zu beurteilen. Von Afghanistan beispielsweise weiß man, dass die Leistungen von privaten Militärfirmen, wie die Ausbildung der afghanischen Polizei durch Instruktoren von DynCorp, unbefriedigend sind.«

Auch wenn die private Militärindustrie selbst nicht so recht daran glaubt, ihre eigenen Einsätze wirksam kontrollieren zu wollen und zu können, wie Manager der Branche auf Nachfrage unisono einräumen. Sich selbst transparente Regeln aufzuerlegen, das Kriegsvölkerrecht und Menschenrechte zu achten, sich selbst an die Kandare zu nehmen – ist keineswegs die Sache derer, die den Söldnern den Marschbefehl erteilen: Sabrina Schulz, Lobbyistin der britischen Branche, räumt ein, dass eine Selbstregulierung nicht genüge, schlussendlich sei die Verantwortung der Staaten gefragt. Eine Argumentation, wie sie nahezu wortgleich die Führungskräfte der Hypo Real Estate, der Commerzbank und anderer Geldinstitute nutzen, die sich einst jede staatliche Einflussnahme verbaten, um dann im Moment der Pleite nach dem Geld des Steuerzahlers zu schreien.

Politiker stehen vor einer nahezu unlösbaren Aufgabe, wenn sie private Militärfirmen kontrollieren wollen. Deren Verträge dürfen Abgeordnete nur dann einsehen, wenn ein Ministerium die militärischen Dienstleistungen bucht. Die Branche erhält ihre Aufträge heute aber mindestens zu einem Drittel schon von anderen Kunden: Hilfsorganisationen heuern die Leihmilitärs an, um sich vor den Übergriffen von Kriegsfürsten und Kriminellen zu schützen. Ingenieure und Wirtschaftsbosse vertrauen in Kriegsgebieten ihr Leben Privatmilitärs an. Journalisten lassen Söldner Gesprächspartner für ihre Interviews suchen, Termine für ihre Recherchen vereinbaren und sich zu Gesprächen eskortieren.

Die Macht der Privatmilitärs steigt ständig. Nicht nur, weil bei sensiblen Gesprächen in Kriegsgebieten die begleitenden Söldner Augen und Ohren aufsperren. Und später genaue Berichte über die Treffen für ihre Auftraggeber und private Militärfirmen verfassen. Macht gewinnen die Sicherheitsanbieter besonders dadurch, dass sie ihre eigenen Strukturen zunehmend erfolgreich verschleiern. Gerade dadurch, dass die private Militärindustrie ihre Aufträge in stetig wachsender Zahl an freiberufliche Subunternehmer vergibt, ist eine Kontrolle kaum noch möglich. Wer heute beispielsweise bei Blackwater einen Personenschützer für eine Reise von Kabul nach Kundus ordert, bekommt unter Umständen einen deutschen Freiberufler zur Seite gestellt, der seine privatmilitärische Ein-Mann-Firma in Duisburg betreibt. Der erhält seine Aufträge von einem bulgarischen oder türkischen Sicherheitsanbieter, der seine Missionen wiederum auf den Kaimaninseln akquiriert. Bei einer Firma, von der nur ein Briefkasten auf der sonnigen Karibikinsel existiert. Der regelmäßig von der Geschäftsführerin geleert wird, die zufällig mit dem Bruder des Geschäftsführers einer in Jamaika ansässigen, 25-prozentigen Blackwater-Tochter verheiratet ist. »Papier«, sagt auch der in Afghanistan Osama bin Laden hinterherjagende Uli, »Papier, Verträge gibt es in diesem Job auf der ausführenden Ebene nicht.« Und so lässt sich kaum etwas nachprüfen.

Wirklichen Einblick in die gewaltigen Dimensionen des Geschäfts geben vor diesem Hintergrund derzeit nur die Kontrakte, die amerikanische Ministerien mit privaten Militärfirmen geschlossen haben und die regelmäßig von beiden Häusern des Kongresses überprüft werden. In einer Befragung zum Verhalten Blackwaters im Irak vor dem Repräsentantenhaus machten sich die Abgeordneten Luft, als sie den damaligen stellvertretenden US-Außenminister John Dimitri Negroponte 2007 zu den Söldneraktivitäten befragten. Beim Studium der Akten hätten sie den Eindruck gewonnen, dass dem State Departement jegliche Übersicht über das Treiben Blackwaters abhanden gekommen sei. Nur in den Fällen, »in denen ein Iraker ums Leben gekommen ist«, sei in den Dokumenten eine Reaktion des Außenministeriums erkennbar gewesen. Diese stellte sich den Volksvertretern so dar, dass es für die Ministerialen »oberste Priorität war, Blackwater aufzufordern, den Hinterbliebenen ein finanzielles Angebot zu machen, um die Sache so schnell wie möglich hinter uns zu bringen, als mit Nachdruck das Unternehmen zur Rechenschaft aufzufordern oder zu untersuchen, ob die Blackwater-Mitarbeiter strafrechtlich zu belangen sind«.

Allein zwischen 2005 und 2007 listen die amerikanischen Volksvertreter 195 Fälle auf, in denen die Privatmilitärs des

Branchenführers im Zweistromland um sich ballerten – alle fünfeinhalb Tage einmal. Dabei töteten sie mindestens 16 Iraker und verletzten etwa 307 Menschen. In den meisten Fällen – 163 Mal – schossen die Söldner zuerst.

In vielen Fällen hatte das für die Blackwater-Söldner nur eine Konsequenz: Ihre Verträge wurden gekündigt. Eine alarmierende Aufstellung über die Gründe der Entlassungen fanden die Parlamentarier in den Akten, die der Militärkonzern dem Repräsentantenhaus übergeben hatte. In einer Tabelle listeten die Führungskräfte des Sicherheitsriesen auf, warum 122 von 850 ihrer Personenschützer – immerhin ein Siebtel der teuersten Söldner auf der Angebotsliste des Privatmilitärs – während des vierjährigen Irak-Einsatzes des Unternehmens nicht länger für Blackwater arbeiten durften:

Vorfälle im Zusammenhang mit Schusswaffengebrauch	28
Vorfälle im Zusammenhang mit Drogen und Alkohol	25
Unangemessenes und gesetzwidriges Verhalten	16
Ungehorsam	11
Schlechte Leistungen	10
Aggressives/gewalttätiges Verhalten	10
Verstoß gegen die Regeln [Blackwaters, der Verfasser]	8
Unwahre Berichte/Lügen	6
Öffentliche Beleidigung Blackwaters	4
Mangelhafte Sicherheitsüberprüfung	3
Posttraumatische Belastungsstörung	1
Gesamt	122

Hinter dem Vorwurf, Blackwater öffentlich beleidigt zu haben, verbarg sich die Tatsache, dass die Leihmilitärs mit Journalisten gesprochen hatten, ohne dass dies von der Firma erlaubt worden war. In den meisten Fällen landeten die entlassenen Söldner weich: Sie wurden von anderen privaten

Militärfirmen eingestellt, die permanent und händeringend nach Irak-Veteranen Ausschau halten.

Den Neusser CDU-Abgeordneten Willy Wimmer überraschen solche Zahlen nicht. Auch deshalb warnt er davor, staatliche Aufgaben aus den Händen zu geben. Der frühere Staatssekretär zeigt mit einem anderen Beispiel aus dem Kosovo-Konflikt 1999 auf, wo die Grenzen der Privatisierung liegen: »Wir brauchen uns ja in diesem Zusammenhang nur daran zu erinnern, dass auch die berühmten Verhandlungen von Rambouillet, die zum Jugoslawien-Krieg führten, nicht – wie man sich das normalerweise vorstellt – in internationalen Verhandlungen von Verhandlungsteams der beteiligten Regierungen und Seiten geführt wurden, sondern eigentlich von angeheuerten Anwälten und ihren Teams. Damit wird eine Privatisierung staatlicher und politisch-parlamentarischer Aufgaben betrieben, die unter demokratischen Gesichtspunkten nicht mehr eingeholt werden kann. Wir haben es mit einer Welt zu tun, die jedenfalls mit der Welt, in der man hoffte, berechenbare Dinge tun zu können oder zur Verantwortung gezogen zu werden, nichts mehr zu tun hat. Wir sind möglicherweise, nachdem wir fünfzehn, zwanzig Jahre lang diese Entwicklung verschlafen haben, heute kaum noch in der Lage, diese unheilvollen Trends des Outsourcings von Sicherheit zu stoppen oder diesen in geeigneter Weise zu begegnen.«

Deutsche Söldner, deutsche Waffen, deutsche Dienstleistungen

Deutschland ist längst in der lukrativen Welt der Söldner-, privaten Sicherheits- und militärischen Unterstützungsfirmen angekommen. Deutsche Ex-Soldaten und -Polizisten begleiten im Irak Konvois, jagen in Afghanistan Taliban und sollen in Zentralafrika Erdölfelder und Diamantenminen erobern. Der Bundesverband Deutscher Wach- und Sicherheitsunternehmen (BDWS) weiß nicht, wie viele deutsche Söldner weltweit unterwegs sind. Auch über Zahlen zu im Irak oder in Afghanistan tätigen Unternehmen wollen die Interessenvertreter nicht verfügen.

Allerdings hört Verbandspräsident Wolfgang Waschulewski die Kassen der privaten Sicherheitsanbieter ungeachtet der sich abzeichnenden Finanzkrise klingeln: Zwar habe er bei anfragenden Journalisten zur Libyen-Affäre deutlich gemacht, »dass die Mitgliedsunternehmen des Bundesverbandes Deutscher Wach- und Sicherheitsunternehmen an derartigen Aktivitäten kein Interesse haben«. Dennoch geht Waschulewski davon aus, dass das Thema Auslandseinsatz von privaten Sicherheitsunternehmen in Zukunft zunehmen wird, und bemüht dafür die Überzeugung Peter Strucks, wonach die Freiheit Deutschlands am Hindukusch verteidigt werde: »Damit sind weitreichende Konsequenzen für die Tätigkeiten deutscher Sicherheitskräfte verbunden. In diesem Zusammenhang stellt sich immer mehr die Frage, ob es Aufgabe der im Ausland tätigen Polizei- bzw. Bundeswehreinheiten ist, den Objektschutz mit eigenen Kräften durchzuführen.« Er scheint diese Frage für sich mit »nein« zu beantworten. Entsprechend hat die Bundesakademie für Sicherheitspolitik (BAKS) – eine Einrichtung der Bundesregierung – im Januar 2008 in Berlin-Hohenschönhausen ein Seminar zur Tätigkeit privater Sicherheitsdienste im Ausland durchgeführt. Waschulewski dazu: »Für mich steht fest, dass es in Zukunft zu einem (zunehmenden) Einsatz privater Sicherheitsunternehmen im Ausland kommen wird. Dies kann zum Schutz deutscher Liegenschaften und auch zum Schutz deutscher Wirtschaftsinteressen geschehen. Aber auch hier wird die Nachfrage durch Sicherheitsunternehmen befriedigt werden, wenn diese darin einen interessanten und lukrativen Geschäftsbereich erkennen. Deshalb ist es wichtig, klare rechtliche Regelungen für den Einsatz deutscher Sicherheitsunternehmen im Ausland zu treffen.« Wie diese Bestimmungen allerdings aussehen sollen, hat der in Bad Homburg ansässige Verband bisher noch nicht erklärt.

Konnte er wohl auch nicht, denn die wenigsten Freiberufler unter den deutschen Söldnern sind im BDWS organisiert. Der Verband schätzt, dass im Nahen und Mittleren Osten etwa 3000 deutsche Privatmilitärs auf Honorarbasis tätig sind. Bestätigt wird diese Zahl von den Berufsverbänden offiziell ebenso wenig wie die der etwa 1000 deutschen Söldner, die in Afrika militärische Dienstleistungen erbringen sollen. Irak-Söldner Benny sagt: »Die früheren Bundeswehrsoldaten sind ziemlich gut miteinander vernetzt. Da weiß man, wer gerade für wen wo unterwegs ist, wer eine Pause macht und wer einen Job sucht. Da wird dann auch schon einmal eine Empfehlung abgegeben oder ein gutes Wort bei möglichen neuen Auftraggebern eingelegt. Man liegt in derselben Scheiße, also hilft man sich.«

Deutsche Sicherheitsfirmen spielen im Vergleich zu den US-Sicherheitsunternehmen kaum eine Rolle auf den internationalen Kriegsschauplätzen. Im Irak ist die deutsche Firma Praetoria aus Bielefeld etabliert. Das Unternehmen übernimmt »alle Aufgaben, die der Risikominimierung bei Engagements in potenziell riskanten Umgebungen und einer effizienten und effektiven Umsetzung von Projekten jeder Art dienen«. Das heißt: Sie schützen Manager und Hilfsorganisationen ebenso wie Konvois, Botschaften und die Häuser von Diplomaten. Sie bilden irakische Polizisten und Soldaten aus. Sie kämpfen gegen Hacker im Internet und helfen, geschäftliche Kontakte im Irak und Mittleren Osten sowie in Afrika zu finden. Ganz nach dem Firmenslogan: »Wir begleiten Ihren Erfolg in Krisenregionen.«

Ein Motto, das sich auch der Regensburger Geschäftsmann Karl-Friedrich Krause zum Motto gemacht haben könnte. Er liefert amerikanischen, britischen und deutschen Soldaten ›Stille Örtchen‹ an Euphrat und Kabul – Papier, Reinigung und Entsorgung inklusive. Elf Filialen hat der bayrische Jurist seit 1995 über den Globus gespannt, sein Service geht weit über die engen Plastikhäuschen hinaus. Krause lässt auch die Uniformen von norwegischen und irakischen Soldaten reinigen. Seine Firma renoviert und saniert Ruinen, sorgt dafür, dass »Ärzte ohne Grenzen« und ungarische Friedenshüter Strom haben und dass die Wohncontainer der Soldaten am Hindukusch gewienert sind. Und die Kehrmaschinen seiner Firma Toifor sorgen in den Feldlagern auf dem Balkan und in Afrika für saubere Wege – alles bewacht vom eigenen Sicherheitsteam, den Toifor-Brigaden.

Der oberschwäbische Waffenhersteller Heckler & Koch rühmte sich noch im Winter 2008 auf seiner Internetseite, mit Blackwater eine »einzigartige und strategische Partnerschaft« eingegangen zu sein. Die beiden Firmen wollten zusammen eine Waffe entwickeln, und in den USA absolvierten Söldner spezielle Lehrgänge, in denen sie lernen sollten, mit den Schusswaffen des Traditionsunternehmens umzugehen. Das ARD-Politmagazin »Report Mainz« hatte im Februar des Jahres berichtet, dass Heckler & Koch Waffen an Blackwater geliefert hätte. Wie diese in die USA geliefert worden seien, war für die Bundesregierung ein Rätsel. Das Wirtschaftsministerium hatte keine Ausfuhrgenehmigung erteilt. Die Reporter Thomas Reutter und Ashwin Raman spekulierten: »Theoretisch hätte die Firma in Oberndorf nur an Heckler & Koch USA liefern müssen. Von dort könnte dann direkt an Blackwater verkauft werden. Ohne deutsche Genehmigung. So einfach lassen sich die Grundsätze der Bundesregierung umgehen.« Ein Verdacht, zu dem sich die Pressestelle von Heckler & Koch auf Anfrage nicht äußert.

Umgehen – mit deutschen Waffen und tödlichen Folgen. So wie am 4. April 2004 im irakischen Nadschaf, der Heiligen Stadt der Schiiten: Auf dem Dach der Stadtverwaltung lagen Söldner und amerikanische Soldaten Schulter an Schulter, als Rebellen angriffen. Schlimm kann die Attacke nicht gewesen sein. Einer der Blackwater-Leute fand sogar Muße, seine Videokamera herauszukramen und das Gefecht zu filmen – und stellte den sechs Minuten und 46 Sekunden langen Streifen irgendwann auf die Internetplattform Youtube. Wie auf dem Film zu sehen ist, geriet das Gefecht in der Wallfahrtsstadt für die Söldner zum sportlichen Schießwettbewerb: Der Marineinfanterist Lonnie Young entdeckte einen Rebellen, »vermutlich mit einer RPG« – einer Panzerfaust. Aber nicht sein Vorgesetzter erteilt den Schießbefehl. Ein Privatmilitär blafft den knappen Befehl »Feuer!«, als handele es sich um eine Schießübung mit Rekruten daheim in Jacksonville, in der Marine Corps Base Camp Lejeune.

Das Video zeigt, wie Soldaten und Söldner gemeinsame Sache machten. Ein Beobachter späht mit seinem Fernglas in die Menge der vermeintlichen Angreifer: »Da ist einer mit grüner Fahne, hast du den?«

»Grüne Fahne ist Mahdi-Armee, oder?«

»Ja, Mahdi-Ärsche, hol ihn dir«, ruft der Beobachter – für ihn scheint das Geballere ein Heidenspaß zu sein. »Entfernung 800!«

Zwei Schüsse feuert der Blackwater-Scharfschütze. »Zu hoch«, schnauzt er. »Fuckin' Niggers!«

»Hey, all diese Fucker vor uns. Verdammte Motherfucker!«

Eine Salve neuer Schüsse. Dann sagt eine Stimme: »Wie Truthähne jagen!«

Irakische Zeugen sagen, die Amerikaner hätten in Nadschaf in einen irakischen Demonstrationszug geschossen; Hunderte seien erschossen worden. 64 irakische Tote wollen die amerikanischen Soldaten gezählt haben.

Travis Haley soll die Stimme gehören, die von der »Truthahnjagd« sprach. Das hat er zumindest Klaus Brinkbäumer vom *Spiegel* erzählt, irgendwo am Strand von Hawaii. Auf Videos und Fotos hat Haley braune, kurz geschorene Haare, die Augen hinter einer Sonnenbrille verborgen, wie sie Radfahrer bei der Tour de France tragen. Mit den Marines marschierte der Hauptfeldwebel ins Kosovo, kämpfte für das Marine Corps im Bürgerkrieg in Liberia. In Afghanistan feuerte er auf Taliban, im Irak auf die Soldaten Saddam Husseins. Wenn man davon ausgehen kann, dass seine Stimme die auf dem Video ist, dann ist daran zu erkennen, wie er im Gefecht umso ruhiger wird, je hitziger es zugeht. Ein Veteran eben, an dem Blackwater interessiert war. Und der selbst an Blackwater interessiert war.

Haleys Nadschaf-Geschichte ist eine andere als die der Iraker. Eine, in der die Rebellen mit Bussen in den Kampf gegen die Amerikaner gefahren wurden. Eine, in der Haley mit Baseballmütze hinter einem Scharfschützengewehr aus dem Schwäbischen liegt, zielt, feuert und trifft. Immer und immer wieder. Zwischendurch wirft er alle Einsatzgrundsätze der Heckenschützen über Bord und hält den Finger zwei, drei Sekunden am Abzug gekrümmt. Statt der höchstens üblichen zwei Kugeln für Scharfschützen feuert er dann zehn oder zwölf Geschosse ab.

Er gibt zu, dass er derjenige war, der das alles eine »Truthahnjagd« nannte. Brinkbäumer erzählt er aber, er habe das ganz anders gemeint, als es in dem Internetstreifen zu verstehen ist. Entsetzt sei er in Wirklichkeit gewesen: »Wie konnten die einfach ins Feuer hineinrennen, ohne Schutz zu suchen, immer neue Angreifer rannten in den Tod, ich konnte das nicht fassen.«

Die Maschinenpistolen und vor allem das auch von der Bundeswehr genutzte G 36k – made in Oberndorf am Neckar – gehören zur Standardbewaffnung von Söldnern. Damit hatten Blackwater-Leute in Bagdad im September 2007 wahllos in eine Menschenmenge gefeuert und mindestens 17 Iraker getötet. Deshalb wetterte der Grünen-Abgeordnete Hans-Christian Ströbele bei den »Report«-Journalisten: »Es ist skandalös. Und nicht hinnehmbar, dass eine deutsche Waffenfirma mit einer solchen Söldnertruppe der Gesetzlosen zusammenarbeitet. Ganz offensichtlich eine Partnerschaft gegründet hat, weitere Waffen entwickeln will, obwohl sie wissen muss, dass diese Firma im Irak an der illegalen Tötung von Menschen beteiligt ist.« Noch bevor die Sendung ausgestrahlt wurde, druckte das Faxgerät der Redaktion eine Nachricht der schwäbischen Büchsenmacher aus: »Die Geschäftsleitung von Heckler & Koch hat sich entschieden, jegliche Verbindung mit Blackwater umgehend zu beenden.«

Der Aufschrei um die Blackwater-Kooperation der Schwaben hatte sich noch nicht ganz gelegt, als die Waffenschmiede wieder am Pranger standen. Während des Georgien-Krieges im August 2008 hatten mehrere Bildjournalisten Soldaten der Spezialeinheiten des Innenministeriums fotografiert. Die kämpften mit dem Gewehr G 36 in der Hand gegen südossetische Rebellen. In deren Finger jedoch hätte das deutsche Sturmgewehr nie gelangen dürfen. Auch hier hatte das Berliner Wirtschaftsministerium dem Waffenproduzenten verboten, das weltweit begehrte Schnellfeuergewehr in die Kaukasusrepublik zu exportieren. In Oberndorf beteuerte die Firmenleitung ihre Unschuld. Wohl zu Recht, wie sich herausstellte. Die Edelflinten waren den georgischen Elitepolizisten offenbar von ihren amerikanischen Ausbildern in die Hand gedrückt worden. Vollkommen rechtmäßig hatten die deutschen Waffendreher die Gewehre an amerikanische Streitkräfte geliefert. Die wiederum hatten Söldner von DynCorp und Blackwater beauftragt, sie bei der Ausbildung georgischer Polizisten und Soldaten einzusetzen.

In Deutschland profitieren nicht nur Söldner und Dienstleister vom wachsenden Geschäft mit der Sicherheit in Kriegs- und Krisengebieten. Berliner Ministerien haben begonnen, selbst staatliche Aufgaben durch private Akteure erfüllen zu lassen: Deutsche Botschaften werden durch private Sicherheitsfirmen bewacht, mit deutschen Steuergeldern finanzierte Hilfsgüter werden von Leihkriegern in Afghanistan, dem Irak oder in Afrika eskortiert. Allerdings: Das Verfahren, Sicherheitsleistungen zu privatisieren, ist bei der Bundeswehr noch eingeschränkt. Der Artikel 87 a des Grundgesetzes verlangt von der Bundesregierung, dass sie »Streitkräfte zur Verteidigung aufstellt«. Eine sowohl notwendige wie exklusive Aufgabe des Staates. Allerdings: »Nicht alle Aufgaben, die die Bundeswehr wahrnimmt, genießen auch den verfassungsrechtlichen Bestandsschutz«, sagt Ulrich Petersohn, deutscher Politikwissenschaftler an der renommierten amerikanischen Denkfabrik RAND in Washington.

Im Gegenteil: In den Verteidigungspolitischen Richtlinien 2003 und dem Weißbuch zur Sicherheit der Bundesrepublik Deutschland 2006 wird der Auftrag der Bundeswehr auf drei Bereiche festgelegt: herkömmliche Landes- und Bündnisverteidigung, Verhütung und Bewältigung von Konflikten sowie Krisennachsorge.

Um diese Aufgabe zu erfüllen, ist es aus Sicht der Ministerialen nicht mehr notwendig, dass die deutschen Streitkräfte alle Kompetenzen innerhalb des Heeres erhalten. Die konzentrieren sich deshalb »konsequent auf ihre Kernfähigkeiten. Kooperationen mit der Wirtschaft bei Service-Aufgaben bis hin zu einer völligen Entlastung von Aufgabenfeldern, die der private Sektor günstiger erbringen kann, werden weiterverfolgt«, schreibt Verteidigungsminister Franz-Josef Jung (CDU). Die Kernfähigkeiten hatte bereits sein Vorgänger Peter Struck (SPD) definiert: Sie umfassen leistungsfähige Streitkräfte, Führungsfähigkeiten, weltweite Nachrichtengewinnung und Aufklärung sowie strategische Verlegefähigkeit.

»Alle anderen Fähigkeiten kann die Bundeswehr auslagern«, bestätigt auch Petersohn. So kann die Bundeswehr ihre Kasernen oder sogenannte Feldlager durch Leihmilitärs aufbauen, versorgen und bewachen lassen. Ihre regionale Geheimdienstarbeit an private Schlapphüte vergeben. Und sogar frühere Mudschaheddin auf die Jagd nach den Aufrührern schicken, die das deutsche Camp im afghanischen Kundus mit Raketen beschießen. Ob solche privaten Missionen allerdings kostengünstiger für die Regierung werden, kann selbst der US-Kongress nach jahrelanger Erfahrung mit privaten Militärfirmen nicht beantworten.

Einzige Bedingung für die Privatisierung deutscher Sicherheitspolitik: ein »operatives Minimum« muss durch eigene Kräfte sichergestellt sein, schrieb die Bundeswehr in das Rahmenkonzept Bundeswehr-Industrie, in dem sie bereits 1999 eine mögliche Aufgabenverteilung vorgenommen hatte. Die Auswirkungen dieser Vereinbarung sind alltäglich auf Deutschlands Straßen zu sehen: Soldaten lenken schnittige BMW- und Mercedes-Limousinen in modischen Farben mit dem Aufdruck »Bundeswehr« durch den Verkehr. Auf diese Weise sollte der Fuhrpark der Streitkräfte verringert und Kosten für Instandsetzung gesenkt werden. Ein Mietwagenservice für die Armee in Friedenszeiten.

In Afghanistan lässt die Bundeswehr inzwischen ihr Essen von Hilfsköchen aus Sri Lanka brutzeln, die die Schweizer Firma »Supreme Global Service Solutions« angeheuert hat. Das Unternehmen in Ziegelbrücke mit Filialen in Frankfurt am Main und Dubai ist »heute stolz, vor allem im Bereich der Versorgung von Menschen in Krisenregionen und Katastrophengebieten der führende Anbieter zu sein. Ob UNO, NATO, einzelne Militärkontingente im Auslandseinsatz oder Hilfsorganisationen, für alle hat Supreme Foodservice AG individuelle Logistikkonzepte entwickelt und umgesetzt.« Der Service geht über das Leibliche hinaus: Ihren zollfreien Einkauf in Masar-i-Scharif tätigen die Bundeswehrler in Duty-Free-Läden von Supreme, schlürfen ihren Latte Macchiato oder knabbern an ihren frittierten Hähnchenschenkeln abgeschirmt in den Supreme-Snackbars in ihren Feldlagern, schlafen in Supreme-gewaschener Bettwäsche.

»Ortskräfte« schieben rund um die Feldlager Wache, afghanische Übersetzer begleiten die Patrouillen der Bundeswehr. Mechaniker der Rheinmetall Landsysteme GmbH schraubten in Afghanistan nicht nur an Luftlandepanzern des Typs Wiesel herum. Sie zeigten den Soldaten, wie der Minipanzer zu warten und reparieren war. Und sie begleiteten die Bundeswehrler auch auf ihren Streifen durch Kabul. Fahrten, die innerhalb der Bundeswehr gerne als »Gefechtsfeldtourismus« bezeichnet werden: Die Soldaten sind bei solchen Fahrten mehr damit beschäftigt, die ihnen anvertrauten Passagiere zu schützen, denn ihre Aufgaben als Friedenshüter wahrzunehmen.

Die Bundeswehr hat inzwischen auch in zwei weiteren Bereichen zivile Unternehmen angeheuert, um ihre Kernfähigkeiten erfüllen zu können: Um die deutschen Soldaten und ihre Ausrüstung überhaupt ins Land der Taliban fliegen zu können, mietet das Ministerium Flugzeuge der ukrainischen Fluggesellschaft Antonov Airlines sowie – zusammen mit 15 weiteren NATO- und EU-Partnern – vom russisch-ukrainischen Unternehmen Ruslan-SALIS. Zwei Antonow-An-124-Großraumflieger der Firma sind seit 2006 ständig auf dem Flughafen Leipzig/Halle stationiert. Vier weitere offeriert das Unternehmen binnen neun Tagen. Eine Übergangslösung, bis die deutschen Streitkräfte 2010 bis 2012 über ein eigenes Großraumflugzeug verfügen sollen, mit dem sie Truppen und Panzer in Krisenregionen fliegen können. Bereits 1999 schiffte ein privater Reeder Leopard-Kampfpanzer auf dem Balkan ein und transportierte drei Jahre später sechs deutsche Spürpanzer für atomare, biologische und chemische Waffen für den Anti-Terror-Einsatz der Bundeswehr nach Kuwait. Auch in Sachen Satellitenaufklärung kauft Berlin ziviles Wissen ein. Ulrich Petersohn weiß aus Gesprächen bei den Streitkräften: »Aufgrund der hohen Auflösung der Satellitenbilder im Bereich von einem Meter bis 70 Zentimeter nutzt die Bundeswehr die US-Anbieter Space-Imaging und QuickBird.«

Deutschland exportiert den Tod. Etwa 4000 deutsche Söldner dürften im weltweiten Einsatz sein, schätzen die deutschen

Privatmilitärs selbst. Bei einem täglichen Durchschnittsverdienst von 650 Dollar streichen sie Monat für Monat 61 248 527 Euro ein, bar auf die Hand. Oder eher mehr. Für frühere Soldaten und Polizisten sind solche Jobs längst die lukrativere Alternative zum Dienst für den Staat. Allein 2007 finanzierte der Berufsförderungsdienst der Bundeswehr 1745 aus der Armee ausscheidenden Uniformträgern eine Ausbildung in der Sicherheitsbranche. Auf die Folgen dieses boomenden Geschäfts sind weder Politiker noch die Bevölkerung eingestellt. Eine feste Meinung, wie Deutschland mit seinen fremden Söhnen umgehen soll, hat Unionspolitiker Willy Wimmer: »Die Welt kann alles andere mehr gebrauchen als deutsche Söldner, die im Interesse Dritter kämpfen.«

Dabei sind viele Probleme weder für Politiker noch für die deutsche Bevölkerung neu. Doch selbst mutmaßliche Straftaten deutscher Soldaten während ihrer Einsätze werden heute noch nicht adäquat aufgeklärt. Das deutsche Parlament schickt seit Mai 1992 seine Streitkräfte in den weltweiten Einsatz. Erst 2008 rang sich das Berliner Wehrressort dazu durch, die Kosten für einen Rechtsanwalt zu übernehmen, wenn gegen einen seiner Militärs wegen einer mutmaßlichen Straftat im Auslandseinsatz ermittelt wird. Und Verteidigungsminister Franz-Josef Jung klettert kurzfristig in den Flieger nach Afghanistan, um in schwierigen Verhandlungen Anschläge auf Bundeswehrler und auch Attentate in Deutschland zu verhindern, die wegen geschworener Blutrache verübt werden.

Traumatisierte Soldaten gehören zu den lange totgeschwiegenen, aber sehr realen Folgen der Auslandseinsätze. Zwischen 1996 und 2006 wurden 1647 Soldaten wegen psychischer Probleme in Einrichtungen der Bundeswehr behandelt, darunter 700 wegen Posttraumatischer Belastungsstörungen, wie ein Sprecher des Verteidigungsministeriums der Zeitung *Rheinpfalz* sagte. Als besonders problematisch erweist sich demnach der Dienst in Afghanistan. Seit 2003 waren ein Drittel aller als psychisch krank Registrierten in Afghanistan-Einsätzen. Von diesen 497 Fällen gingen 280 auf traumatische Erlebnisse zurück.

Die deutsche Sicherheitsindustrie erkennt die Chancen des Marktes. Selbstregulierung ist bislang nur eine Absichtserklärung. Ebenso wie die Absicht der Bundesregierung, die 2008 unterschriebene Vereinbarung von Montreux in Vorgaben und Gesetze umzusetzen. Niemand erfasst die früheren Soldaten und Polizisten, die in der internationalen Sicherheitsbranche anheuern und zu privaten Auslandseinsätzen aufbrechen. Private militärische Sicherheitsunternehmen »im Auftrag der Bundesrepublik Deutschland« sollten an dieselben Regeln gebunden sein, »wie sie für Auslandseinsätze der Bundeswehr und deutscher Polizeikräfte gelten«, forderten die Initiatoren der Bundestagsdrucksache 16/10846 im Dezember 2008.

Deutsche Söldner sind keine Fiktion mehr, sie sind Wirklichkeit geworden. Bereits jetzt wird an Beispielen der geplanten Zusammenarbeit von deutschen Waffenfirmen und international agierenden privaten Militärfirmen deutlich, dass waffentechnische Möglichkeiten und Einsatzkonzeptionen für Leihkrieger mit deutschem Know-how weiterentwickelt werden. Ehemalige Bundeswehrsoldaten steigern im Irak, in Afrika und in Afghanistan die Effizienz von Söldnerheeren, indem sie ihr Wissen einbringen, Söldner aus Dritte-Welt-Ländern ausbilden und im Einsatz wie im Gefecht führen.

Der Umsturzversuch in Äquatorialguinea oder die grenzüberschreitenden Einsätze deutscher Privatkrieger im afghanisch-pakistanischen Grenzgebiet zeigen: Das Gewaltmonopol des Staates wird schleichend ausgehöhlt. Finanzkräftige Auftraggeber, private Militärfirmen und ihre angemieteten Leihkrieger beeinflussen die politische Entwicklung in Krisenregionen, gestalten ihre eigene Außen- und Sicherheitspolitik – an der von Regierungen und Bündnissen vorbei. Die Diplomatie von Parlamenten und Ministerien wird ausgehebelt.

Private Geheimdienste werden nicht kontrolliert. Niemand weiß, welche Daten sie von wem sammeln, wo diese Informationen gespeichert werden, wem sie zugänglich gemacht werden, für was sie verwendet werden. Die Überwachungsskandale im Winter 2008/2009 bei der Deutschen Bahn AG, der Deutschen Telekom oder beim Discounter Lidl im Sommer 2008 lassen erahnen, zu welchen Mitteln Konzerne greifen, um ihre Macht zu sichern und ihren Profit zu maximieren.

Allein der amerikanische private Geheimdienstanbieter »Science Applications International Corporation – SAIC« unterhält 33 Vertretungen in Deutschland. Während die deutschen Geheimdienste durch das Parlamentarische Kontrollgremium des Bundestages kontrolliert werden, führen die Leihschnüffler in Deutschland ein unkontrolliertes Schattendasein.

Deutschland dient als Rekrutierungsraum und Ruheraum für islamistische Söldner – wie auch für amerikanisch-britische Privatmilitärs. In Pakistan ausgebildete Hassprediger werben ebenso um Nachwuchs wie Halliburton oder die CACI International Inc, die Armor Group ebenso wie die Kroll Security Group oder andere Sicherheitsanbieter, die Niederlassungen in Deutschland gegründet haben. Während sich Nachrichtendienste und Strafverfolgungsbehörden zumindest um die Söldner Allahs kümmern, erfasst niemand, wo deutsche Leihkämpfer eingesetzt werden, welche Aufträge sie erledigen. Dabei wäre es einfach, den früheren Soldaten und Polizisten, die bevorzugt von den Unternehmen angeheuert werden, aufzuerlegen, ihre Tätigkeit ihren früheren Dienstherren zu melden. Zumal die in aller Regel die benötigten Zusatzqualifikationen mit Steuergeldern finanziert haben.

Private Militärkonzerne wie L-3/Titan nutzen deutsche Krankenhäuser, so berichtet es im Dezember 2008 die unabhängige amerikanische Menschenrechtsorganisation Corp-

Watch, um ihre in Afghanistan und im Irak verletzten Söldner kurieren zu lassen. Das Brisante an den Missionen der L-3/Titan: Sie ist auf Verhöre von Gefangenen in Kriegsgebieten spezialisiert. Ein Können, das die Söldner im Foltergefängnis Abu Ghraib unter Beweis stellten. Deutschen Sicherheitsbehörden ist das zumindest offiziell nicht bekannt. Die Gefahren, die daraus erwachsen, dass sich Deutschland auf diese Weise zumindest indirekt an Menschenrechtsverletzungen beteiligt, sind noch nicht abzusehen.

Deutschland braucht wirksame Kontrollmechanismen und Gesetze, um die Wachstumsbranche Privatmilitär zu lenken und zu überwachen. Dazu können Lizenzierungsverfahren ebenso beitragen wie gesetzliche Genehmigungsverfahren, wie sie beispielsweise für Waffenexporte gelten.

Söldnern muss ebenso wie nationalen und internationalen privaten Militärfirmen vorgeschrieben werden, sich registrieren zu lassen. Sollten sie sich direkt oder indirekt an Kriegsverbrechen oder Menschenrechtsverletzungen beteiligen, muss ihnen die Lizenz entzogen werden. Ihre Vergehen müssen in Deutschland strafrechtlich geprüft und gegebenenfalls geahndet werden.

Um solche Verbrechen zu untersuchen, müssen Fahnder darauf spezialisiert werden, unter Kriegsbedingungen Beweise zu sichern. Ihre Kompetenz sollte in einer Schwerpunktstaatsanwaltschaft zusammengefasst werden. Aber vor allem müssen in Deutschland Politiker und Gesellschaft wahrnehmen, dass deutsche Söldner im beginnenden 21. Jahrhundert den Tod weltweit exportieren.

Epilog und Dank

März 2009: Benny bricht zu einem neuen Abenteuer im Irak auf. Es soll sein letzter Einsatz werden. Wenn er im Juni zurückkehrt, will er heiraten, irgendwo in Thüringen ein Haus kaufen und »als ganz normaler Mensch leben, ohne dass ich ständig in Blutlachen trete«.

Uli durchkämmt den Hindukusch weiter auf der Suche nach Osama bin Laden. Er erwartet »eine spannende, höchst spannende Zeit: 2009 entscheidet sich, ob der Westen Afghanistan gewinnt oder verliert. Ein tolles Gefühl, das so hautnah zu erleben.«

Kornelius hat seine Kalaschnikow an den Nagel gehängt. Die Toten von Dasht-e-Leili lassen ihn allnächtlich irgendwo im Ausland aufwachen. Vielleicht, sagt er, »schaffe ich es nicht alleine, da rauszukommen. Vielleicht brauche ich professionelle Hilfe, um mein altes Leben zu verarbeiten.«

Benny, Uli, Kornelius und all den anderen, namenslosen deutschen Söldnern danke ich für ihre Offenheit und für ihr Vertrauen in unseren Gesprächen und gemeinsamen Erlebnissen. Viele von ihnen sind ein großes Risiko eingegangen, indem sie mir Einblick in ihren Alltag gewährten. Ich wünsche ihnen allen, dass sie gesund zu ihren Familien zurückkehren.

Danke sage ich den Journalisten in Pakistan und Afghanistan, im Irak und den USA, die mir geholfen haben, dieses Buch zu recherchieren, Gesprächspartner zu finden, mich begleitet haben. Besonders die Kollegen am Hindukusch arbeiten unter größter Gefahr. Ihnen gilt mein Respekt und meine tiefe Hochachtung für ihre lebensgefährliche Arbeit fern jeder Pressefreiheit.

Während der Recherchen zu diesem Buch verstarb mein Mentor, Kollege und Freund, der niederländische Journalist Gerard Legebeke viel zu früh im Alter von 54 Jahren. In unseren gemeinsamen Recherchen auf dem Balkan, in Deutschland und den Niederlanden ist er mir vor allem in einer Hinsicht zum Lehrmeister und Vorbild geworden: Die Recherche bestimmt die Geschichte. Und nicht die Geschichte die Recherche.

Unendliche Neugier, Passion, Hartnäckigkeit und viel Geduld haben Silvie Horch und Catharina Oerke aufgebracht, um dieses Projekt als Lektorinnen zu begleiten. Unsere guten Gespräche nicht nur über Söldner und Tod möchte ich nicht missen. Ihre Anregungen und Kritik sind mir wichtig und wertvoll geworden. Danke dafür!

Schulter, Trösterin, Diskussionspartnerin, Kritikerin, Freundin, Motivatorin, nächtliche Kaffeekocherin – das ist nur eine kleine Begriffssammlung für das, was meine Frau Manuela Feyder getan hat, damit dieses Buch überhaupt entstehen konnte. Viel wichtiger aber ist: Es ist unendlich schön an Deiner Seite!

Franz Hutsch, März 2009

Econ ist ein Verlag der Ullstein Buchverlage GmbH

ISBN 978-3-430-20072-1

© der deutschsprachigen Ausgabe
Ullstein Buchverlage GmbH, Berlin 2009
© Karten Umschlagklappen: Peter Palm, Berlin
Alle Rechte vorbehalten
Gesetzt aus der Sabon
Satz: LVD GmbH, Berlin
Druck und Bindearbeiten: CPI – Clausen & Bosse, Leck
Printed in Germany

Der Mann, der den Irak-Krieg auslöste

Bob Drogin · **Codename Curveball**
Wie ein Informant des BND den Irak-Krieg auslöste
432 Seiten · Hardcover (mit Schutzumschlag)
€ [D] 22,90 · € [A] 23,60
ISBN 978-3-430-20048-6

Als die USA 2003 in den Irak einmarschierten, ging die deutsche Regierung auf Distanz. Doch ausgerechnet der BND lieferte den Amerikanern mit »Curveball« den Zeugen für Saddams angebliches Biowaffen-Programm. Wie konnten sich BND und CIA so hinters Licht führen lassen? In seinem glänzend recherchierten, wahren Polit-Thriller gibt Pulitzer-Preisträger Bob Drogin die Antwort.

»Journalisten wie Drogin und Büchern wie diesem verdanken wir die Hoffnung, dass wir Dinge ändern können.«
Michael Moore

Der recycelte Mensch

Martina Keller · **Ausgeschlachtet**
Die menschliche Leiche als Rohstoff
256 Seiten, Klappenbroschur
€ [D] 18,00 · € [A] 18,50
ISBN 978-3-430-20040-0

Das Geschäft mit menschlichem Gewebe floriert: Knochen, Sehnen, Haut – alles lässt sich zu teuren Produkten verarbeiten. Die Spender haben bedürftige Kranke im Blick, die Gewebeproduzenten ihren Gewinn: Mit dem Körper eines Toten können sie mehr als 250.000 Dollar verdienen. Martina Keller enthüllt das Geschäft mit menschlichem Gewebe und untersucht die gängige Praxis der Gewebemedizin. Sie plädiert für Grenzen bei der Verwertung und klärt Spender und Angehörige über ihre Rechte auf.

Lieber unterschätzt statt überfordert

Susanne Reinker · **Die Faultierstrategie**
Clever durch den Arbeitsalltag
224 Seiten · Klappenbroschur
€ [D] 16,90 · € [A] 17,40
ISBN 978-3-430-20060-8

Warum sollen Sie sich im Büro eigentlich täglich abrackern, wenn es Ihnen sowieso keiner dankt? Dann schon lieber ein gut getarntes Faultierleben führen! Susanne Reinker, Autorin des Bestsellers »Rache am Chef«, erklärt mit Witz, Sachverstand und vielen konkreten Tipps, wie Sie sich mit der Faultierstrategie dem Leistungsdruck im Job unauffällig entziehen und obendrein bei Chefs und Kollegen punkten können. Ein unersetzliches Buch für alle, die möglichst stressfrei durch den Arbeitstag kommen wollen.

Im Schattenreich der Finanzmarkt-Spekulanten

Anne T. · **Die Gier war grenzenlos**
Eine deutsche Börsenhändlerin packt aus
200 Seiten · Klappenbroschur
€ [D] 18,00 · € [A] 18,50
ISBN 978-3-430-20082-0

Anne T. hat jahrelang für eine große deutsche Bank als Investment-Bankerin gearbeitet. Ihr lebendiger und authentischer Insiderbericht enthüllt eine bizarre Welt aus Gier, Aggression, Dekadenz und Zynismus. Sie seziert den Mikrokosmos der Broker und zeigt auf, dass die rücksichtslose Kultur der Wall Street und der Londoner City längst auch an den deutschen Finanzmärkten Einzug gehalten hat.

Econ